U0153685

振興東北

政策、機遇與挑戰

主編◇陳德昇 許光泰

國立政治大學國際關係研究中心
中文叢書系列 145

序　言

　　國研中心第四研究所今年以「振興東北：政策、機遇與挑戰」作爲年度研究課題。部分同仁並於暑期親赴東北地區考察與研討，本所亦於九月下旬召開「振興東北學術研討會」，邀請學界菁英參與，期能集思廣益，並提升區域研究的新視野。

　　本書主要區分爲三大部分。第一篇是發展策略與政策取向，分別由陳德昇、朱文暉、張弘遠、陳墇津、張玉斌與王詩華執筆；第二篇主題是國有企業與人力資源，由陳永生、劉勝驥、劉少杰與田毅鵬撰稿；第三篇對外貿易與金融改革，由趙甦成、陳伯志主筆。此書作者中，部份大陸學人親自參與「振興東北」規劃與執行，因而其參與看法之觀點相當寶貴。此外，國內學者專家意見則有政策解讀與分析意見，亦有值得參考之見解。

　　本書由收集資料、寫作研討與匯集成冊時間十分有限，其中論點與訊息必有不盡成熟與詳盡之處，尚祈學界先進不吝指正。

陳德昇、許光泰

2004 年 11 月

目 錄

序 言

作者簡介

陳德昇…政治大學國際關係研究中心研究員兼所長

朱文暉…香港理工大學中國商業中心研究員

張弘遠…致理技術學院國貿系助理教授

陳埤津…政治大學國際關係研究中心研究員兼所長

張玉斌…哈爾濱市經濟研究所研究員兼所長

王詩華…中國人民大學經濟學院博士研究生

陳永生…政治大學國際關係研究中心助理研究員

劉勝驥…政治大學國際關係研究中心研究員

劉少杰…吉林大學社會學系教授

田毅鵬…吉林大學社會學系教授

趙甦成…政治大學國際關係研究中心副研究員

陳伯志…政治大學國際關係研究中心助理研究員

第一篇

發展策略與政策取向

「振興東北」策略設想與挑戰：
市場轉型與比較觀點

陳 德 昇

（政治大學國際關係研究中心研究員兼所長）

摘　　要

　　「振興東北」已成為中共「十六大」後新領導階層區域經濟發展重要策略。一方面，「振興東北」是現階段東北地區經濟發展與改革必要的舉措；另一方面，作為胡溫體制新政的重要內涵，其改革與發展績效將是其施政觀察指標。

　　中共「振興東北」政策績效易產生短期效果，但難以發揮長期經濟效應。主因仍在於：「振興東北」已成為中共階段性區域發展政策重點，易得到中央政策支持，資源挹注與發揮改革短期效應，但是東北地區經濟體制轉型難度較高，官員腐敗與幹部思維的侷限，尤其是所有制結構變遷遲緩與市場機制不健全，皆是「振興東北」策略長期難以樂觀的理由。換言之，體制、結構性機制因素與長期沉痾，仍是東北地區發展的難點所在。

　　東北地區經濟改革與對外開放採取漸進式改革雖較為穩妥，且較易獲取改革績效，但若改革進程遲滯與配套效果難以彰顯，則階段性改革成果將有被既得利益集團與官僚體系吞噬的風險。

關鍵詞：振興東北、市場轉型、休克療法、政府職能、「十六大」

＊　　　　　＊　　　　　＊

「東北老工業基地既體現了計劃經濟的輝煌，也集中了計劃體制的所有弊端。改革開放以來，東北退出計劃經濟較晚，對外開放也相對較遲，昔日的輝煌變成了包袱，因而錯失加快發展的機遇。」①

「改革開放初期，遼寧的 GDP 是廣東的兩倍，而今天廣東的 GDP 是遼寧的兩倍。」②

——瞭望新聞週刊

壹、前 言

「振興東北」已成為中共 2002 年「十六大」後新領導階層區域經濟發展重要策略。一方面，「振興東北」是現階段東北地區經濟發展與改革必要的舉措；另一方面，作為胡溫體制新政的重要內涵，其改革與發展運作將是其施政績效主要觀察指標。因此，在可預期之未來，無論是作為中國新區域經濟發展標誌，或是其政策運作顯示之政經意涵，中共「振興東北」政策運作績效便值得深入評估與觀察。

本文試從市場經濟轉型條件與區域經濟發展比較研究途徑，分析「振興東北」策略可能產生成效，並論述其發展優勢、風險與面臨之挑戰。

貳、市場轉型與比較觀點

社會主義國家經濟危機根源，在於其所採行的社會主義公有制和計劃經濟。前者表示沒有私有財產，因此人民普遍缺乏勤奮工作動機；後者表示沒有市場，因此經濟訊息和資源配置受到嚴重扭曲③。經濟危機深化終促成經濟體制變革。社會主義國家計劃經濟體制轉型主要有兩大路徑：一是激進改革，又稱「休克療法」（Shock Therapy），主要是透過激進與快速的體制變革實現市場化改革之目標，東歐社會主義國家經濟轉型即為實例④；二是漸進式之改革（Gradualism），亦即透過試點與「摸著石頭過河」的作法推動經濟改革，中國經濟改革則是例證⑤。就中國大陸現實所面臨的環境與改革思路而論，並沒

有激進推動市場轉型之條件，但是持續推動計劃經濟向市場經濟轉軌，以市場經濟爲取向之變革，則是近二十餘年來長三角與珠三角區域經濟發展成功要素之一。因此，隸屬東北之遼寧、吉林、黑龍江，作爲中國大陸實施計劃經濟時程最長之地區，市場化程度相對較低（參見表一），其市場化變革取向與績效，便成爲衡量東北區域經濟發展成敗的要素之一。

表一　中國各省、市、自治區市場化進程指數

1999 年（樊綱等）[a]						1995 年（陳宗勝等）[b]					
地區	排序	得分	地區	排序	得分	地區	排序	得分	地區	排序	得分
廣東	1	8.33	安徽	16	5.40	北京	1	0.85	湖南	16	0.29
浙江	2	8.24	四川	17	5.29	上海	2	0.62	陝西	17	0.28
福建	3	7.28	廣西	18	5.28	廣東	3	0.50	河南	18	0.27
江蘇	4	7.04	江西	19	5.12	天津	4	0.49	廣西	19	0.26
河北	5	6.70	山西	20	4.57	遼寧	5	0.43	雲南	20	0.25
上海	6	6.59	吉林	21	4.51	海南	6	0.41	新疆	21	0.25
天津	7	6.58	陝西	22	4.48	浙江	7	0.40	寧夏	22	0.23
北京	8	6.30	甘肅	23	4.02	吉林	8	0.38	四川	23	0.23
山東	9	6.22	黑龍江	24	3.97	江蘇	9	0.38	江西	24	0.23
湖南	10	5.99	貴州	25	3.86	福建	10	0.36	內蒙古	25	0.21
河南	11	5.97	內蒙古	26	3.45	山東	11	0.32	安徽	26	0.21
海南	12	5.65	雲南	27	3.39	湖北	12	0.32	青海	27	0.20
遼寧	13	5.60	新疆	28	2.90	黑龍江	13	0.31	甘肅	28	0.20
重慶	14	5.57	寧夏	29	2.69	河北	14	0.30	西藏	29	0.18
湖北	15	5.53	青海	30	2.00	山西	15	0.30	貴州	30	0.13

資料來源：1. 國務院發展研究中心，調查研究報告，第 112 號（2002 年 7 月 26 日），頁 9。
　　　　　2. 陳宗勝、吳浙、謝思全，中國經濟體制市場化進程研究（上海：人民出版社，1999 年 2 月），頁 334～335。
註：a：指標爲相對指標，取值範圍 1-10，數值越大，表示市場化程度越高。
　　b：指標爲絕對指標，取值範圍 0-1，數值越大，表示市場化程度越高。

　　就所有制結構與多元化而論，降低國有經濟比重，以及擴大私營經濟份額，是市場經濟轉型國家的必要條件。一方面，公有制經濟已證實是制約大陸經濟長期發展的主因；另一方面，私營經濟不僅是市場經濟發展的要件，亦是促進經濟成長與市場活力的動能。東北地區私營經濟發展比重偏低，顯然是經濟發展成效不彰主因之一（參見表二）。另以珠三角與浙江地區經濟發展經驗為例，其計劃與國營經濟比例原本不高，八○年代改革開放以來，私營經濟與市場經濟發展結合，促成珠三角與長三角經濟成長與就業，發揮具體貢獻。因此，東北地區經濟發展成敗要件，私營經濟健全與持續發展將扮演重要角色。

表二　大陸地區私營企業就業人數（2003 年）

地　區	戶　數	比重(%)	就業人數	比重(%)	投資者	城鎮就業人數	投資者	鄉村就業人數	投資者
全大陸	300.6	—	4299.1	—	772.8	2545.2	520.0	1754.0	252.9
遼　寧	11.4	3.79	207.0	4.81	24.6	152.3	19.9	54.6	4.7
吉　林	3.8	1.26	41.2	0.96	8.4	31.9	7.0	9.2	1.5
黑龍江	5.1	1.70	76.2	1.77	13.5	52.5	9.8	23.7	3.7
上　海	29.2	9.71	318.1	7.40	62.4	158.1	33.4	159.9	29.0
江　蘇	34.4	11.44	468.0	10.89	81.4	236.3	39.4	231.7	42.0
浙　江	30.2	10.05	484.0	11.26	69.7	218.3	39.0	265.7	30.6
廣　東	32.3	10.75	359.4	8.36	74.4	276.9	62.2	82.5	12.2

資料來源：國家統計局編，中國統計年鑑 2004（北京：中國統計出版社，2004 年 9 月），頁 150。

　　中國大陸區域經濟的推動與成效，與中共當局政策支持力度與持續性有顯著的相關性。儘管不乏學者對政府或市場為主導因素存有不同看法，但八○年代以來珠三角，以及九○年代長三角的經濟成長與發展績效，中央政府部門提供政策導引、優惠與資源挹注，皆扮演關鍵性角色。明顯的，中共現階段提出

「振興東北」策略，中央政府部門與領導階層的政策支持、資金投入，以及改革策略功能發揮與否，皆是衡量其績效與成果的重要依據。

政府職能調整與素質提升亦攸關「振興東北」策略之成效。換言之，在計劃體制向市場轉軌過程中，政府體制與機構調整，以及政府行政效率、透明、放權與法治理念的落實⑥，皆是重要的職能變革。珠三角發展經驗顯示，市場化與政府放權是促進區域經濟發展的主要動力。此外，長三角政府職能調整較具成效，發揮改善投資環境與吸引外資之效果，則是九○年代與本世紀初長三角發展較珠三角具優勢的主因之一。明顯的，如何促成東北區域經濟轉型之政府改造與職能調適，尤其是領導階層的施政理念和職能變革，將是「振興東北」不可或缺的要素。

外資吸收績效亦是區域經濟發展的重要支柱力量。外資不僅提供資金挹注，彌補國家財力不足之缺失，且外商投資提供之技術轉移、就業安置、生產效率提升、市場觀念傳播，皆發揮經濟發展與社會穩定實質貢獻⑦。珠三角與長三角發展經驗即顯示，外商投資對出口競爭與區域經濟發展皆發揮效果（參見表三，四）。事實上，由於中國大陸已成為世界製造業基地，且挾其成本與區位優勢，仍是外資投入最集中的地區之一。儘管如此，外資的移入或參與主要仍是依循市場法則與利益導向。東北地區能否提供實惠或排除投資障礙，將影響東北吸收外資之效果。

表三　長三角與珠三角進出口趨勢與貢獻

單位：億美元 (%)

	全大陸地區			長江三角洲			珠江三角洲		
	貿易總額	出口	進口	貿易總額佔全大陸比例	出口佔全大陸比例	進口佔全大陸比例	貿易總額佔全大陸比例	出口佔全大陸比例	進口佔全大陸比例
1979	293.3	136.6	156.7	12.44	20.15	5.72	6.63	12.46	1.55
1980	381.4	181.2	200.2	12.49	19.87	5.80	6.69	12.11	1.78
1981	440.3	220.1	220.2	10.20	13.23	7.18	6.90	10.78	1.49
1982	416.1	223.2	192.9	13.62	14.60	12.48	7.35	10.11	4.16
1983	436.2	222.3	213.9	16.07	17.77	14.29	7.60	10.73	4.36
1984	584.6	283.5	301.1	12.90	15.84	10.13	6.17	8.77	3.68
1985	696.0	273.5	422.5	10.51	18.75	5.17	7.73	10.80	5.74
1986	738.5	309.4	429.0	12.06	21.15	9.74	9.22	13.74	6.16
1987	826.5	394.4	432.2	12.54	19.04	12.15	25.45	25.71	25.21
1988	1027.9	457.2	552.8	12.34	18.62	15.63	30.18	32.41	29.31
1989	1116.8	525.4	591.4	11.82	17.97	17.82	31.86	34.47	29.53
1990	1154.4	620.9	533.5	12.42	12.00	17.15	36.29	45.45	36.88
1991	1357.0	719.1	637.9	12.68	16.79	21.37	38.70	37.65	39.89
1992	1655.3	849.4	805.9	13.12	16.63	9.42	39.72	39.39	40.07
1993	1957.0	917.4	1039.6	14.61	17.83	11.77	40.03	40.76	39.39
1994	2366.2	1210.1	1156.1	15.48	18.06	12.77	40.85	41.49	40.18
1995	2808.6	1487.8	1320.8	16.67	19.53	13.44	37.02	38.04	35.87
1996	2898.8	1510.1	1388.3	19.14	21.77	16.29	37.93	39.30	36.46
1997	3251.6	1827.9	1423.7	19.27	21.29	16.67	40.02	40.79	39.02
1998	3239.5	1837.1	1402.4	22.42	23.12	21.50	40.07	41.16	38.63
1999	3606.3	1949.3	1657.0	24.45	25.63	23.06	38.92	39.86	37.82
2000	4742.9	2492.0	2250.9	27.03	28.32	25.60	35.87	36.89	34.74
2001	5096.5	2661.0	2435.5	28.46	29.87	26.92	34.63	35.86	33.29
2002	6207.7	3256.0	2951.7	29.79	30.70	28.79	35.62	36.38	34.77
2003	8509.9	4382.3	4127.6	33.77	34.04	33.48	33.32	34.88	31.66

資料來源：中國統計年鑑 (2004)，頁 714，728～730。

表四　大陸外資企業對工業產值與出口的貢獻

	工業總產值			出　口		
	全大陸地區總產值(億元人民幣)	外資企業工業產值(億元人民幣)	外資企業工業產值比例(%)	全大陸地區出口(億美元)	外資企業總出口(億美元)	外資企業出口比例(%)
1990	19701.0	448.95.00	2.28	620.9	78.13	12.58
1991	23135.6	1223.32	5.29	719.1	120.47	16.75
1992	29149.3	2065.59	7.09	849.4	173.60	20.44
1993	40513.7	3704.35	9.14	917.4	252.37	27.51
1994	76867.3	8649.39	11.25	1210.1	347.13	28.69
1995	91963.3	13154.16	14.30	1487.8	468.76	31.51
1996	99595.6	15077.53	15.14	1510.1	615.06	40.71
1997	56149.7	10427.00	18.57	1827.9	749.00	41.00
1998	58195.2	14162.00	24.34	1837.1	809.62	44.06
1999	63775.2	17696.00	27.75	1949.3	886.28	45.47
2000	73964.9	23145.59	31.29	2492.0	1194.41	47.93
2001	94751.8	26515.66	27.98	2661.0	1332.35	50.06
2002	101198.7	33771.09	33.37	3256.0	1669.37	51.28
2003	142271.22	44357.81	31.18	4382.3	2403.10	54.84
合計	971232.52	214398.44	22.07	2572.04	11099.65	43.16

資料來源：中國統計年鑑 (2004)，頁 524、544。

參、東北經濟現況與挑戰

　　東北三省經濟基本情況包括：總人口 1.07 億人，佔全大陸的 8.3 ％，土地面積為 79 萬平方公里，佔全大陸的 8.2 ％。全大陸已探明儲量的 157 種礦藏中東北有 130 多種，其中 40 多種儲量居全大陸前三位。就經濟總量而言，東三省 GDP 佔全大陸的比重，1980 年為 13.4 ％，1990 年為 11.27 ％，1997 年降為 10.22 ％，為歷史最低。隨後開始上升，2001 年為 11 ％，2002 年 GDP 為 11605 億元，佔全大陸的 11.33 ％，人均 GDP 為 10830 元，超過全大陸平均水準 36 ％（參見表五、六）。

表五　東三省經濟統計主要指標（2002 年）

	全大陸	遼寧	吉林	黑龍江	東三省合計	東三省/全大陸(%)
人口(萬人)	128453	4203	2699	3813	10715	8.3
面積(萬平方公里)	960	14.6	18.7	46	79	8.2
GDP(億元)	102398	5458(7)	2245(18)	3902(13)	11605	11.33
人均 GDP(元)	7971	13000	8318	10235	10830	135.9
城鎮居民可支配收入(元)	7703	6524.6	6260	6101	—	—
農村居民人均純收入(元)	2476	2751.3	2360.8	2405	—	—
糧食產量(萬噸)	45711	1510	2214.8	2941	6666	14.58
工業增加值(億元)	45935	2331	786	1935.4	5052	11
規模工業增加值(億元)	31482	1376	644.4	1280.6	3301	10.5
其中：國有工業及控股(億元)	16638	888.1	501.1	1144.1	2533	15.2
規模工業利潤(億元)	5620	155	99.7	461.8	716	12.75
國有工業利潤(億元)	2636	69.6	74.9	443.9	588.4	22.3
社會商品零售總額(億元)	40911	2258	1008	1320	2586	6.32
進出口總額(億美元)	6208	217.4	37	43.5	298	4.8
外商直接投資(億美元)	527	39.2	3.2	9.5	51.9	9.8
交通郵電增加值(億元)	5518	424.5	138.8	265.2	828.5	15
貨物周轉量(億噸公里)	49387	1914	615.5	976.2	3505.7	7.1
旅客周轉量(億人公里)	13966	585.5	232.3	400.3	1218	8.7
公路(萬公里)	176.5	4.8	3.97	6.3	15	8.57
高速公路(公里)	25130	1673	542	413	2628	10.45
郵電業務總量(億元)	5547	249	112.23	186.3	547.5	9.87
在校大學生(萬人)	903	45.1	26.5	33.5	105	11.6
R&D 經費支出(億元)	1161	58.4	18.9	19.1	96.4	8.3
單位專業技術人員(萬人)	2169.8	86.2	55.2	73.75	215.18	7.8
科技進步總評價排序	—	9	16	12	—	—

註：(1)資料來自 2002 年全大陸和東三省國民經濟和社會發展統計公報；(2)括弧內數字為在全大陸的排序位次；(3)最後四項指標為 2001 年數。人員為 562 萬人，佔全大陸的 10.3 ％。2002 年工業增加值為 3310 億元，佔全大陸的 10.5 ％；利潤總額為 716 億元，佔全大陸的 12.75 ％。

表六　東三省綜合經濟水準及在全大陸的位次

指　　標	全大陸	遼　寧	吉　林	黑龍江
綜合指數		0.5218	0.4416	0.4637
綜合指數全大陸排序		第 7 位	第 10 位	第 9 位
發展類別		較發達	欠發達	較發達
城市人均可支配收入 (元)	6860	5797(20)	5340(30)	5426(27)
農村人均純收入 (元)	2366	2558(10)	2182(16)	2280(13)
城市化率 (%)	36.22	54.24(5)	49.68(6)	51.54(7)
非農產業就業比例 (%)	50	62.82(5)	49.31(13)	50.44(11)
人均 GDP (元)	7392	12001(8)	7553(14)	9344(10)
人均財政收入 (元)	611	883(6)	450(14)	561(10)
城鄉收入差 (元)	4493	3239(28)	3158(30)	3146(31)
城鄉收入比	2.9	2.27(29)	2.45(23)	2.38(24)

資料來源：國家統計局，**研究參考資料**，2003 年第 20 期。
說　　明：括弧內數字為在全大陸的排序位次。

　　東北老工業基地素被稱為「共和國的長子」。東三省是中共政權成立後，依循計劃經濟體制，大規模投資興建的主要工業基地。「一五」時期，156 個重點專案中有 58 個建在東北，佔 1/3 以上；圍繞這 58 個重點專案又建設千個配套專案，由此奠定東北作為中國主要工業基地的地位。二十世紀六〇年代和七〇年代，東北工業進一步發展，形成以能源、原材料、機械裝備、化工、森工和軍工等為主，門類齊全的工業體系。直到目前為止，東北仍是中國大陸重要之石油化工、鋼鐵、機床、汽車、電站成套設備、船舶、飛機製造基地，其中尤以裝備製造業較為發達且較具優勢。

　　就比較觀點而論，東北三省與長三角、珠三角和環渤海三大經濟圈，亦具有經濟圈效應，這是東北地區能夠迅速振興的根基，也是促進區域經濟發展的重要憑藉。東北三省 GDP 的增長率較三大經濟圈相比略低，第二產業產值佔三次產業的比重與四大經濟圈大體相當，東北三省的固定資產投資年均增長率為 7.92％，均高於其他三大經濟圈，其中超出長三角 4.76 個百分點（參見表七）。

表七　中國大陸四大經濟圈主要經濟指標

地 ＼ 指 標 區	GDP 總量及年均增長		第二產業		固定資產投資	
	2002 年 (億元)	1998-2002 年 年均增長(%)	產　值 (億元)	比　重 (%)	總　量 (億元)	1998-002 年 年均增長(%)
珠三角	11674.4	9.82	5856.9	40.17	3022.9	6.23
長三角	23715.1	10.08	12036.3	50.75	6586.8	3.16
環渤海	11229.2	9.93	5127.1	45.66	3546.9	4.48
東三省	11602.7	8.46	5764.9	49.69	2915.9	7.92

資料來源：**經濟研究參考**，2004 年第 58 期，頁 28。

　　東三省經濟發展面臨之困境、難題和挑戰包括：強制性制度變遷動能欠缺與弱化，主要是市場轉型動力與誘因不足。目前東三省所有制結構單一，國有經濟比重仍大，三省工業中國有資產平均佔三分之二以上；傳統計畫體制慣性與制約，導致市場化變革阻力大、效果小、成本高，政企職能不分造成腐敗橫行與資源分派扭曲；激勵、約束制度弱化與不足。改革開放推動後東北地區國有企業報酬激勵效果不佳；控制權激勵發生異化，國有企業經營者熱衷於以權謀私。此外，許多國有企業經營者信譽激勵亦存在缺失，不講求信用，損害各方當事人利益[8]。

　　就東北地區工業現代化水準，亦顯示其差距與落後，主要表現在：一、工業全員勞動生產率，遼寧與全大陸水準相差最多，其次是吉林，而黑龍江則高於全國水準。總體而言，東北三省的工業勞動生產率低於全大陸水準；二、工業生產設備的現代化。雖然近年來東北地區的基本建設和更新改造，新增固定資產增長速度較快，但固定資產更新度仍低於全大陸水準。1998～2001 年東北地區製造業基本建設和更新改造投資，分別佔全大陸 10.68 %、11.41 %、11.63 %、11.68 %，都超過當年東北地區工業總產值佔全大陸比重；三、就產業結構而論，東北地區工業結構高級化程度低。這至少表現在兩方面，一是原料工業所佔比重較大，另一是高技術產業發展相對緩慢；四、專利申請和授權量指標，顯示東北地區整體科技水準，反映東北地區的工業的科技創新能力和現代化發展程度。2002 年整個東北地區專利申請量只佔全大陸的 8.95 %，不

及上海一市多，而授權總量佔全大陸 7.26 ％，其數量不及浙江一個省多；五、從工業可持續發展角度看，東北地區的工業三廢排量、工業三廢綜合利用表現較差。雖然東北地區單位工業增加值排放量優於全大陸水準，但廢氣、廢料的排放都高於全大陸水準，尤其是東北地區單位工業增加值固體廢物排放量高於全大陸 30 ％⑨。

　　東北地區就業壓力大與社會保障制度不健全，亦是制約市場化改革之障礙和阻力所在。東北三省就業與社會保障狀況仍面臨不少困難，主要是「三多一大」，其特點包括：一、城鎮人口比重大，城鎮失業率高，失業救濟人數多。域鎮登記失業人數。全大陸 770 萬人，遼寧為 75 萬人，吉林為 23.8 萬人，黑龍江為 41.6 萬人，東三省共 140.4 萬人，佔全大陸的 18.2 ％；二、國有企業從業人員多，比例大，下崗人員多。2001 年，東三省地方國有企業從業人員 465 萬人，佔全大陸地方國有企業從業人員的 14.1 ％。國有企業下崗職工多。根據勞動與社會保障部的統計，從 1997 年至 2002 年底，國有企業累計下崗職工人數，遼寧為 243.7 萬人，吉林為 118 萬人，黑龍江為 320 萬人，東三省共計 681.7 萬人，佔全大陸 2715 萬人的 25.1 ％；三、城鎮低保人數多，比例高，保障水準低。東三省低保人數及其佔城塡人員的比例在全大陸均居前例。東三省多數城鎮的低保水準在 130～250 元／月之間，吉林最低的城鎮僅有 102 元；四、社會保障資金有較大缺口。據東三省反映，各項社會保障資金缺口較大，支付能力不足已成為一大隱患⑩。

肆、「振興東北」策略與措施

　　中共自 2002 年「十六大」後有關「振興東北」策略之推動便轉趨積極（參見表八）。中共當局不僅在黨大會文件與黨政部門重要會議上確認「振興東北」政策，中共領導階層溫家寶與曾培炎更多次赴東北進行調研考察。其中除有發展思路與改革取向之宣示外，並提供實質之生產和建設誘因，期能發揮在傳統優勢下，利用「振興東北」之契機進行實質之市場化變革。尤其是在稅賦減免、資金挹注、政策扶持、社會保障、自主權下放，皆是現階段「振興東北」經濟主要措施（參見表八、九）。

表八　中共「振興東北」大事紀

年份	日期/時間	領導人/文件	主要內容
2002	10/14	「十六大」報告	「支持東北地區等老工業基地加快調整和改造，支持以資源開採爲主的城市和地區發展接續產業……加強東、中、西部經濟交流和合作，實現優勢互補和共同發展，形成若干各具特色的經濟區和經濟帶。」
2003	農曆除夕	溫家寶	赴遼寧阜新一煤礦礦井下和煤礦工人一起過年。
	1/19	曾培炎	赴遼寧、吉林、黑龍江等地，走訪和慰問煤礦困難職工，並就採煤沉陷區的搬遷改造問題進行調研。
	5/31-6/03	溫家寶	考察遼寧提出：「振興東北老工業基地與西部大開發戰略」。
	7/15	溫家寶	赴遼寧考察指出：「振興老工業基地，是一項長期艱鉅的任務。既要有緊迫感，抓緊解決突出問題，力爭儘快取得成效；又要從長計議，有計畫、有步驟推進。要進一步解放思想，進一步深化改革，進一步擴大開放，用新思路、新體制、新機制、新方式，走出振興老工業基地的新路子。」
	8/1~8/4	溫家寶	赴吉林和黑龍江視察提出：「東北地區等老工業基地具有重要的戰略地位，要把老工業基地調整、改造和振興擺到更加突出的位置，用新思路、新體制、新機制、新方式，走出加快老工業基地振興的新路子。」在長春市「振興東北」老工業基地座談會上，強調東北的改造、振興，最重要的是必須進一步解放思想，做到發展要有新思路，改革要有新突破，開放要有新局面，工作要有新舉措。
	9/10	國務院常務會議	研究實施東北地區等老工業基地振興戰略問題，提出振興東北地區等老工業基地的指導思想和原則、主要任務及政策措施。
	9/29	中共中央政治局會議	支持東北地區等老工業基地振興，是「十六大」從全面建設小康社會全局著眼提出的一項重大戰略任務。
	10/14	「十六屆三中全會」	「加強對區域發展的協調和指導，積極推進西部大開發，有效發揮中部地區綜合優勢，支持中西部地區加快改革發展，振興東北地區等老工業基地，鼓勵東部有條件地區率先基本實現現代化。」

（續下頁）

（接上頁）

年份	日期/時間	領導人/文件	主　要　內　容
	11/20	《中共中央關於實施東北地區等老工業基地振興戰略的若干意見》	中共中央決定成立「國務院東北地區等老工業基地調整改造領導小組辦公室」（簡稱「東北辦」）。編制20名，6名司級領導職數。
2004	3/23	溫家寶	召開「國務院振興東北地區等老工業基地領導小組第一次全體會議」
	4/16~17	曾培炎	於大連召開之振興裝備製造業座談會中強調，東北地區等老工業基地要充分發揮裝備製造業基礎較好的優勢，繼續深化改革，加快技術進步，積極調整結構，發展重大技術裝備，為現代化建設事業提供有力支撐。
	9/25	曾培炎	大連召開「振興東北暨東北亞合作」國際研討會，並提出「振興東北」六大任務。

　　現階段「振興東北」主要任務導向，近期由分管大陸經濟事務，且具決策影響力之國務院副總理曾培炎所宣示。其中不僅彰顯「振興東北」策略之產業重點與地區優勢，更在於補強深化改革與經濟現代化必要之發展導向。其六大經濟發展重點包括：一、推進重點行業的改革和調整，加快國有企業改組改造，振興裝備製造業，建設機電、船舶、汽車、石化、冶金等產業基地；二、加快發展現代農業，提高東北地區糧食生產能力，建設商品糧生產和外調基地，發展農副產品精加工、深加工；三、積極解決資源型城市治理和轉型的矛盾，加大採煤沉陷區治理力度，加快礦區環境修復和污染防治，積極發展接續產業；四、積極發展第三產業，推進金融現代服務業改革和發展，促進中小企業和非公有制經濟發展，擴大就業，健全城鎮社會保障體系；五、進一步改善投資環境，加快轉變政府職能，建立健全市場機制，吸引更多國內外企業到東北地區投資；六、持續強化交通、能源、水利等基礎設施建設，充分利用現有港口條件和優勢，將大連建設為東北重要的國際航運中心⑪。明顯的，發揮東北地區與產業優勢，並積極改善投資環境與服務行業，將是現階段中共「振興東北」主要之策略取向。

表九　「振興東北」策略主要措施

1	擴大社保改革試點	在「振興東北」措施實行之前，遼寧已經開始進行社保試點，採取中央補一點，地方出一點的方式進行。從 2004 年開始，吉林、黑龍江兩省也開始啓動。
2	黑龍江、吉林兩省開展免徵農業稅改革試點工作	免徵是逐步擴大的過程，下半年將推展到全省範圍。兩省農業稅分別比去年同期下降了 64.2％和 64.1％，農民負擔減輕，收入大幅度增加。
	進行增值稅改革試點	確定東北地區增值稅抵扣範圍，有八大行業可享扣稅優惠。
3	利用國債資金支援東北老工業基地調整、改造和產業升級	全大陸發行國債 1100 億元，其中 141 億元用於東北老工業基地重點行業的調整、改造，有 60 個高新技術產業化項目，總投資約 65 億元，推進產業結構調整和技術水準升級。
4	對部分資源枯竭型城市實施城市轉型項目扶持	目前，已經在遼寧阜新開始試點。15 個城市的採煤沉陷區治理工程已經或即將開工。
5	提供外資銀行經營優惠條件與便利	中國銀行業監督管理委員會支持外資銀行在東北地區設立機構、展開業務，鼓勵支持外資金融機構參股中資金融機構；在同等條件下，對外資銀行進入東北地區給予積極考慮和優先審批。
6	部分礦山油田獲資源稅優惠	國家稅務總局有關人士 9 月 27 日稱，財政部、國家稅務總局日前已經向遼寧、吉林、黑龍江省下發《關於調整東北老工業基地部分礦山、油田企業資源稅稅額的通知》，這項政策自 2004 年 7 月 1 日起實施。
7	實施「省管縣」，下放經濟自主權	目前還沒有實施「省管縣」的具體方案，但思路已具備，準備在一些縣先進行試點。「省管縣」的主要作法就是繞過市，改變現行的財政分配體系，給縣以地市級的經濟自主權。

資料來源：1. 高斌，「遼寧將實行『省管縣』給縣以地市級經濟自主權」，**時代商報**，2004 年 9 月 28 日，http://www.btimesnet.com/newssystem/ReadNews.asp? NewsID=62516&BigClassName=地方新?&BigClassID=8&SmallClassID=15&SmallClassName=?沈新?&SpecialID=0。

2. 李衛玲，「東北部分礦山油田獲資源稅優惠」，**國際金融報**，2004 年 9 月 28 日，第 1 版。

3. 張建平，「銀監會：支持外資銀行在東北地區發展業務」，**新華網**，http://big5.xinhuanet.com/gate/big5/news.xinhuanet.com/zhengfu/2004-09/27/content_2028086.htm。

伍、優勢與挑戰

中共「振興東北」政策績效易產生短期效果，但難以發揮長期經濟效應。主因仍在於：「振興東北」已成為中共階段性區域發展主軸之一，易得到中共中央政策支持，以及資源挹注與揮發改革短期效應，但是東北地區經濟體制轉型難度較高，決策官員與幹部思維的侷限，尤其是所有制結構變遷遲緩與市場機制不健全，皆是「振興東北」策略長期難以樂觀的理由。換言之，體制、結構性因素與長期沉痾，仍是東北地區發展的難點所在⑫。

就產業面而論，東北地區較具優勢的產業是裝備工業。其中不僅有產業週期之優勢，另若能透過技術更新改造、產業升級與競爭力提升，將有助於奠定東北地區工業現代化之根基。儘管如此，東北裝備製造業並非沒有隱憂。中國機械科學研究院教授屈賢明即指出：

> 「目前東北的裝備製企業不少還是大而全、小而全，缺乏有特點有競爭力的產品。就東北的裝備製造業來說，目前最明顯的問題是成套能力不足。裝備製造業雖擁有一批有實力的大型主機製造企業，但零部件、元器件產業薄弱，缺乏成套能力，沒有形成以主機製造為廠核心、上下延伸的產業鏈。」⑬

此外，大陸近年缺電嚴重，且短期內無法解決，因此東北地區機電行業即具現實之發展優勢與獲利空間⑭。而東北地區農業發展條件本亦具相當之優勢，無論是市場條件的開放、租稅減免與私營經濟之活絡，皆將有助於區域經濟發展活力之展現。

東北地區官員腐敗嚴重、素質低落與對市場過度干預，仍將是制約其經濟發展的主因之一⑮。換言之，由於地方官員欠缺市場意識、計畫概念與思維根深蒂固，尤其是貪瀆腐敗與賣官風氣盛行，皆是其政府職能不彰與司法威信難以建立之成因⑯。近期中共減免東北地區農業稅，導致地方稅源減少，地方官員是否會轉嫁給農民即令人憂慮。而作為一個現代市場導向之經濟體制，以現階段東北地區幹部結構、素質與職能調適能力低落，皆是東北市場經濟發展難

以樂觀的理由。

　　振與東北老工業基地成敗的關鍵，是促使國有企業大幅改制，並積極引進民營企業家與外資。目前國有經濟佔 GDP 比重仍高出全大陸 63 ％的平均水準。2002 年國有及其控股增加值佔全部增加值的比重：黑龍江為 89.3 ％，吉林為 77.8 ％，遼寧為 62.7 ％，亦高於全大陸 52 ％的比重。所有制結構若能大幅變革，東北經濟即會有更強勁的發展動力和潛能。當前「振與東北」策略中扶植私營經濟發展仍不積極，私營經濟發展配套條件與法制環境仍不理想，尤其是長期計劃經濟體制下所建構之體制、結構與僵化觀念皆不易改變，因此所有制變革的成效短期仍難樂觀。

　　外資吸引在政策放寬與優惠措施下短期雖會具成效，但實質與長期功能恐難以彰顯。主因仍在於：東北能否提供實質商機，以及投資環境改善之程度。以國有經濟比重偏高之東北而言，由於其機器設備陳舊、技術落後，以及沉重的人事包袱，都將是外資裹足不前的主因。此外，外資引用方法與觀念正確亦是成敗關鍵。當前振興東北策略仍存在政府干預與引資行為偏差現象。而官僚系統的腐敗成風、司法公正令人質疑，以及行政效率低落，皆是外商投資面臨的風險與挑戰。換言之，東北地區若無法持續改革體制與結構性之缺失，以及提供外商實惠和商機，則外資對「振興東北」的實質貢獻將有其侷限性。中國通用機械工業協會理事長、高級工程師隋永濱即曾表示：

　　「目前一些地方政府把振興的著力點片面放到引進外資上，許多企業一把手沒有時間去研究企業生產經營，而是在各國跑來跑去引進外資，好像外資一來，企業就可搞活，經濟就可振興。其實，包括企業核心技術等東西，單純靠外資是引不來的。現在東北的企業改制很不規範，往往一賣了之，相當多的國有資產被蠶食。」[17]

陸、評估與展望

　　東北地區經濟改革與對外開放，採取漸進式改革之路徑。一方面，與中國大陸整體漸進式改革配套運作，東北沒有實施激進改革之條件；另一方面，激進改革必須面對嚴重通貨膨脹與社會穩定衝擊，將是中共當局所無法承受。儘

管如此，漸進式改革雖較爲穩妥，且易獲取階段性改革成果，但是由於改革進程遲滯與配套效果若難以彰顯，則階段性改革成果將有被既得利益集團與官僚體系吞嚥的風險。因此，「振興東北」策略僅有單純的經濟援助與發展規劃恐將難以爲繼，市場條件、制度設計、法制規範、人才結構調整與政治改造，仍是必要的變革。

　　「振興東北」策略若以傳統模式提供資金、貸款與補貼的思路，終將重蹈失敗的覆轍，採取市場取向變革觀念，以及轉變政府職能與素質提升爲核心之改革⑱才可能有成功之機會。珠三角與長三角經濟發展績效即爲實例。換言之，昔日「輸血式」的改造將難以發揮振衰起弊之效果，體制轉型與政府興革，才是較佳思路。基本而言，中共現階段領導階層多已意識到傳統振興之路不可爲，且偏好以有限資源扶持，推動以體制創新與制度變革作爲「振興東北」之主軸思考（參見表八）。不過，其理念能否貫徹與落實仍有待實踐之考驗。

　　東北地區國有企業比重偏高，私營經濟比重偏低，不僅影響市場培育，且是制約經濟發展的主因。因此，不再挹注資金進入無效率，與不具利益汲取能力之國有企業，且在私營部門推動擴大開放措施，並積極吸引外資，將有助於擴大非國有經濟範圍，提升企業經營效率與優勝劣汰機制之運作。在此一結構調整下，國有經濟在東北總體經濟比重相對降低，與此同時積極推動中小型國有企業私有化與私營經濟發展，則可避免資源分派長期扭曲與耗損。此一發展策略將有助於調整東北地區所有制結構，爲市場經濟健全發展與經濟效率、活力之提升創造積極條件。

　　2004 年 9 月中共「十六屆四中全會」江澤民辭軍委主席後，胡錦濤與溫家寶已成爲中共具實權領導核心⑲。其所倡導之「振興東北」策略亦將持續推動與落實，作爲其短期政績的效果亦將能體現。尤其是東北經濟發展成爲新區域經濟發展重點地區，資源挹注與政策偏好，皆有助於促進經濟發展；而透過「振興東北」策略之運作績效將有助於縮小區域差距與矛盾，此皆將有利於「胡溫體制」厚植其政治基礎，並於 2007 年「十七大」爭取東北地方諸侯的支持與認同。換言之，中共「振興東北」策略不僅對東北區域經濟發展產生實質貢獻，亦對「胡溫體制」鞏固和發展具政治意涵。

　　　　　　　　＊　　　　　　　＊　　　　　　　＊

註　釋

註①　高廣志、邢路續、馮雷、王淮志、鮑盛華，「拉開新『遼瀋戰役』之幕　『老東北』再圖振興」，瞭望新聞周刊，2003 年第 23 期（2003 年 8 月 11 日），第 25 頁。

註②　同前註。

註③　吳玉山，共產世界的變遷（台北：東大圖書公司，民國 84 年 4 月），頁 64；吳敬璉，當代中國經濟改革戰略與實施，1 版 5 刷（上海：遠東出版社，2001 年 9 月），頁 45。

註④　華民，轉型經濟中的政府（太原：山西經濟出版社，1998 年 12 月），頁 14～15；薛君度主編，轉軌中的中東歐（北京：人民出版社，2002 年 7 月），頁 110～119。

註⑤　林毅夫、蔡昉、李周，中國的奇蹟－發展戰略與經濟改革，1 版（香港：中文大學出版社，1995 年），頁 139；王輝，漸進革命：震盪世界的中國改革之路，1 版（北京：中國計劃出版社，1998 年 6 月），頁 30。

註⑥　陳志德，「振興東北」老工業基地與縣域經濟發展」，經濟縱橫，2004 年第 2 期（2004 年 2 月 25 日），頁 31；鍾賢巍、辛本祿，「論市場主導取代政府主導—從區域經濟整合看東北振興」，經濟縱橫，2004 年第 5 期（2004 年 5 月 25 日），頁 15，33～35。

註⑦　魏后凱、賀燦飛、王新，中國外商投資區位決策與公共政策（北京：商務印書館，2002 年 12 月），頁 8、218。

註⑧　年志遠，「振興東北老工業基地的制度經濟學思考」，經濟縱橫，2004 年第 6 期（2004 年 6 月 25 日），頁 36～39。

註⑨　黃群慧，「東北老工業基地的現代化問題研究」，改革，總第 125 期（2004 年 1 月），頁 92～99。

註⑩　「東北基本情況調查報告（下）」，國務院發展研究中心信息網，2003 年 11 月 14 日，頁 1～2。

註⑪　宗和、薛莉，「東北振興戰略實施全面提速」，上海證券報，2004 年 9 月 27 日，第 2 版。http://sms.cnstock.com/ssnews/2004-9-27/jryw/t20040927_658778.htm

註⑫　大陸一官員即表示，東北地區百姓一遇難題，就拿著板凳到政府前坐著抗議，找市長解決問題，懶於思考與依賴政府之心態嚴重。反觀浙江地區，遇到問題不找市長，而去找市場。前任浙江省委書記張德江亦曾擔任東北地區黨政首長。他表示：「以前我在東北是走政府後門上班，到了浙江則是從政府前門上班。」

註⑬　馮雷，「專業指出：東北振興謹防三大誤區」，國務院發展研究中心信息網，2004 年 10 月 13 日，頁 1；「黑龍江五辭職免職高官已被雙規」，多維新聞網，http://www1.chinesenewsnet.com/mainnews/sinonews/mainland/2004_10_16_10_9_484.html。

註⑭　據香港學者透露，哈爾濱發電工業已收到長達十年之訂單，日夜趕工製造發電機組。

註⑮　「黑龍江高官更替潛台詞：新經濟環境謀求政府變遷」，新華網，2004 年 10 月 10 日。
　　　http://www1.chinesenewsnet.com/mainnews/sinonews/mainland/2004_10_17_12_10_41_67.html。

註⑯　大陸學者對黑龍江有另一詮釋，亦即官員最「黑」，政府最「聾」，體制最「僵」。此一說法
　　　亦獲其他大陸學者與官員之默認。

註⑰　馮雷，「專業指出：東北振興謹防三大誤區」，國務院發展研究中心信息網，2004 年 10 月 13
　　　日，頁 1。

註⑱　呂政，「對振興東北老工業基地問題的分析」，**中國區域經濟新論**（北京：經濟科學出版社，
　　　2004 年 5 月），頁 8。

註⑲　「中國共產黨第十六屆中央委員會第四次全體會議公報」，**新華月報**，2004 年第 10 期（2004
　　　年 10 月 15 日），頁 5～6。

中國區域政策的三次調整與
「振興東北」前景

朱文暉

（香港理工大學中國商業中心研究員）

摘　要

　　七〇年代末期以來，中國經歷了三次區域政策調整，振興東北可視為第四次區域政策調整。本文在分析和總結前三次區域政策調整的基礎上，對東北振興政策和前幾次區域政策調整進行對比，並探討東北振興的前景。

　　改革開放後，中國第一輪區域政策調整源於廣東。廣東與福建被中央政府選擇實施特殊政策。1990 年 4 月 18 日，總理李鵬宣佈，建立浦東開發區是中國深化改革、擴大開放做出的又一重大部署。其後，隨著中國市場經濟的發展，區域差距也迅速擴大。在這個背景下，1999 年底中共提出西部大開發的構想，並從 2000 年全面推動西部大開發戰略，促成改革開放以後中國的第三次區域政策調整。

　　作為中國計劃經濟體制桎梏最嚴重的東北，其地方政府與中央政策的互動非常重要。在這次區域政策調整中，東北能否作為、有多大作為，取決於東北的地方政府如何回應中央政策。不過，對於東北振興而言，最大的挑戰可能來自如何更多地利用外資，與進入國際經濟體系。此外，就東北振興一年多的實際情況看，東北最大的城市瀋陽基本已經破題，傳統老工業基地鐵西區的改造取得突破。在市場力量的呼應下，雖然面臨著諸多挑戰，但東北振興的前景應較西部大開發樂觀。

關鍵詞：振興東北、區域發展策略、計劃經濟、地方政府、中央政府

＊　　　　　＊　　　　　＊

壹、背 景

計劃經濟時期,中國的區域政策主要受國防戰略和社會主義公平原則的雙重約束。一方面區域間實行平衡發展,由此全國投資重心大踏步向中西部轉移;另一方面強調區域自成體系,全國絕大多數地區以重工業爲主體,建構「大而全」和「小而全」的封閉式自我循環體系,在微觀效率方面差強人意。改革開放後,中國的區域發展重點從內陸向沿海轉移,以對廣東和福建的「特殊政策、靈活措施」爲開端,中國採取了不平衡的區域發展戰略,啓動了經濟的快速成長。同時,市場經濟這隻「看不見的手」對區域發展的影響力也不斷上升,商品和資金、人力等生產要素逐漸在全國範圍內流動,區域間的差距在市場作用下自我強化,反過來又影響中央政府的區域政策。1970 年代末期以來,中國經歷了三次區域政策調整,振興東北可以看作是正在進行的第四次區域政策調整的主要組成部分。本文在分析和總結前三次區域政策調整的基礎上,對東北振興政策和前幾次區域政策調整進行對比,並探討東北振興的前景。

貳、改革開放後三次區域發展政策調整

改革開放後,中國第一輪區域政策調整源於廣東。因其臨近香港和澳門,遠離中國的中心地帶,以及它在經濟上落後於其他省份等原因①,廣東(以及福建)被中央政府選擇實施特殊政策。在鄧小平「摸著石頭過河」的務實思想下,廣東與中央形成了良好的互動關係,成爲改革開放的試驗田。中央對廣東充分放權,廣東放手嘗試。在很大程度上,廣東的經濟發展路徑選擇師承香港。香港是當代國際經濟體系中對亞當·斯密理論運用得最「徹底」的一方,政府奉行「積極不干預政策」,經濟活動主要由市場力量自動調節。所以,廣東政府也以儘量減少對經濟活動的管制爲改革方向,導演了一場自下而上的變革。珠江三角洲各級地方政府爲發展本地經濟,普遍通過靈活變通使自己的權

力得以實際放大。這種靈活性主要是規避當時中國計劃經濟中無處不在的種種審批權，形成了「見到綠燈大膽走，見到黃燈快步走，見到紅燈繞著走」的廣東經驗。與八〇年代中國宏觀經濟的短缺背景配合，這種放權模式能夠迅速調動各種資源，大規模製造供給能力，令廣東的工業在短短十年時間內在貧乏的基礎上崛起到全國的前列位置。1992 年，以「珠江水、廣東糧、嶺南服」為代表的廣東輕工產品大舉北上，可以看作是廣東前一時期大規模投資的結果。1992 年春，鄧小平在南巡中肯定了廣東在中國經濟改革中的作用，他進一步號召廣東省加速改革、追趕亞洲四小龍，率先實現現代化。

　　以廣東為突破口的不平衡區域政策成效明顯，廣東引領著全國改革開放浪潮，九〇年代初期全國各地掀起到廣東學習考察的熱潮，中央政府開始從更廣闊的區域來研究中國的改革開放。1990 年 3 月 3 日，鄧小平提出：「比如抓上海，就算一大措施，上海是我們的王牌，把上海搞起來是一條捷徑。」②1990 年 4 月 18 日，當時任國務院總理李鵬宣佈，建立浦東開發區是中國深化改革、擴大開放作出的又一重大部署，對於上海和全國都是一件具有重要戰略意義的事情。從浦東開發開放政策出臺的程式上看，它遠遠超越八〇年代廣東對外開放過程中自下而上的「摸著石頭過河」的方法，它是由中央政府直接宣佈和推動的重大戰略舉措，兩者的力度和戰略意義不可同日而語。鄧小平在1991 年明確指出，「上海開放晚了，要努力幹啊！抓緊浦東開發，不要動搖，一直到建成。希望上海人民思想更解放一點，膽子更大一點，步子更快一點。」1990～2002 年，江澤民十九次親臨浦東視察，從中國「十四大」到國家的五年計劃，中央政府都明確表示，要把上海建設成為「社會主義現代化國際大都市」和「國際經濟、金融、貿易、航運中心之一」。這次區域政策調整，不僅把上海從全國改革開放的「後衛」推到「前鋒」，更重要的是從國家戰略的高度對上海進行了重新定位。得到中央授權之後，上海迅速推進全方位對內對外開放，成為全國的經濟中心，呈現出全國的資金和人才向上海集聚的趨勢，在十年時間完成了從「邊緣」到「中心」的歷史輪迴。二十一世紀初期，上海經濟已經恢復生機，初具一個現代化國際大都市的雛形。從《財富》全球論壇到美國亞洲企業年會，從上海合作組織五國首腦會議到 APEC 會議，上海通過承辦和參與高層次的對話，積極投入前沿的國際經濟分工與合作，成

爲世界經濟舞臺上不容小覷的角色。在上海取得突破的時候，江蘇和浙江的開放和改革也取得了重大進展。在九〇年代中後期，從全國範圍看，在經濟增長和對外開放增長得最快的是長江三角洲。長江三角洲的外貿增長率、吸引外資增長率等許多經濟指標都超過廣東，長三角吸引了國內外投資者的廣泛注意，成爲中國經濟發展的重心地帶。例如，2003 年江蘇的實際利用外資超過廣東，2004 年上半年江蘇的出口額超過廣東，都標誌著長三角的對外開放進入了一個新的里程碑。

隨著中國市場經濟的發展和市場力量的作用，在中國經濟獲得了長足增長後，區域差距也迅速擴大，突出的是沿海地區與內陸地區差距拉大（中國內部廣爲討論的另外「兩大差距」─城市與農村的差距、城市居民與農民的差距─在很大程度上也是這種區域差距的體現）。在這個背景下，1999 年底中共中央經濟工作會議提出了西部大開發的構想，並從 2000 年全面推動西部大開發戰略，是改革開放以後中國的第三次區域政策調整。中央政府主要是通過以下方面來支援西部地區的發展的。第一，爲西部地區的發展提供政策優惠，西部地區的財稅安排、企業發展、吸引外資等方面，都獲得了政策上的優惠。第二，在財政上支持。中央政府增大了從東部地區向西部地區財政轉移的規模，從提高當地的教育水準、增加政府主導的基礎設施投資、加強生態環境建設等方面極大增加了對西部地區的投入。第三，加大基礎設施投入。2000 年起中央政府對西部地區進行了大規模的基礎設施建設，並啓動了規模巨大的「西電東送」、「西氣東輸」等工程。第四，加大對環境保護的投入，中央政府投入巨額資金植樹造林、退耕還林，通過「南水北調」等專案重新分配水資源。但與前兩次區域政策調整不同的是，從市場角度來看，西部大開發並不具備太高的商業價值。在西部大開發實施後，資金和人力資源等生產要素並沒有出現類似當年上海和廣東快速集聚的熱絡場景。在相當程度上，西部大開發主要依靠政府的投入，特別是依靠中央政府的投入，中央政府明確表示，今後投資的重點將向西部地區傾斜，基本不再對東部地區進行大規模的政府投資。由於市場資源積聚的速度較慢，西部大開發見到明顯成效，尚需時日。

參、中國區域政策調整中的政府與市場相互作用

　　從成效上看，前兩次調整對一個地區的興衰都至關重要，也在很大程度上促成全國市場經濟體制和全國統一市場的演化和形成，令珠三角和長三角形成市場資源吸納能力。但是，第三次政策調整對區域優勢的影響卻大不如前。導致這種結果的原因是，西部地區的基礎條件落後，當地居民的教育水準、競爭意識等遠遠無法與沿海地區相比。在這個過程中，隨著中國加入 WTO，市場化水準全面提升，包括珠三角、長三角在內的各地區都將在已有的優勢基礎上，利用市場經濟的遊戲規則，強化自身的發展，西部地區的區域優勢形成的速度難以趕上東部地區的進展。因此，從結果上看，很可能體現為西部大開發後東西部的絕對落差還會繼續拉大。從中國三次區域政策調整中，可以總結出其中的政府政策和市場相互作用機制。

一、中央的區域政策啟動地區經濟發展

　　二十多年來，中國經歷著從計劃經濟向市場經濟的轉軌。在這個過程中，中央的區域優惠政策、中央和地方互動關係，對一個地區的發展能夠起到關鍵的啟動作用。中國的對外開放和中央與地方關係改革從珠三角開始，走的是「摸著石頭過河」的道路，中間出現過多次反覆（如 1984 年、1987 年對特區的大討論）。雖然這種反覆經過討論之後都以進一步的開放而告終，但這表明特區和廣東的開放政策是有很大爭議性的。從中央角度看，總要有人為中國改革開放嘗試，自然應鼓勵廣東大膽嘗試。廣東在打破中國計劃經濟體制方面發揮了巨大的示範作用，如「時間就是金錢，效益就是生命」等影響了整整一代人的觀念，也帶來了廣東經濟在九〇年代初在中國獨領風騷的局面。在八〇年代廣東的開放和改革獲得初步成功的基礎上，1990 年提出的浦東開發開放是國家戰略，從始至終，無論國際環境如何變化都沒有出現過大的反覆，從國家

領導人的頻頻視察，新聞媒體的反覆宣傳，到 APEC 的召開和申辦 2010 年世
界博覽會，都反映出上海獲得的優惠政策力度和持續性遠超過廣東。上海也是
在這個過程中，從計劃經濟的老城市脫胎換骨為一個國際大都市。與此對比，
西部大開發優惠政策雖然比照上海和廣東，在財政的轉移支付方面甚至更強，
但由其涉及的地域範圍太廣，其針對性和資源的投放集中度差距太遠，政策的
成效相對有限。或許，正是根據前三次區域政策調整的經驗和教訓，特別是西
部大開發效果不彰，2003 年新一屆政府才務實地提出了東北老工業基地振興
的新動議。

二、在中央政策到位後，地方政府回應能力
決定區域發展的速度

在第一次區域政策調整中，廣東與中央形成了良好的互動關係。中央對廣
東充分放權，廣東政府以儘量減少對經濟活動的管制為改革方向，開始了自下
而上的發展。在短缺經濟時期，這種徹底放權的模式能夠迅速調動各種資源，
大規模製造供給能力，令廣東的工業在短短十年時間內在貧乏的基礎上崛起到
全國的前列位置。在第二次區域調整中，長三角的發展模式與廣東的模式基本
相反（浙江除外），主體是以規劃管理型的政府操作模式主導經濟發展。八〇
年代上海一直在學習廣東的經驗，但由於其國有經濟為主體的微觀經濟基礎，
上海在蓬勃發展的中國經濟中一直處於「邊緣化」狀態。以中央政府制定浦東
開發開放政策為開端，上海開始了一次自上而下的經濟改革之路。強勢政府提
供市場替代的行為，與上海長期的計劃經濟傳統有一定的內在聯繫，上海政府
得心應手，在短短十年時間內就令一個具有沉重歷史包袱的特大城市煥然一
新，上海因此成為全國學習的榜樣。第三次區域政策調整中，西部地區的政
府，除重慶、成都等個別城市外，無論是從基礎設施和官員的素質看，當地政
府普遍不具備廣東和上海那種回應中央政策能力，無法將中央的優惠政策與本
地的優勢有機結合起來，更無法與中央的優惠政策形成互動，因而也無法形成
市場經濟條件下的區域優勢。

三、市場力量是區域優勢的原動力

　　由於中國經濟體制迅速向市場經濟演進，在歷次區域政策調整當中，各個地區發展的原動力是市場力量。無論是中央政府的優惠政策，還是地方政府的回應，都落實在如何在本地區迅速形成市場資源吸納能力和吸納機制，加速推進本地市場經濟力量的發展。應該說，在中國區域發展過程中，政府在發動經濟增長中已發揮出了很大的成效，特別是在構築區域競爭優勢的過程中，未來的政府替代還有很大的空間。但無論政府在區域經濟發展有多大的作為，經濟增長的原動力始終是市場力量，政府的替代應當順應市場的力量，不可以違背市場的趨勢自搞一套，重蹈計劃經濟的覆轍。因此，正如上海市政府總結的，政府的規劃和推動要講究階段性和時效性，一旦市場形成了良性迴圈，政府就要堅決退出，放手讓市場力量發揮作用，並將政府有限的資源投入到更有效率的地方去。而廣東最近在推進重工業化的過程當中，秉承的也是市場主導的原則，即政府做出規劃，建設好港口、道路等基礎設施，具體的投資則由跨國公司、上游的大型國有企業、民間企業等來進行。從這個意義上看，西部大開發成效不彰的主因是當地的市場原動力不足，需要從官員的意識、基礎設施，以至於自然生態等最基礎的地方從頭做起。區域集聚優勢的形成，有其內在的市場機制，必然是市場的力量吸引各種資源到特定的地區進行組合，在缺乏創新機制和產業基礎的地方，顯然無法在短期內創造人為的集聚優勢來。當然，完全依靠市場力量的自發作用，也不能迅速形成區域集聚優勢。因此，地方政府在關鍵時刻的強有力的推動是必不可少的。

四、全球化下可持續的集聚優勢：外向型與內源型經濟的關係

　　在前兩次區域政策調整中，廣東和上海的起步階段都主要體現為利用中央政策形成國內「政策高地」，拉動國內範圍的資源集聚（如八〇年代各省市在深圳設立辦事處，九〇年代各省市在浦東圈地蓋樓）。這種資源的集聚有很大部分是從全國其他地區而來。在吸引國內其他地區資源的過程中，雖然政府扮

演了重要的角色，但主要是通過市場機制，吸引外地資金的進入，進而與本地的資源形成迴圈。這個過程在珠江三角洲體現爲八〇年代的固定資產投資高速增長，工業產出急速增加；在上海體現爲九〇年代的固定資產投資高速增長，城市面貌大幅度改善。珠三角成爲投資創業的沃土，上海吸引外地企業總部進駐，莫不與國內其他地方的資金相關（外地資金九〇年代初到廣東炒土地，二十一世紀初上海的房地產熱則是另外一種表現）。相比而言，江蘇和浙江主要通過面向全國市場的銷售形成內源型資源的集聚，也取得了相當的成功。更關鍵的是，在內源型資源集聚啓動以後，珠三角和長三角有效地形成了國際資源的集聚。從絕對數量來看，雖然國際資源不如國內資源，但它能夠爲當地開闢新的產業發展空間，形成新的產業集聚帶。這種國際資源積累，既體現爲外資的投入，也體現爲面向國際市場的銷售。珠江三角洲的輕工製造基地、上海-南京一線的重化工業帶，深圳、東莞、蘇州的電子資訊產業發展，以至於今天廣州的汽車、惠州和珠海的石化產業，都與國際資源有密切的關係。深圳、東莞、浦東、蘇州新區等，則是在這個過程中發展出來的，而蘇州、深圳等地也在這個過程中演變爲具有全球競爭力的城市，形成了強大的區域集聚效應。珠三角和長三角因此逐步進入了全球供應鏈體系。從長期來看，兩大三角洲的國際資源集聚的地位會越來越重要，在某些地區、某些階段甚至可能超過國內資源的貢獻。應當說，經過這段時間的發展，珠三角和長三角擺脫了對優惠政策的依賴，初步形成了外向型和內源型市場資源集聚的良性迴圈，市場力量在主導這些地區的經濟發展，區域集聚效應越來越明顯，兩大三角洲內部的區域分工也初具雛形，區域中心城市的功能也日益顯現，這正是上海和廣州等地進行新的以市場分工爲導向的城市發展規劃的原動力。從更廣闊的發展空間來看，它們未來發展的空間，既取決於與國內其他地區的關係，更取決於在全球化的形勢下，它們如何在全球分工中的定位。而西部大開發的地區，除個別城市和地區外，普遍不具備外向型經濟發展的地理優勢。因此，它們在全國分工中、全球分工中的定位問題還遠沒有提上議事日程。

對上述現象進行總結，中國改革開放以來三次區域政策調整發生作用的邏輯可以歸納如下：中央的政策提供區域發展的啓動機會，地方政府的回應能力決定區域發展的速度，市場原動力的形成決定了政策調整的成效，而外向型和

內源性經濟的良性結合將是區域優勢能否持續的關鍵。從這個意義上看,在區域政策調整中,政府供給的資源在內容、形式、強度上呈漸進式變化,在與市場經濟相符合與市場力量相協調的情況下,就會對中國區域經濟的成長起到了重要的推動作用;而與之相悖的情況下,則可能付出很大的機會成本。而在新一輪區域政策調整中,欲使區域政策的目標得以實現,如何導入新的政府資源,摒棄計劃經濟的傳統作法,結合當地的現實情況,如何發掘新的市場原動力、融入全球分工體系將是十分重要的。

肆、東北振興中的政府與市場相互作用過程

中共「十六大」後,中國區域政策出現了第四次調整,其基本輪廓是:在繼續加快上海為龍頭的長三角發展、穩步實施西部大開發的同時,強力推進東北和以大珠三角為核心的華南經濟圈的發展。在操作過程中,在未來一段時間內中國區域發展的政策傾斜重點實際上轉移到了華南和東北。2003 年 4 月,中共中央總書記、國家主席胡錦濤視察廣東,要求廣東加快發展、率先發展、協調發展,在很大程度上恢復了九〇年代後期廣東被剝奪的改革試驗優先權。同時,在針對華南的區域政策調整中,也充分考慮了香港的特殊地位,利用其來推進中國的總體對外開放,香港將在金融、物流等服務業方面成為中國對外開放的新視窗③。在這個條件下,包括廣東、香港、澳門在內的大珠三角內部的整合獲得了突破性進展④。在此基礎上,廣東省方面又提出了「泛珠江三角洲」的概念。「泛珠三角」包括廣東、福建、江西、廣西、海南、湖南、四川、雲南、貴州等九個省(區),再加上香港和澳門。該計畫迅速得到了周邊八個省(區)和港澳兩個特別行政區的積極回應。「泛珠江三角洲」概念的提出和實施,意味著「大珠三角」將獲得廣大而深遠的經濟腹地,在新世紀的區域競爭中初步扭轉了對長三角的劣勢,獲得了新的動力。

對於落後中國大部分相對落後的內陸地區而言,新一屆政府區域政策的傾斜從西部明顯轉向東北。在中共中央「十六大」報告提出「支援東北等老工業基地的調整和改造、支持資源為主的城市和地區發展接續產業」後,2003 年 8月初,國務院總理溫家寶在黑龍江和吉林考察時指出,實施西部大開發戰略,

加快東部地區發展並率先實現全面小康和現代化，支援東北地區等老工業基地加快調整、改造，實行東西互動，帶動中部，促進區域經濟協調發展，這是中央作出的重大戰略佈局。東北地區等老工業基地具有重要的戰略地位，要把老工業基地調整、改造和振興擺到更加突出的位置，用新思路、新體制、新機制、新方式，走出加快老工業基地振興的新路子⑤。曾慶紅、吳官正、黃菊、李長春等政治局常委也先後到東北考察，顯示出中央高層對東北問題的高度關注。2003 年 10 月 5 日，中共中央、國務院頒佈《關於實施東北地區等老工業基地振興戰略的若干意見》，振興東北已明確上升爲中國區域發展方面的國策。

　　振興東北政策有明顯的地緣政治因素。改革開放二十年後，中國在世界上迅速崛起，以東部沿海地區爲重點的不平衡區域發展政策功不可沒。2000 年開始實施的西部大開發策略，對穩固西部邊疆起到了重要作用。但從地緣政治看，具有重要戰略地位的東北地區長期沒有得足夠的重視。近年來，中印關係、西藏問題等漸趨平緩，中國與西部周邊國家保持長期穩定關係局面已經明朗，而朝鮮半島的緊張局面今後將會影響中國的戰略利益。此外，中國經濟的進一步發展，需要俄羅斯亞洲地區能源、金屬、木材等資源的配合，這兩方面都需要一個強大而穩定的東北。當然，振興東北面臨諸多現實困難。東北許多城市國有經濟比重高，國有企業的虧損面大，市場化改革不到位。此外，東北缺少商業文化氛圍，官本位文化濃厚，民眾缺乏創業的激情。但上述問題是可以在、也只能在發展中解決。同西部相比，雖然在資源規模上存在較大差距，但從東北的能源、礦產等資源條件、以重工業爲主體的產業基礎、數以百萬計的產業工人和強大的科技實力以及上述要素的地理配合上看，東北地區發展的總體條件要大大優於西部。這裏工業開發歷史在一百年以上，曾是中國經濟的優勢地區，計劃經濟時期對中國的工業化做出過突出的貢獻。儘管改革開放後東北在國家的經濟地位後移，區域競爭力下降，但歷經市場經濟大潮的反覆沖刷，當地企業回應市場的能力已大大提高。隨著 1999 年以後中國重工業進程的展開，東北的原材料工業和裝備製造業有一定的先發優勢，近幾年東北經濟已出現復甦的勢頭。只要中央給予必要推動，用三至五年時間，就可以迅速建立起具有競爭力重工業基地，形成鋼鐵、石化、飛機、造船、汽車、發電和輸

變電設備、機械等重工業群。當然，東北的突破需要從中央到地方，從政府到市場的一系列相互作用，本節將依照第三節總結的區域政策作用機制，就東北振興的相關方面進行分析。

一、中央政府的政策支持

與八〇年代廣東的「特殊政策、靈活措施」，上海浦東開發開放的超特區政策一樣，2003 年底開始，中央政府陸續頒佈一系列重要的振興東北政策。

第一，增值稅改革試點及其他稅收優惠

目前中央政府支持東北的各項優惠政策中，最重要的是增值稅改制試點⑥。2004 年 9 月 14 日，經國務院批准，財政部、國家稅務總局聯合下發《東北地區擴大增值稅抵扣範圍若干問題的規定》⑦，最終確定了東北地區增值稅抵扣範圍和 2004 年 7 月 1 日為回溯時間。東北老工業區的裝備製造業、石化、冶金、汽車、造船、高技術、農產品深加工、軍工等八個行業可先期享受增值稅由生產型改為消費型的待遇。作為消費型增值稅改革的結果，東北地區企業用於更新設備的投資，亦被准許納入增值稅抵扣範圍。此舉通過縮小稅基、避免重複徵稅的方式來刺激企業的投資意願，增強民間投資動力，這特別會對資本密集型企業的投資活動有極大的促進作用。增值稅改革在東北試點後，中央財政將減少一百億元的收入，東北三省地方財政將各減少三十億左右。由於增值稅轉型的問題複雜，這一改革對中國的財政收入將產生重大影響。在中國現有的條件下，在全國推行這項改革必然會遇到很多現實的困難，特別會在短期內造成國家財政收入的減少（這項改革如向全國鋪開，國家財政要承擔的改革成本達一千億元以上）。因此，對於東北地區在增值稅改革方面的「超國民待遇」，不會迅速在全國推開，試點地區將形成一定的政策高地效應，吸引資本密集項目到東北集聚。 在中央政府國家稅務系統直接徵收的增值稅之外，東北在中央和地方共用的所得稅也有優惠政策。2004 年 9 月 20 日，財政部、國家稅務總局發出通知，明確振興東北老工業基地有關企業所得稅優惠政策，並自 2004 年 7 月 1 日起執行⑧。這些措施包括：提高固定資產折舊率、縮短無形資產攤銷年限、提高計稅工資稅前扣除標準等。此外，全面減免農業稅的政策已於 2004 年春率先在黑龍江、吉林兩省實行，黑、吉兩省受惠的力度遠大於

中國「三農」問題最嚴重的安徽、河南等地，東北北部地方的農民負擔大幅減輕，購買力明顯增強⑨，2004 年東北糧食已獲歷史性高產，商品糧占全國的比重將超過三分之一。另外，擴大資源型城市經濟轉型試點的政策也在研究之中，遼寧、黑龍江的眾多煤城、石油城將成為受益者。

第二，完善社會保障體系 支持國企改革

「人往哪裡去的問題」是困擾東北國有企業改制的主要障礙之一。在總結 2001 年起在遼寧省進行社會保障試點經驗的基礎上，2004 年中央政府將社保改革擴大到吉林、黑龍江兩省。國家拿 3.75 ％，用人單位拿 1.25 ％，個人帳戶 5 ％，為國企改制創造條件。從遼寧的政策實行過程，可推測另外兩省受益情況。第一，養老金個人帳戶。原則是中央財政出資 75 ％，地方財政出資 25 ％，分擔償還養老金的欠賬。按照這個比例，從 2001 年 7 月 1 日至 2002 年 7 月 1 日，中央財政出資 21.6 億元，地方財政出資 8.4 億元，到 2002 年底，累計做實遼寧基本養老保險個人帳戶基金 47.9 億元，對遼寧國有企業職工從國有企業剝離發揮了巨大作用。第二，低收入者社會保障補助。2002 年遼寧省對低保對象實行應保盡保，全年保障人數在 137 萬人左右。按每人每月補助 80 元計算，中央財政補助了 3.7 億元。第三，經濟補償金。遼寧省的政策規定：生產經營困難的國有企業，與再就業中心內，以及雖出再就業中心但未解除勞動關係的職工解除勞動關係時，應支付的經濟補償金。該補償金按國家財政、地方財政和企業自籌 5：3：2 的比例籌集；與應解除勞動關係的其他離崗人員解除勞動關係和企業新裁員，按國家財政、地方財政、企業自籌各 1/3 的比例籌集。2001 年遼寧省國有企業向社會保障併軌 51.5 萬人，人均經濟補償金額為 8000 元。

第三，中央各部委的積極回應

中央的政策確定後，中央各部委如何跟進也是區域政策的重要組成部分。作為體制和組織保證，國務院成立了東北地區老工業基地調整改造領導小組辦公室（簡稱「東北辦」），負責協調有關政策措施的制定和實施，各部委紛紛就東北振興提出實際規劃。例如，交通部明確提出，要把大連建設成為東北亞重要的國際航運中心，預計到 2010 年，270 億元的投資將完成再造兩個大連

港的計畫。鐵道部提出，近幾年內將加快東北鐵路建設，提高東北地區綜合運輸能力，其措施包括：增建必要的電氣化改造工程，擴大京哈鐵路運輸能力；對濱綏線、綏佳線鐵路進行改造，形成每年 5000 萬噸以上的煤炭外運能力，以適應黑龍江東部地區煤炭外運的需要；對哈大線、濱洲線哈爾濱至齊齊哈爾段進行提速改造，提高旅客列車運行速度，使京哈線成為快速鐵路線路的主要通道；在哈爾濱、瀋陽、大連建設集裝箱中心站，並對京瀋、哈大線進行必要的改造，發展東北的集裝箱運輸；建設東北「東邊道」鐵路，促進東北東部地區的經濟發展。2004 年 9 月，鐵道部與東北三省簽署協定，將共建哈大鐵路客運專線和東北東部鐵路通道。對哈大鐵路客運專線建設國家將採取新的機制，採用股份合作的形式，歡迎國內外投資者投資入股⑩。另外，國家發展與改革委員會高技術司準備在三省各建一個技術轉移中心、一個工程中心和光電工程、生物製藥等三個中心。國家開發銀行也加大對東北的支持，如最近國家開發銀行為哈爾濱市政府提供了 135 億的授信額度，支援其支柱產業的發展。而水利部則將松花江整治工程從「十二五」計畫提前到「十一五」計畫。銀監會則表示，扶持外資銀行進入東北。另外，東北地區與四大國有商業銀行協商處置東北高額不良債務的政策和措施，已有了草案。

　　中央還直接投入資金，加速東北地區的企業改造。首先，中央政府選擇部分老工業基地城市進行分離企業辦社會職能試點，有步驟地剝離重點大企業辦社會職能，在東北的中央所屬企業分離辦社會職能所需費用，由中央財政予以適當補助。其次，在財政稅收政策方面對老工業基地予以適當支援。對部分企業歷史形成、確定難以歸還的歷史欠稅，按照規定經國務院批准後給予豁免。同時，加大國債或專項資金對老工業基地的支援力度。2003 年秋，中央政府推出 100 個國債項目幫助東北振興。這輪被稱為首批振興東北老工業基地的 100 個專案，總投資 610 億元人民幣（上述資金除了銀行貸款以外，還包括企業自籌，引進外資等多種管道）。這些被批准的絕大多數項目都將享受國家貼息貸款等一系列優惠政策。2004 年國家發改委又啟動了第二批 160 個東北老工業基地調整改造專案和高技術產業化專案。目前正在審批第三批項目。此外，東北 15 個採煤沉陷區的治理工程也已開工建設。

二、東北地方政府對中央政策的回應能力

在中國經濟發展和轉型的過程中，區域競爭十分激烈。每次中央政府的調整或者國際經濟結構的調整，都可能帶來中國區域優勢的重構。在構建區域競爭優勢方面，地方政府的作用和作為是十分明顯的。中央政府的調整可以說是給地方的發展形成了良好的條件，但地方能否快速發展還要取決地方政府對中央政策的回應能力。地方政府競爭力突出的表現是區域競爭策略的科學性和策略的貫徹能力。

過去，東北各省市領導人不太注重競爭策略的制定，他們的觀點很多停留在「弱政府模式」層面⑪。當地地方政府對市場經濟中政府作用的認識，主要來自於美英經典的教科書和廣東政府九〇年代以前的改革開放實踐，認為政府主要職能是修橋補路等公共基礎設施和公益性事業，政府管治主要應是簡政放權，不直接參與區域競爭力的策動工作。因此在策略制定出現很大的隨意性，因為官員們認為這些策略主要是用來「看」的，而不是用來「幹」的。政府的戰略，更多的是官樣文章，它總是很全面、很綜合，常涵蓋八大戰略、八大重點，實際上戰略太多等於沒有戰略，重點太多等於沒有重點。由於對策略的研究沒有足夠重視，策略的制定過程就出現了問題。東北官員制定策略時，更多的是情緒性和政治性的。比如關於經濟發展的思路問題，幾乎換一任領導就要推出一套新的工作思路。當然，與時俱進調整策略是必要的，但問題是主要領導任職的時間太短，很難保證決策的科學性。很多情況下，東北地區領導人在策略內容的把握上，更多的是憑自己的直覺，而不是憑經濟學和管理學的知識。在一些重大問題決策上容易單向思維，很少考慮機會成本。如黑龍江省在八〇年代進行價格管理的「383工程」⑫到「大豆不能出省」⑬，這些明顯違背經濟學基本常識的策略能在這個地區發生，就充分說明了這一點。

過去東北策略上的最大失誤可能出在工業競爭策略上。由於工業競爭力的下降，造成了東北經濟在全國的地位後移。改革開放初，東北的主要出海口大連曾是國家第二大港口，如今吞吐量排名全國第八，主要是東北貨物的輸出量沒有提高。深層次的原因是東北缺乏加工能力和有競爭力的工業品。改革開放以來，中國經濟經歷了一個二次工業化（輕工業化）的過程，工業化是各地區

經濟成長的主要動力源。很多地區，包括第三產業較爲發達的上海都是工業和第三產業互相促進，目前這個過程仍沒有停止跡象。東北有很好的工業基礎，技術是沒有問題的，但工業的優勢被計劃經濟的力量束縛住。的確，國有企業是一塊難啃的「硬骨頭」，但它也正是考驗各級政府地方的戰場，過去各級政府不是通過開放、改革、合資、民營化等方式釋放國有企業的能量，而是以開闢「第二戰場」進行逃避。以至在上海等城市國有企業改革已基本結束的今天，東北仍處於攻堅階段。有一段時期，大經貿、大流通、大市場的提法蓋過了「工業強省」、「工業強市」的聲音。結果是，在缺乏工業發展的情況下，東北的物流、金融、貿易等等現代服務業規模小、層次低，難以拉動經濟增長。這些都可以看作是政府發展策略失誤的表現。

比策略更爲重要的問題是策略的轉化能力，也就是根據擬定的策略，重新調配現有的資源，推動策略的實施。例如，東北有些大城市的政府，也十分重視策略研究，對工業的問題也提出了很好的思路，但往往推進不下去。由此產生「規劃規劃，紙上畫畫，牆上掛掛」，策略與行爲「兩張皮」問題。例如，哈爾濱市「九五」計畫中將汽車、食品、醫藥三個行業定爲支柱產業。當時各方面都比較認可這個方案，即使到了今天，這三個行業也是政府認可的支柱產業。但政府工作並沒有按這個思路推演下去。如當時對企業發展最爲重要的上（股）市指標仍分給了機械行業的企業，上市後對全市經濟幾乎沒有什麼拉動作用。食品行業沒有得到足夠力量的支持，比如同樣乳業發達地區，伊利股份上市對內蒙古的乳業產業化產生了巨大作用。乳業資源更爲豐富的哈爾濱至今也沒有發展出類似的乳業集團。

「統一思想、提高認識」是東北政府官員的口頭禪，但這也是最難做到的，其根本原因在於部門利益的協調。東北許多地區普遍存在「弱勢政府、強勢部門」現象，一些政府確定要做的事情，到了下面很難執行。人們經常批評的「小二管大王」、「政令不通」，就是具體表現。其實這些只是一些表像的東西，更爲深刻的背景是政府的資源分佈在各個部門手裏，由此成爲各個部門的自身利益，這些利益剛性很強。而且，各級官員的社會關係網絡盤根錯節，如果沒有一任強勢領導，是很難有所作爲的。

政府的行爲對地域文化有著直接的影響，東北的地域文化似乎並不鼓勵公

平競爭、張揚個性的氛圍產生。東北的人情味非常濃，在政府機關和事業單位，才華和能力並沒有成為升遷以及收入待遇提高的根本要素。即使是所謂的公開競聘，人為的因素也特別多，使人感到不公平。由於國有比重高，企業任人唯親也十分普遍。既然不存在公開、公平的競爭機制，有真才實學也很難出人頭地，社會的遊戲規則發生了改變。人們的主要精力轉向俗文化以適應這種遊戲規則，更有甚者為利益結成共同體，形成派系之間的爭鬥，相互設防、內耗嚴重。這種氛圍在社會上彌漫著，由此很多有才能的人，變得懶散、溫順、小心謹慎。這種主流文化引導下，很多東北官員都有一種戴著枷鎖跳舞，施展不開的感覺，心情很壓抑。而遼寧「慕馬案」，黑龍江的「韓桂芝案」，都反映了這種文化在東北的普遍性。

　　事實上，東北官員的素質是相當高的。東北是中國教育水準較高的地區之一，早在六○年代末期遼寧就普及了初中教育。東北在民國年代就有東北大學，1949 年以後又有哈爾濱工業大學、哈爾濱軍事工程學院等全國著名大學。東北各級政府官員的學歷和水準是相當高的。因此，中國中央政府和省級政府中，來自東北的高級幹部很多（在現在的中共中央高級領導幹部中，李長春來自遼寧，張德江、回良玉來自吉林）。但這些官員有一個共性，就是他們離開東北、到一個新環境之後往往會有很大的作為。我們看到，作為振興東北的一個關鍵步驟，中央已經開始調整東北的領導幹部，將一些政績欠缺的幹部調走。例如，黑龍江省主要領導幹部已經基本更換，原省委書記徐有芳被調離，從山東來的省長宋法棠升任省委書記（山東的幹部以膽大敢闖著稱）；原中央勞動和社會保障部長張左己調任黑龍江省長（預計會接替退休的宋法棠擔任省委書記，而省長則由剛調來的原陝西省委副書記栗戰書接任）；蘇州市委書記王岷接任吉林省長。東北作為一個計劃經濟色彩較重的地區，要以重工業為依託進行快速發展，根據國內其他發達地區的經驗，選擇強勢領導人到東北各地任職，應該成為一個重要因素。只有強勢、思路超前、具有市場經濟頭腦和國際化視野的領導人才能在短期內完成振興東北的構想。上述人事調整的目的，就在於要將一批敢闖敢幹的幹部推上前臺，由他們來領導東北地區回應中央的區域政策調整。與新一屆中央政府調整區域政策的出發點類似，這批新領導幹部的政治將主要取決於東北振興的政績，他們會在新的崗位上竭盡所能，通過

與中央形成良好的互動關係，積極回應中央的區域政策調整，進而吸引過內外市場資源的進入，再造東北的區域優勢。

三、東北振興的問題與挑戰：市場力量的培育

中國區域政策的四次調整中，市場經濟這隻「看不見的手」對區域發展的影響力不斷上升。如果政府區域政策的安排不能與市場力量的方向相一致，政策的效果將大打折扣；如果政府區域政策能夠順應市場力量的方向，通過適當的市場替代，超前實施軟硬基礎設施的建設，政策的效果就會大不相同。與西部大開發不同的是，東北振興政策的最大背景是市場力量的響應。

過去二十年，東北整體區域優勢不斷下降。但是，我們發現近幾年這個地區增長速度開始超過全國平均水準，出現了一定的回升勢頭，一些城市如瀋陽、長春、哈爾濱等在區域競爭中形成較強的實力。特別是在 2000 年左右遼寧的增速大幅提高，幾乎與國內工業優勢地區的速度不相上下。應該看到，近幾年東北地區的工業增長速度上升，主要並不是由國家投資增長帶來的，更多是市場需求帶來的。對於東北地區，市場力量的發展體現在兩個方面，國有企業的改革和非國有部分的快速發展。

第一、國企改革的進展

在東北老工業基地改造和振興過程中，國企改革能否成功，舉足輕重。因爲牽扯到減員、就業、社會保障等問題，國企改革可謂牽一髮而動全身。政府作爲國有資產的所有者，擁有國有資產處置的最終決策權，沒有政府的有力推動，國企改革是很難得到實質性突破。因此，中央政府提出改造的前提是先改制，給地方政府下死命令，逼東北闖過國企改革的關。這是考察地方政府與中央政策互動的重要內容。瀋陽市市長陳政高認爲，東北的核心問題集中在國有企業，城市改革的中心問題也仍然是國有企業。誰要想解決東北問題，誰就必須碰國企這個難題；誰繞開這個難題，誰就別想振興東北。他強調，現在就看東北哪個城市能率先突破國企問題，誰能率先突圍，誰就能將其他城市甩在後面⑭。應該說，陳政高的觀點代表了目前東北各地領導人對改革問題的認識。國企改革首先要改變的是國企的所有制結構，遼寧省的改制已在核心地區取得

突破。瀋陽市把國有企業集中的鐵西區列為重點，到 2004 年區內數百家國企的轉制已接近尾聲。瀋陽的思路非常明確，主要從三個方面解決問題。一是對大企業實行整體合資，改變所有制結構，利用外資和國內民間資本參與國有企業改制，建立現代企業制度。瀋陽市的大企業幾乎都已經找到了合作方，預計 2004 年都能完成整體合資。二是中小企業產權改革問題。瀋陽市一共 400 多戶中小企業，目前進行產權改革的面在 80 ％以上。三是問題企業如何「銷號」、收場問題，即瀋陽有相當一部分國有企業必須退出，所以全市加大了破產力度。截至 2004 年九月底，瀋陽市僅剩 116 家尚未改制的國有工業企業，其中大型企業有 14 戶，現正繼續推進各種形式的股份制改造。另有 102 戶國有中小型企業，其中 50 戶將在年內實行產權出售和股份制改造。52 戶資不抵債的問題企業，計畫分 3 年通過破產、銷號等方式退出市場。同樣的情況也發生在遼寧其他地方，營口、鞍山等地的絕大部分中小型國企也已經改制為民營企業。

　　客觀地說，遼寧國企改革的突破，與 2001 年開始的中央政府在當地實施社會保障試點政策的支持有一定的關聯。該政策解決了國企職工的出路問題，人員分流是東北國企改革中最困難的因素。如今這項政策已推開到黑龍江和吉林，將會對這兩個省的改革產生相當助力。例如，黑龍江省提出⑮，新一輪國有企業改革是一次全面深刻的改革，從現在起政府不會再給沒有改革的企業「輸血」，政府主要任務是建立造血機制，企業要自我融資，自我改造，自找出路和生機。省政府規劃，對全省 419 戶國有大中型工業企業區別對待，做大做強 30 戶優勢企業，讓 200 戶左右劣勢企業退出重組；2004 年爭取全省有 150 戶左右國有及國有股份企業完成產權制度改革。吉林的情況也大致如此。

　　第二、非國有投資的增長

　　除了國企改革的進展及其形成的投資外，東北振興另外一個重要指標就是非國有的投資的增長幅度，它代表了東北地區是否形成了市場條件下的資本吸納能力和集聚效應。在遼寧調研中，筆者發現，沿海地區如浙江、福建的民資開始湧入東北，但並沒有全面鋪開，而主要呈現向瀋陽及大連周邊集聚的態勢，其中以瀋陽尤為突出。遼寧 2003 年全社會固定資產投資 2082.5 億元，比上年增長 29.7 ％，而瀋陽 2003 年 582.6 億，增長 44.8 ％。瀋陽 2003 年吸引

的來自南方的規模以上的民企超過了一千多家，2004 年這個數目預計將會翻一番，2004 年上半年瀋陽固定資產投資增幅達到了 60 %。這些資本向東北南部集聚，說明市場力量已充分認識到東北的商業價值。它們推動了土地價格的上升和城市規模的迅速擴張，市場力量與城建形成了良性互動，瀋陽的土地出讓金收入呈現高速增長勢頭，2002 年收入爲 15 億，2003 年收入爲 20 億，2004 年可望達到 30 億以上，城建全年投入將達 100 億。瀋陽出現了空間大拓展，城市面貌煥然一新的局面⑯。

　　改革開放以來，東北主要城市如瀋陽、哈爾濱、長春等的經濟版圖沒有呈現出東南沿海發達地區城市要素大集聚、空間大拓展的格局，其動因主要是經濟增長緩慢。一般而言，如果一個城市連續十年經濟增長在 10 %以上，人口年遷入量在 5 %以上，城市土地必然十分緊張，地價不斷上升，城市必然要有一個大的拓展過程，珠三角的廣州等地在九〇年代早期、長三角的南京、杭州等地在九〇年代後期都經歷過這些變化。應該說，東北目前正在經歷這種重大變化。近三年，瀋陽市推出了「中央都市走廊」，即「南北金廊」和渾河兩岸大開發的城市新理念，構築起了瀋陽未來發展的大「十」字基礎框架和空間格局。全市前三年共計投資 170 億元用於城市建設。2004 年將達到 100 億。如此大規模的城建改造，不是靠銀行貸款，而是依靠盤活土地資源和開放市場，形成了良性迴圈的城建資金體系。與此同時，瀋陽市的住宅建設投資由 1998 年的 38.6 億元，猛增到 2003 年 177.3 億元⑰，房地產成爲經濟增長的重要力量。哈爾濱都市區的跨松花江發展規劃經過十年等待後，2004 年春終於以市行政中心北遷爲標誌。哈爾濱市區的跨江發展得到了市場充分回應的，上海世貿集團、大連義滕、北京中關村、香港新世界等國內知名企業紛紛跟進，江北房地產價格上升，銷售形勢看好。江北的發展意味著未來五年內哈爾濱的城市就會擴大一倍。瀋陽和哈爾濱的情況顯示，在市場力量主導的工業化的推動之下，東北地區的城市化終於取得了突破性進展，城市化也因此成爲與工業化並列的經濟發展動力。而城市化和工業化，正是所有經濟起飛階段必須經歷的兩個過程。東北的振興，實質上是在結合自身的特殊情況，重新啓動市場經濟條件下當地的工業化和城市化的過程。

肆、外向型經濟的發展

隨著中國經濟的國際化，外資的進入對一個地區加入跨國公司供應鏈，提升經濟外向度，強化地區競爭力是十分重要的。改革開放以來，東北除大連依托沿海區位優勢吸收部分外國直接投資外，基本沒有像長三角、珠三角通過加入國際分工，成為國際經濟迴圈的組成部分。造成這種結果的原因，既有政策、地理因素，也包括東北的計劃經濟色彩太重等體制因素。但這種不利的情況最近發生了變化，2000 年以來瀋陽實際利用外資連年出現倍增的情況，2003年更是以 22 億美元，超過了大連，而遼寧省實際利用外資也創紀錄地達到了50 億美元，成為全國吸引外資的熱點地區。2004 上半年，瀋陽外資增長幅度達到了 150 ％[18]！ 2004 年前九個月，遼寧省實際利用外資增長 95 ％，出現由內源型經濟向外向型經濟轉型的良好趨勢[19]。

與廣東等地不同，東北實際利用的外資當中，許多與國企改革有密切關係。例如，作為瀋陽市老工業基地突出代表的鐵西區，通過招商引資，初步形成了以汽車、裝備製造等為主的六大產業集群。該區的汽車產業集群中的汽車零部件企業達到了七十多家，德國倫福德汽車車橋、美國李爾汽車座椅、比利時貝卡爾特鋼簾線、法國米其林輪胎、日本日野大客車、普利斯通輪胎、上汽變速器等一大批國際國內企業紛至遝來。德國寶馬公司在中國生產的第一台寶馬車就誕生在鐵西（為寶馬配套的三十多家國際著名零部件企業也將落戶鐵西）。從裝備製造產業集群看，2003 年鐵西區共新引進國內外裝備製造業項目 25 個，使裝備製造業企業達到了五十三家。西門子變壓器、阿特拉斯鑿岩機、優仕塔吊等專案已經進入全面開工建設階段。從醫藥化工產業集群看，2003 年底，該區醫藥化工企業達到了十八家，形成了生物製藥、製劑和大型醫療設備等醫藥化工產業集群。德國 BASF、丹麥諾維信、日本山之內、美國希姆、韓國禾創等專案全面落戶。從冶金工業集群看，以遼寧忠旺、韓國銀川製鐵等一批企業為龍頭，形成了 H 型鋼、優質鋁材、銅管精深加工等冶金產業集群。同樣的情況，在吉林和黑龍江部分地區也可以看到。2003 年 11 月 20日，法國歐洲直升機公司、中國航空技術進出口總公司、哈飛航空工業股份有

限公司、新加坡科技宇航有限公司四方簽定合同，在中方哈爾濱飛機工業集團
建立 EC120 直升飛機總裝生產線，建成後將形成年產二十架直升機的能力。
該條生產線是繼法方首條生產線後，EC120 機型在全球範圍內的第二條生產
線。從哈爾濱招商引資的成果看，2003 年以後，外商對此地的關注度大幅度
升高。不過，從整個東北北部的黑龍江和吉林來看，投資方面目前尚沒有取得
突破性進展，這主要表現為黑龍江、吉林投資增長幅度均低於全國平均水準，
而兩個北部的核心城市哈爾濱、長春的投資也沒有大幅度超過全國平均水準。
外資進入黑吉兩省的速度大大低於進入遼寧的速度㉑。

　　外資在東北大量投向國企重工業企業的改造和併購，與全國對重工業產品
的需求大幅度增加有直接的關聯（例如，哈爾濱三大動力的訂單已經接到了
2007 年，旺盛的市場需求推動著遼寧鞍鋼連續進行大規模的技術改造）。重
工業化進程是中國經濟發展的一個必經階段。經過二十年的發展，中國從製造
業產業鏈的低端開始擠向高端，就如同九〇年代的紡織、製鞋、電子組裝業進
入國際市場一樣，中國已經開始步入更高端的產業。這種趨勢的背後就是動態
比較優勢原理，在國際分工中，中國製造業要向上游走，要獲取更高的附加價
值。隨著國際分工的進一步深化，中國的競爭優勢將在全球產業鏈的各個環節
充分顯現。但是，中國這次重化工業發展的浪潮，與美國、德國和日本當年的
模式有很大區別㉒。一方面，在沿海地區外國跨國公司扮演重要的角色；另一
方面，在東北這樣的老工業基地，傳統的、相對落後國有企業存量也在發揮相應
作用，但其作用的大小很大程度上又取決於與外部資金、特別是跨國公司的對
接。從這個意義看，未來中國推進重工業化的模式，有不可忽視的經濟全球化背
景，而未來東北地區能否形成全球化下的集聚優勢，應該更多從這個角度觀察。

伍、結　論

　　隨著中共第四代領導集體的形成，中國的區域政策也發生了相應的變化，
以 2002 年除夕夜溫家寶在遼寧阜新的礦井下「吃年夜餃子」為開端，東北振
興成為新一屆政府的區域政策調整的重點對象。從「振興東北」等老工業基地
概念的提出，到各種配套政策的陸續到位，大概經歷了一年左右的時間。上文

分析表明，東北振興政策的力度之大，資金之密集，是西部大開發過程中沒有出現過的。東北振興過程中不僅涉及給特殊政策，還包括中央財政還直接出錢解決國企改革的職工出路問題，直接補貼建設或改造數百個大型項目。由於東北的經濟總量不如西部大，特別是東北經濟接近一半集中在瀋陽、大連、長春、哈爾濱四個城市，這些政策一旦落實，很快就會對這些城市帶來直接的刺激作用，見效的時間會很快。從這個意義上看，要證明東北振興政策的成就並不難。

　　作為中國計劃經濟體制桎梏最嚴重的東北，其地方政府與中央政策的互動非常重要。應該說，在這次區域政策調整中，東北能否作為、有多大作為，在很大程度上也在於東北的地方政府如何回應中央政策。如何在上海的「強政府」和廣東的「弱政府」模式中找到平衡點，是東北不同地區如何實現振興的現實問題。由於市場力量不足，東北不可能照搬廣東的「自下而上」模式；由於東北各級政府的科學決策和執行能力有限，東北也不可能照搬上海的「自上而下」模式。但是，由於東北振興的一個基本任務是國企改造，這個涉及到經濟和社會各個層面的挑戰，它必然需要政府領導人的堅強意志和周密部署。因此，對於東北不同地方而言，在某個時間段上，地方主要官員的魄力和政府隊伍的素質將可能起相當大的作用。瀋陽能夠在三年內取得重大突破，在很大程度上要歸功於當地政府主要領導人的強勢作為。隨著東北多個地區主要黨政負責人的調整，人們期待著在其他地方能夠重演瀋陽振興的奇蹟。

　　但是，與中國國民經濟的市場化趨向一致，東北的振興最終要依靠市場力量，要依靠市場機制取代過時的計畫體制。與西部地區最大的不同在於，無論從中國重工業需求的導向，還是輕工業在全國範圍內向原材料和農業基地的轉移，近年來東北都已成為投資的熱土，工業化的進展又拉動了城市化。對於現在屬於不發達地區的東北來說，由於本地民營經濟不發達，外資進入偏少，振興東北的當務之急是要順應市場力量的發展趨勢，迅速改革政府體制（如招商、審批、服務、司法、治安等環節），建立起地區集聚優勢，吸引國內外資本向東北地區流動，只有增量的迅速加入才能有利於存量的盤活，才能化解東北地區一系列的內在問題。在中國上海和廣東兩大區域發展模式對比中，九〇年代中期上海發展模式應引起東北官員的高度重視。

　　對於東北振興而言，最大的挑戰可能來自如何更多地利用外資，更好地進

入國際經濟迴圈。東北不具備建立類似廣東的「大進大出」加工產業的地緣優
勢，也不可能像上海和南京那樣通過大量新的外資專案形成產業集群。東北外
向型經濟發展的特點在於，如何在中國經濟重工業化的過程中，實現本國大型
國有企業與外資的大範圍接軌。實踐經驗顯示，在近年來中國推進重工業化的
過程中，各地都在結合自己的區域特點，探索不同模式。上海、廣州模式可以
在一定程度上代表沿海地區近年來推進重工業化的主流模式，它更多是由地方
政府和跨國公司合作，興建新的生產能力（如廣州市政府控股的廣州汽車公司
與日本本田的合作，惠州中海油與殼牌的合作）。這種模式屬於外向型的重工
業化進程，在中期內屬於進口替代型，目標市場是國內的出口導向下游產業和
國內市場的消費，在長期中卻可能轉化爲出口導向型（如日本本田在廣州的出
口加工基地），強化中國沿海地區在國際分工中的作用。東北模式的不同之處
在於，它很大程度上是舊有資產的盤活，是原有企業的嫁接和再生，雖然起步
時屬於被動調整，一旦成功卻可能更爲深刻地紮根於當地經濟、社會和自然資
源狀況。一方面，它通過改革將中國一個新的區域推進到國際產業鏈中；另一
方面，它又通過開放來促進一個區域的復興，對於中部和西部地區有很強的借
鑒作用。從中國經濟整體來看，雖然東北地區的國際化程度加深，但東北整體
國際化後，其存量嫁接、以我爲主的特色和其龐大的資產存量卻能有效規避廣
東模式中對外資可能出現的依附性，降低中國經濟開放中可能面臨的風險。當
然，東北的國企改革能否達到上述理想效果，還值得進一步觀察。

　　從東北振興一年多的實際情況看，東北最大的城市瀋陽基本已經破題，傳
統老工業基地鐵西區的改造取得突破。外資和南方的民資已開始向瀋陽和大連
湧動，在哈爾濱和長春也可以見到絡繹不絕的商務考察團。隨著中央政府啓動
數百項競爭性領域的國債項目支持東北，以及增值稅改革等其他政策的逐步到
位，以瀋陽、大連及其中間的鞍山、本溪、撫順、遼陽、營口等城市組成的
遼中南地區率先取得突破，而北部的哈爾濱等城市也可能迎頭趕上。在市場
力量的呼應下，雖然面臨著諸多挑戰，但東北振興的前景應該遠遠好於西部
大開發。

＊　　　　　　＊　　　　　　＊

註　釋

註① 朱文暉，走向競合：珠三角與長三角經濟發展比較，1版（北京：清華大學出版社，2003年），第二章。

註② 康燕，解讀上海，版1（上海：上海人民出版社，2001年），頁85。

註③ 2003年6月29日，國務院總理溫家寶訪問香港，中央政府與香港特區政府簽署了具有劃時代意義的《內地與香港更緊密經貿關係安排》（CEPA）。從廣義上講，CEPA的實施，既是對香港的支持，也是對整個華南的支持。

註④ 廣東省從戰略高度重新確定了粵港經濟合作發展的總體思路：爭取通過十年到二十年的時間，把包括廣東和香港在內的大珠三角建設成爲世界上最具活力的經濟中心之一，廣東要發展成爲世界上最重要的製造業基地之一，香港要發展成爲世界上最重要的以現代物流業、金融業爲主的服務業中心，實現雙贏。

註⑤ 長春日報（長春），2004年8月4日，第1版。

註⑥ 生產型增值稅轉向消費型增值稅，意味著企業在繳納增值稅時，可以將購買機器設備所含增值稅進項稅金從其增值稅銷項稅金中扣除，因此這可以消除重複徵稅，對刺激企業的投資意願將產生正向作用，有利於鼓勵企業投資。

註⑦ 國家稅務總局網站，http://www.chinatax.gov.cn/searchResult.jsp。

註⑧ 中國國家稅務局網站，http://www.chinatax.gov.cn/view.jsp? code=200410081027426516。

註⑨ 根據筆者在黑龍江多個縣的調查，2004年農民的購買力比上年普遍增加了20％左右。

註⑩ 徐京躍、劉錚，大連日報（大連），2004年9月25日，第1版。

註⑪ 朱文暉，走向競合：珠三角與長三角經濟發展比較，頁45。

註⑫ 383工程：1989年，在大陸價格改革併軌失敗，要控制通貨膨脹時，黑龍江政府出臺了《黑龍江省人民政府實施的治理整頓方案》，用行政手段對383種商品實行強制固定價格。

註⑬ 九〇年代中期，針對大陸缺少大豆資源的情況，黑龍江對大豆出省實行嚴格限制，希望發展深加工，延長大豆產業鏈，結果造成國外大豆湧進大陸，不但黑龍江加工能力沒上去，反而造成農民賣豆難的問題。

註⑭ 瀋陽市長陳政高接受東北三省四市「振興老工業基地東北行」記者團採訪講話，哈爾濱日報（哈爾濱），2004年5月20日，第2版。

註⑮ 根據筆者在黑龍江省的調研。

註⑯ 資料來源於《2003年遼寧省統計公報》，《2003年瀋陽市統計公報》，見中國統計局網站http://www.stats.gov.cn

註⑰ 陳政高，「東北四市市長峰會講話」，長春日報（長春），2004年4月29日，第5版。

註⑱ 根據筆者在遼寧的調研，數字由瀋陽、大連統計部門提供。

註⑲　來自筆者對遼寧省長張文岳的訪談。

註⑳　這意味著，東北經濟發展、或者說東北振興的過程中出現了南北不平衡的現象有關不平衡的原
因分析，參見朱文暉、張玉斌，「東北振興：機遇、問題與挑戰」，發表於中國大陸區域經濟
發展與兩岸經貿互動研討會（臺北：政治大學國際關係研究中心第四所，台北市兩岸經貿文教
交流協會主辦，2004 年 11 月 6～7 日）。

註㉑　中國重工業化與 30 年前日本、韓國等地的重工業化有截然不同的發展道路：日韓是以本國資
本爲基礎，以引進技術開展進口替代爲主要路線，在政府產業政策推動下發動重工業化。中國
則是以與跨國公司合作爲主線，由各地方政府和原有的上游國有企業推動，在內外市場貫通的
全球化背景下以低成本的優勢展開重工業化。有關具體內容，參見朱文暉、張玉斌，「全球化
背景下廣東重工業發展的策略」，**廣東社會科學**（廣州），2004 年第三期。

中國大陸「振興東北」總體戰略
的內涵與分析

張 弘 遠

（致理技術學院國貿系助理教授）

摘　要

　　2003 年底，中共「十六屆三中全會」正式提出了「振興東北」政策，這個政策揭櫫了大陸政府決心在「西部大開發」之後，將國家的資源與注意力投注在東北這個中國過去最為重要的工業區域之中。

　　持續的經濟衰退，讓東北地區出現了許多複雜難解的社會問題，為了化解經濟衰退所造成的社會不安，中共當局開始構思解決東北問題的良策。但令人好奇的是，何以大陸當局會在此時提出「振興東北」的政策？本研究之目的便是透過對「振興東北」的戰略設想與規劃之分析，探討大陸當局藉此所欲達成之目的或影響，同時立足於整體經濟發展的視野來提出相關論點。基本上本文認為：

　　首先，「振興東北」，一方面是要緩解區域社會矛盾，另外一方面是局部性的執行進口替代政策，重建東北地區重工業部門或資本密集財製造部門的生產能力，為中國經濟發展由起飛階段進入成熟階段而預作準備。

　　其次，「振興東北」是中共新一代領導人首次提出的綜合施政規劃，期望東北地區能夠作為中國經濟發展的「第四極」而存在，並藉此一計畫來持續工業化發展策略來帶整體動經濟成長。

　　最後，「振興東北」是對中國大陸社會主義經濟體制改革的最終回應。

關鍵詞：區域經濟、振興東北、重工業化、市場經濟、進口替代

＊　　　　　　＊　　　　　　＊

壹、前　言

　　2003 年底，中共「十六屆三中全會」正式提出了「振興東北」政策，這個政策揭櫫了大陸政府決心在「西部大開發」之後，將國家的資源與注意力投注在東北這個中國過去最為重要的工業區域之中。

　　長期以來，東北經濟發展是依靠原油、煤、鐵等礦產開發與重工業生產作為主要收入的來源，從 1949 年到 1979 年，在這三十年期間，東北受到經濟計畫的直接管制，東北經濟成為計畫經濟的代名詞，當地企業在「統收統支」、「統購包銷」的計畫經濟體制下，生產要素調撥與商品產銷直接由國家計畫決定，企業盈餘上繳國庫，一方面因為要素產出的邊際收益遞減，另外一方面因為缺乏經營動機與企業體制老舊，東北地區的產業經營逐漸失去效率①，遂導致東北經濟在八〇年代改革之前便出現衰退徵兆。

　　而在中國經濟改革開放之後，東三省工業的經濟效益始終未有起色，經濟產值減少，傳統農業部門成長與農民收入增加緩慢，資源開採（如撫順的煤、大慶的油）面臨枯竭、開採成本增加，而國有企業經營績效持續降低，諸多嚴重的經濟問題遲遲未能解決，使得東北地區經濟雪上加霜，經濟地位逐年下滑②，如 1978 年時，遼寧省的 GDP 是廣東省的兩倍，遼寧、黑龍江、吉林的平均 GDP 僅次於三大直轄市③，而在 2002 年，東三省 GDP 為 11603 億人民幣，還不及廣東一省的總產出（11674 億人民幣）④。

　　持續的經濟衰退，讓東北地區出現了許多複雜難解的社會問題，特別是嚴重的失業導致了社會不安，失業一方面來自於原國有企業的下崗員工，另外一方面則是經濟欠發展而導致的青年失業⑤。兩代人同時失去工作、待業在家的結果，使得東北社會之中隱藏了許多不穩定的因子，一旦遇到足以引爆的衝突，便容易形成重大的社會事件⑥。

　　為了化解經濟衰退所造成的社會不安，更為了吸納下一波中國經濟發展的養分，大陸國務院總理溫家寶在上任之後，便多次造訪東北，針對現況提出了：「用新思路、新體制、新機制、新方式，走出新路子」的施政方針，期望透過整體作為來發展新的東北⑦。

　　然而，若欲尋求新的發展，就必須化解舊的問題，對此，大陸「國務院」於2003年9月提出振興東北老工業基地的指導概念來作為回應，「振興東北」正式成為中國官方的重大經濟發展戰略，中共中央並於2003年11月正式通過計畫，將斥資人民幣610億元啟動一百項老工業基地的改造項目。大陸當局企圖透過「振興東北」計畫來帶動當地區域經濟，並為下一階段中國整體經濟提供持續成長的動力因素⑧。

　　基本上，吾人同意東北地區經濟社會問題嚴重惡化，有待北京當局加以關切，但令人好奇的是，何以大陸當局會選在此時提出「振興東北」的政策？首先，西部大開發執行至今不過三年，成效尚未明顯，分兵東北，有無必要？其次，為了實踐加入世界貿易組織三年之後開放人民幣業務的承諾，目前大陸正積極提升整體金融部門營運的能力，由於事關重大，宜集中資源與力量加以攻堅，此時轉戰他處，是否合宜？再者，如2008年北京奧運、三峽居民遷移、三農問題等各項重大議題皆需國家財政大力支援，此時再加上「振興東北」，政府能力能否支應⑨？

　　更何況此時進行「振興東北」，首先就必須要解決東北龐大且效率低落的國營企業體系，著手調整以重工業為主的產業結構，安置龐大下崗職工的社會保障…等等，任何一個改革的動作都將會對大陸財政或經濟發展出現資源排擠的效應，但資金投入又是振興東北的主要關鍵⑩，在這樣的情況之下，為什麼要讓相關政策陷於備多力分的情況？

　　另外，中共中央在2004年為了化解內部景氣過熱的現象，方才展開大規模的「宏觀調控」，那麼一方面要對整體經濟進行「宏觀調控」，另外一方面卻在東北地區進行政府投資並採取財政擴張政策，那麼為什麼要同時執行兩個目標衝突的公共政策？

　　就上述所言，無論是就政策操作、國家經濟管理能力與財政條件來看，現在並非解決東北經濟問題的最好時機，那麼何以在困難重重的情況下，中共當局會於此時提出「振興東北」的計畫？換言之，筆者好奇的是整個「振興東北」戰略背後的主要動機是什麼？是為了東北近來頻傳的民眾大規模抗議事件⑪？或是為了具體實踐中共中央關於統籌發展的政策主張⑫？還是為了振興老工業基地、促進東北地區經濟發展，因應中國再次重工業化的發展而

預作準備⑬？

本文目的便是透過對「振興東北」的戰略想定與規劃之分析，探討大陸當局藉此所欲達成之目的或影響，同時立足於整體經濟發展的視野來提出相關論點。本文認為：

首先，中共當局「振興東北」的作為，一方面是要緩解區域社會矛盾，另外一方面是局部性的執行進口替代政策，重建東北地區重工業部門或資本密集財製造部門的生產能力，為中國經濟發展由起飛階段進入成熟階段而預作準備⑭。

其次，「振興東北」是中共新一代領導人首次提出的綜合施政規劃，同時並賦予此一計畫與珠江三角洲、長江三角洲、環渤海灣等地區相同的政策位階，期望東北地區能夠作為中國經濟發展的「第四極」而存在，並藉此一計畫來持續工業化發展策略來帶整體動經濟成長。

最後，「振興東北」是對中國大陸社會主義經濟體制改革的最終回應，過去鄧小平時期，中共對於社會主義市場經濟體制的定義，主要是以國有經濟所佔之比重作為判準，而東北正是國有經濟成份最重之地，如今中共中央對此開展經濟重建的工作，而策略又是引進外資、改善市場與重整企業體制等西方市場經濟中的操作方式，此舉無疑宣示了中國社會主義經濟體制的徹底轉向。

貳、重工業化政策與東北經濟發展

一、中國大陸工業化政策的發展

1949 年中國大陸在政權建立之後，其開始思考經濟發展的主要方式，由於受到韓戰因素、發展策略與領導人觀念等因素的影響，因此快速工業化便成為其政策主要選項之一，而透過國家角色強勢介入來進行資源調度、產業建構的傾斜發展策略，再加上蘇聯提供的經濟援助，中國解決了工業化發展初期所需要的資本、技術的問題，透過投資傾斜的方式為當時中國打下了工業的雛形（見表一）⑮，當「一五計畫」完成之後，在這五年內，中國大陸工業生產總

值增加了 128.6％，平均年增長 19.2％，其中生產資料類（主要是重工業）生產比 1952 年增加了 2.2 倍，輕工業增長了 83％⑯，工業部門的建立爲後來中國的經濟成長做出了直接的貢獻⑰。

表一　改革前中國大陸投資結構比重

單位：%

年　份	農　業	輕工業	重工業	其他產業
一五計畫	7.1	6.4	36.2	50.3
二五計畫	11.3	6.4	54.0	28.3
1963～1965	17.6	3.9	45.9	32.6
三五計畫	10.7	4.4	51.1	33.8
四五計畫	9.8	5.8	49.6	34.8
1976～1978	10.8	5.9	49.6	33.7

資料來源：轉引自林毅夫、蔡昉、李周著，**中國的奇蹟；發展戰略與經濟改革（增訂版）**（上海；上海三聯書店，1999），頁 73。

爲了要配合重工業化策略的執行⑱，當時中共當局採取了進口替代政策⑲，中國重工業化發展最終如何？對此無須多做說明，然而分析過去大陸工業化發展模式失敗的主要原因，關鍵似乎在於：大陸工業化模式過於依賴低廉要素的供給來維持產出的增加，這種外延式成長缺乏內生性技術進步的配合，無法促成工業生產效率的提升，反而爲了支持此一生產模式，進而限制了整體經濟福利的分配與創造，因而導致經濟發展速度減緩⑳。

在低度均衡的經濟成長下㉑，中國大陸經濟體系逐漸出現體制僵化、產業結構失衡與企業缺乏效率等等的問題，最終導致整體發展策略不得不改弦易轍，這也使得後來在 1978 年的改革中，中共當局必須採取開放的作爲，放棄過去經濟發展的模式。

二、東北地區工業部門的發展與現況

1949 年之後，東北地區工業部門的發展，按照大陸學者的研究，主要可

以分爲三個階段㉒：

（一）建構時期（1949～1957年）：在此一時期中，大陸當局集中資金，以蘇聯工業體制作爲典範，透過蘇聯的援助（約有58個項目），在東北過去的工業基礎上進行重工業部門的發展，建立起鋼鐵、冶金、化工、煤炭、石油、機械製造、軍工等重化工產業項目，形成了在過去計畫經濟體制中作爲工業重心（特別是重工業）的地位。

（二）調整時期（1958～1978年）：在此一階段中，受到大躍進時期的影響，東北地區工業也出現結構扭曲的現象，其後在1963～1965年的調整時期，東北工業結構進行了提整，發展電子、紡織、新興化工、原油開採等產業，進一步強化了重化工爲主的產業結構。

（三）轉型時期（1979～2003年）：在改革推動之後，東北地區由於國有企業比重過高、優惠政策缺乏，導致當地經濟制度轉型步伐緩慢、產業結構調整不易與產業競爭力衰退的現象，雖然大陸當局過去有意改變東北地區經濟衰退、產業競爭力低落的現象，但是其成果並不明顯，如直到2002年，遼寧、吉林、黑龍江三省的重工業比重仍然偏高（表二、表三）。

表二　東北三省輕重工業比重

單位：%

年　份	遼　寧		吉　林		黑龍江	
	輕工業	重工業	輕工業	重工業	輕工業	重工業
1952	42.2	57.8	56.7	44.3	39.9	60.1
1957	26.6	73.4	45.3	54.7	29.5	70.5
1965	26.2	73.8	39.4	60.6	31.4	68.6
1978	26.7	73.3	39.8	60.2	29.0	71.0
1990	32.6	67.4	41.9	58.1	32.0	68.0
2002	26.5	73.5	23.3	76.7	34.8	65.2

資料來源：白雪梅、呂光明，「東北老工業基地發展的結構演進和路徑選擇」，**東北財經大學發展研究參考**，總第5期（2004年），頁4。見 http://academy.dufe.edu.cn/resources/yanjiucankao/005.pdf。

表三　東北地區與中國全國三次產業的產值結構

單位：%

		1952	1957	1965	1978	1990	2002
東　北	第一產業	39.5	28.0	23.6	20.0	20.6	12.8
	第二產業	38.6	48.5	54.9	64.3	49.3	49.6
	第三產業	21.9	23.5	21.6	15.7	30.1	37.6
全　國	第一產業	50.5	40.3	37.9	28.1	27.0	15.4
	第二產業	20.9	29.7	35.1	48.2	41.6	51.1
	第三產業	28.6	30.1	27.0	23.7	31.3	33.5

資料來源：白雪梅、呂光明，「東北老工業基地發展的結構演進和路徑選擇」，**東北財經大學發展研究參考**，總第 5 期（2004 年），頁 3。見 http://academy.dufe.edu.cn/resources/yanjiucankao/005.pdf。

　　對於東北的問題，大陸當局一直是保持了高度的關注，近年來也曾對東北經濟改革提出諸多的意見，例如早在 1991 年，朱鎔基（時任國務院副總理）便曾針對「三角債」的問題，深入東北進行經濟調查㉓。由當時朱鎔基調查的結果來看，東北地區經濟衰敗的跡象與問題便已經十分的明顯，而十餘年後的今天，東北地區的經濟、社會問題似乎沒有獲得明顯且有效的改善㉔。經濟衰退再加上社會保障體制的不良，使得東北地區社會問題日益嚴重，而這便觸動了大陸統治結構中的敏感神經。

　　簡言之，經歷過建構、調整與轉型這三個階段後，現今的東北整體經濟仍有許多的問題㉕，一個老舊且效率低落的工業部門仍然是東北地區經濟主要的結構形態，此一結構由於受到資源減少、要素缺乏、技術落後與政府介入等因素而缺乏效能，直接影響地區發展的現況，而整個「振興東北」的計畫便是試圖利用政策作為來化解東北經濟低迷的現況。

參、「振興東北」政策的內容分析

一、「振興東北」與「西部大開發」的比較

初步來看，「振興東北」這個計畫似乎是效法大陸 2000 年「西部大開發」

的方式㉖，兩者都是由中央制定相關政策、成立領導小組，匯集各方力量、調動內外資源，調整地區產業結構、誘發當地之民間投資，以解決區域經濟發展的問題（見表四）。

表四　「振興東北」與「西部大開發」政策比較

計畫名稱	西部大開發	振興東北
實行時間	2000 年 10 月	2003 年 10 月
主要單位	西部開發領導小組	國務院東北地區等老工業基地調整改造領導小組辦公室
目的	為發展或改善區域經濟結構	同左
投資金額	6000 億人民幣	係由中國國家發展改革委員會批准的首批 100 個投資項目，資金總額 610 億人民幣。
主要投資項目	興建西部地區 12 省市區的基礎設施	依產業別而非地區別加以分配，主要集中於設備製造、原材料及農產品加工業等東北傳統優勢產業。
主要政策	加快基礎設施： 1. 青藏鐵路：由青海格爾木至西藏。 2. 西氣東輸：西起新疆輪南，東至上海。支援東部工業、民生發電之用。 3.、西電東送：興建水、火力發電，向華南與華東地區輸送電力。 4. 南水北調：尚有公路主幹線及河川上游水利。 5. 加強生態建設和環境保護：推動「退耕還林」與「退耕還草」等生態建設。 6. 吸引外資：改善投資環境、積極吸引內、外資參與西部開發建設。 7. 增加對西部地區尤其是少數民族地區的財政轉移支付㉗。 8. 調整產業結構，強調加強農業、特色產業之發展。 9. 推進優勢資源的開發和深度加工，促進西部從資源優勢轉向經濟優勢。 10. 加快發展旅遊產業。 11. 培養高科技人才、發展高等教育，並推廣應用高新先進技術。	中央國有企業調整改造的四項政策： 1. 建立完善公司法人結構。加快企業調整重組，發展大公司大企業集團。 2. 分四個層次進行企業改造，打造產業基地。 3. 深化國有企業人事制度改革，培養一批高素質國有資產產權代表、經營管理者。 4. 推進重點行業的改革和調整，大力振興裝備製造業，建設機電、船舶、汽車、石化、冶金等產業基地。 5. 加快發展現代農業，提升東北地區糧食生產能力，建設商品糧生產和外調基地，發展農副產品精加工、深加工。 6. 解決資源型城市治理和轉型的矛盾，加大採煤沉陷區治理力度，加快礦區環境修復和污染防治，大力發展接續產業。 7. 加快發展第三產業，推進金融等現代服務業改革和發展，促進中小企業和非公有制經濟發展，千方百計地擴大就業，健全城鎮社會保障體系。

（續下頁）

（接上頁）

		8.改善投資環境，加快轉變政府職能，建立健全市場機制，吸引更多的國內外企業到東北地區投資。將增值稅由「生產型」轉變為「消費型」（即允許企業扣底固定資產投資以繳納的增值稅）㉘。 9.加強交通、能源、水利等基礎設施建設，充分利用現有港口條件和優勢，把大連建設成為東北亞重要的國際航運中心。
政策目標	西部開發的政策目標如下： 1.縮小東西區域發展差距 2.開發西部資源：此地區，自然資源豐富。加速西部開發可以促進各種資源的合理配置與流通。 3.改善生態環境：避免整體國家環境的持續惡化。 4.加強對少數民族有效掌控：少數民族八成以上集中在西部地區，施行「西部大開發」的目的即在爭取少數民族的向心力。 5.國際戰略思維：增加與鄰近國家的經貿關係，創造穩定的週邊環境㉙。	政策目標如下： 1.縮小南北區域發展差距 2.提高國有企業生產力 3.改善生態 4.促進中小企業及非公有制經濟發展 5.吸引企業投資：因為東北地區大多為資本密集的重工業，僅靠對外資所得稅的優惠恐無法吸引投資，利用增值稅優惠直接影響企業固定資產投資成本，故有利吸引企業前往投資。

　　如果「西部大開發」是一個國家級的綜合發展計畫，那麼「振興東北」似乎就是小一號的綜合發展計畫，就政策位階與執行方式來看，「振興東北」與「西部大開發」十分的相似，不過前者目前的投資規模僅為後者的十分之一，若就政策內容來比較，「西部大開發」重點釋放在整體環境的保護，以及西部資源的汲取與運用，而「振興東北」的目標是放在重建國有企業部門的生產力，特別是將重心放在重工業部門的企業體制與經營能力的重建，這顯示出大陸當局對於「振興東北」的具體作為，目前仍側重於經濟層面。

二、「振興東北」與「統籌發展」間的關聯

　　為了振興東北經濟，中共當局在「十六大」時，提出支持東北地區等老工業基地加快調整和改造，支持以資源開採為主的城市發展接續產業。這也意味著中共決心以資源投注、政策加持的方式來促使東北地區市場經濟的發展，展開工業結構調整、國有企業制度變革與產業技術創新等工作。那麼吾人應由何

種角度來理解「振興東北」此一政策的內涵？基本上，論者以為應結合當前中共領導人對於統籌發展的概念來加以討論㉚。

　　中共於「十六屆三中全會」中，通過「中共中央關於完善社會主義市場經濟體制若干問題的決定」，在其中提出「五個統籌」作為其未來施政的目標㉛，若要掌握「五個統籌」的內涵，應將之視為中共新一代國家領導人，對於中國由「經濟成長」到「經濟發展」轉折中所提出的具體指導。而「振興東北」就是在此一綱領下所產生的政策規劃，試圖以此來調解過去東北經濟、社會發展過程中的諸多問題，進而達到「統籌發展」的結果。

　　那麼如何透過「統籌發展」的策略來化解東北地區的問題呢？就大陸內部的觀點來看，其具體的內容是㉜：

　　(一)統籌城鄉發展：對於東北三省農業來說，核心是促進農民增收。借助老工業基地改造的優惠政策，引進一批具有規模的農業龍頭企業，以城市帶領鄉村，以工業促進農業，提升農業的組織化程度、整體效益和競爭力，拓展非農產業，吸引農村剩餘勞動力向城鎮轉移，從而推進城鎮化發展。

　　(二)統籌區域經濟協調發展：改變東北各地發展的非均衡性。以哈爾濱、大慶、齊齊哈爾、牡丹江等城市為中心，構建現代化裝備製造基地、石化工業基地、食品工業基地、和藥品生產基地。

　　(三)統籌發展各項社會事業：堅持以人為本，不斷改善生產、生活條件，讓社會大眾享受到改革發展的成果，促進以就業為導向的中高等教育，和以提升人才培養質量為核心的高等教育，逐步構建大眾化、社會化終身教育體系；加快疾病預防控制體系、醫療救治體系建設，加強農村醫療衛生和環境衛生基礎設施建設，提升社會大眾的健康水準；進一步完善基層公共文化設施，建設一批重大文化工程。

　　(四)統籌人與自然和諧發展：提升可持續發展能力，大力推進生態示範省建設，搞好環境保護與治理。

三、「振興東北」中相關政策規劃

　　若就計畫的內涵來看，當前大陸領導人所提出的「振興東北」計畫，這個計畫與鄧小平時代的「沿海開放」、江澤民和朱鎔基時代的「西部大開發」等

計畫目的相同，都是爲了發展或改善區域經濟結構而提出㉝。整個計畫主要精神在於體制創新和機制創新，促進經濟結構戰略性調整，加快企業技術改造，走出一條老工業基地調整改造和振興的新道路。

　　爲了配合計畫需要，2003 年 11 月由中國國家發展改革委員會批准的首批 100 個國債投資項目，資金總額高達 610 億人民幣，其中遼寧省多達五十二項，投資額 442.1 億元，佔全部投資 72.5 ％；黑龍江省 37 項；吉林省 11 項。主要投資項目不再以行政區域作爲區分，而以產業項目加以分配，主要集中於設備製造業、原材料及農產品加工等東北傳統優勢產業㉞。同年 12 月大陸官方成立「國務院東北地區等老工業基地調整改造領導小組」辦公室。此外，相關各項配套政策也相繼頒佈，一方面將會組建「東北振興銀行」，以提供國企改造項目融資的需求，另一方面則時針對東北裝備製造業、石化、冶金、汽車製造、船舶製造、高新技術產業、軍工產業提出租稅方面的優惠。

　　進一步來看，「振興東北」與過去發展計畫有所不同之處在於，大陸當局在決定實施振興東北計畫時，明確提出了包括財政、稅收、社保等支援東北調整和改造的優惠政策：如農業稅減免、社會保障試點、增值稅轉型試點的政策措施總體方案、企業分離辦社會職能試點工作。此外，東北地區與四大國有商業銀行協商處置東北地區高額的不良債務的政策和措施及擴大資源型城市經濟轉型試點政策也都在研擬當中。

　　而針對東北地區經濟中最重要的問題—國有企業調整改造，大陸「國務院國有資產監督管理委員會」在 2004 年 2 月 13 日發佈「關於加快東北地區中央企業調整改造的指導意見」。這份指導意見提出了東北地區中央國有企業調整改造的政策、調整改造時間表以及具體目標和要求㉟。此外，在面對東北地區許多直屬於中央部委之國有企業的改革推展上，大陸當局也提出了加速東北地區中央企業調整改造的五項原則㊱。

　　而在振興東北的過程中，中共領導人也期望能夠促進東北三省之間的區域合作，共同進行以下的政策措施㊲：

　　(一)結合政府職能轉變的新形勢，建立對區域合作進行引導和管理的職能體系。爲了適應區域合作的需要，三省各級機關和行業協會應履行對區域合作的引導作用，負責區域合作的規劃、組織、協調和服務工作。

(二)制定區域合作規劃。各地要在全國總體規劃、國家產業政策、區域規劃和本地國民經濟發展戰略的指導下將開展區域經濟合作的主要內容和重點確定下來。

(三)結合東北三省的資源優勢，配合全國範圍內的產業結構調整，通過合作發展優勢產業。東部地區重點發展資源消耗少、附加價值高、技術含量高的產業，促進產業升級。東北地區可以與東部區域合作，將東部地區已失去或正在失去優勢的資源加工型和勞動密集型的傳統產業吸納過來。

(四)優化農業生產結構、改善農業生產條件及提高鄉鎮企業素質方面發展區域合作。通過區域合推廣先進的農業技術和生產經驗加強農田基本建設，並建立鄉鎮企業合作示範工程推動東北與東部中聯合發展鄉鎮企業；同時，鼓勵東北地區的國有大中型企業同當地聯辦鄉鎮企業。

(五)重點進行資金、環境、人才等經濟要素和環境的合作。通過發行投資債券、設立投資基金等方式，促進資金的橫向融通，推動東北金融業的發展。各地共同培育科技市場和人才市場，不發達地區有組織地向發達地區輸出其勞動力，發達地區實行科技成果有償轉讓，開展技術諮詢、技術服務，加快科技和資訊向不發達地區的傳播。

肆、「振興東北」經濟內涵的政經分析

就前述所言，「振興東北」計畫的提出，似乎是中共當局為了解決東北地區長期以來經濟衰退的問題，同時緩解因為經濟衰退而引發的社會矛盾，就政策規劃分向來看，其主要可以分為兩的層面：一是重建經濟部分；另一則是穩定社會部分，而目前相關的政策規劃中，主要項目是以前者為重。

根據中共中央政治局委、國務院副總理曾培炎在 2004 年 9 月 25 日在大連召開的振興東北暨東北亞合作國際研討會上，曾提出的東北地區等老工業基地改革和發展的六項任務，而其中直接與經濟成長有關，可以對東北地區經濟帶來直接影響的任務則是對於東北地區產業發展或扶持的對象，將鎖定在重化工業與重機械產業等重點產業，似乎「振興東北」計畫中似乎也蘊含了大陸當局執行再次工業化策略以提高目前大陸經濟進口替代能力的意圖⑧。

　　改革初期，東北地區曾經試圖立足於自身工業基礎，嘗試以吸引外資的方式來重振經濟雄風，但由於忽略了零組件產業及通路的建構，因此外資企業所需要的關鍵零組件必須自外國進口，經由人工組裝之後，再加工出口，如同深圳模式一般。然而這種做法卻面臨到一個問題，也就是當長江三角洲、珠江三角洲開始出現了零組件產業群聚效應，產業供應鏈開始擴大之後，東北的外資企業便面臨了問題，由於陸運成本過高、又無法出口轉內銷，因而導致東北外資企業開始轉移陣地，也因而打擊了東北地區工業復甦的期望㉟。

　　那麼如今由中央政府領軍，再次以資金投入、政策優惠等官方護航的方式來執行重點產業改造計畫，此舉顯現出，大陸官方有意在東北地區再次執行以國家之力遂行其重工業部門發展政策。

　　由 1978 年到 2000 年期間，中國的工業產值佔其 GDP 的比重較過去僅僅上升 2 個百分點左右，但其後工業比重由 2000 年的 50.2%上升到 2002 年的 51.8%，2003 年上半年則為 57.5%，而根據大陸官方訊息，近年來大陸工業增加值對於 2003 年整個經濟成長的貢獻率為 79.1 ％，也就是在 9.1 ％的 GDP 成長率中，就有 6.5 ％是因為工業成長的貢獻㊵，那麼中國在改革之後，在鄉鎮企業快速發展與改制、市場經濟引入與發展、經濟管制作為放鬆與現代化、外商投資項目與數量的增加等等之因素影響下，其實際上已經走出了一條以工業化帶動經濟成長的發展道路，這是一種與過去蘇聯模式相異的工業化發展模式，但卻也是一個更為成功的經驗。

　　不過在這個成功的經驗背後卻仍有不足之處，也就是眼下中國工業部門較具競爭力的大多是屬於輕工業、電子電機產業等部門，重工業部門的發展則較為薄弱㊶，那麼重新啟動重工業的發展，自然也就關係到中國未來整體工業部門競爭力的高低，而這也符合中國經濟由起飛階段進入成熟階段時期，所需要的相關產業。

　　一般國家在工業化的發展過程中，工業化程度越高的國家其重工業在的比重就越高，而觀察此一變化的常用指標則是，以輕工業與重工業的比值作為劃分工業化階段的指標，也就是後人所謂的「霍夫曼係數」（W. Hoffmann）㊷，根據大陸學者的研究，若按照霍夫曼係數的變化來看，改革之後，大陸工業部門出現了輕工業部門快速發展而重工業部門發展衰退的現象，近年來重工業部

門則開始有所起色㊽。此一現象背後其實所代表的是，大陸工業體系由輕工業製造部門的發展已經回溯至重工業部門，透過產業關聯效應的發揮，大陸市場已經出現了對於重工業產品的高度需求，再加上近年來大陸出口產品價格日趨下滑，為了維持其競爭力，就必須設法降低上游原料與中間財的取得成本，而這也導致了對重工業（特別是重化工業）發展上的需求㊾。

　　一方面東北工業基礎本就是以重工業為主，另外一方面經濟發展階段又到了需要重新啟動重工業部門，在這樣的政策需求下，對照目前振興東北政策中的各項經濟政策作為，不難看出許多政策供給的出發點，都是以重新啟動東北重工業發展為目標，簡言之，現階段「振興東北」背後的意義是為中國下一個階段的經濟發展執行重工業部門的建設，以便強化進口替代的能力。

　　若就產業發展的角度來看，那麼我們可以看出「振興東北」背後經濟佈局的痕跡，也就是說現階段「振興東北」計畫實際上是以發展重工業部門，執行進口替代的政策佈局為主，企圖以此來啟動東北經濟的復甦，最終形成一股帶動東北經濟起飛的力量。短期而言，此舉有助於東北經濟成長，透過地區經濟結構的優化，對於中國大陸整體產業競爭力將會產生直接的幫助，而就長期來看，目前國際間高度關注中國製造業部門為全球產業所造成的衝擊，而中國總需求面的擴張也帶來了全球原物料市場價格的快速上漲，那麼中國若要持續維持如過去般快速的經濟成長，則必須要能夠發展出一套完整且能夠自我供給的產業體系，以便維持其產品的價格競爭力。

　　而就目前其所擬之發展策略或重建方案來看，振興東北所採用的方式已是大幅運用市場經濟力量，企圖透過資源重新配置與市場因素的發揮來帶動地區經濟結構的重整，那麼此舉也正說明了大陸改革後工業化的模式已經全然轉向於市場經濟，在長達二十餘年的改革摸索的過程中，中國在「摸著石頭過河」策略運用下的最後一塊石頭也就為之確定，政府重新調整了國家角色與市場機制間的分寸，整個中國經濟的改革與發展已經全然接受了市場經濟的邏輯。

　　總結本文所言，「振興東北」政策就目前執行的方向來看，吾人當然不否認這個計畫的終極目標，是透過發展東北經濟來解決此一地區所面臨的各種問題，但是就現階段的情況來看，「振興東北」政策應較傾向為產業經濟發展政策，而這個計畫主要目的在於彌補大陸重工業部門的缺陷，同時建構出其經濟

體系所需要的進口替代能力。換言之，與其將之視爲一個統籌發展的綜合型計畫，倒不如視之爲一個區域產業政策的改造計畫。展望未來，「振興東北」此一計畫的成敗一方面繫於當地市場經濟力量的成熟與否，另外一方面則端視地區發展能否依據比較利益而建立起自身成長的動力基礎。

*　　　　　*　　　　　*

註　釋

註① 如當時東北的一汽，作為重要汽車生產基地，但是在計畫經濟體制之下，無法按照利潤原則進行產銷，進而導致利潤流失、效率降低，見韓朝華主筆，**戰略與制度：中國企業集團的成長分析**（北京：經濟科學出版社，2000），頁 270。

註② 根據台灣區電機電子公會公佈的「2001 年大陸投資環境與風險調查」報告，東北地區的總體競爭力排名在長江三角洲、環渤海地區、東南沿海與東部五省之後，僅較西南地區與西北地區為佳。陳在方，**中國大陸東北市場商機探索**（台北：中華民國對外貿易發展協會，民國 90 年），頁 16。

註③ 「前進大東北 新興投資機會多」，經濟日報（台北），民國 92 年 10 月 14 日，第十五版。

註④ 「政策扶持：東北力造經濟發展第四極」，工商時報（台北），民國 93 年 2 月 12 日，第六版。

註⑤ 孫立平，「新舊失業群體考驗東北」，中國改革，2004 年第 3 期，總 236 期（2004 年 3 月），頁 25。

註⑥ 例如在 2002 年三月一日中共「兩會」召開之前，黑龍江大慶油田便曾爆發出數萬失業勞工上街抗議的重大事件，見「政策扶持：東北力造經濟發展第四極」，工商時報（台北），民國 93 年 2 月 12 日，第六版。

註⑦ 「前進大東北 新興投資機會多」，經濟日報（台北），民國 92 年 10 月 4 日，第十五版。

註⑧ 「政策扶持：東北力造經濟發展第四極」，工商時報（台北），民國 93 年 2 月 12 日，第六版。

註⑨ 為了支應 2000 年所提出的西部大開發，中共中央已經透過發行國債的方式募集 2100 億的資金，佔同期國債投資總量的 35%，故透過發行國債以募集「振興東北」資金的可能性並不高，「共和國長子的未來之路」，新浪網，見 http://news.sina.com.cn/o/2003-08-14/1534566512s.shtml。

註⑩ 「金融先行：東北振興改革軌跡正在愈加清晰」，見http://www.dl-library.net.cn/dongbei_net/discri.asp? NetDL_ID=220。

註⑪ 根據媒體報導，在今年 3 月期間，在遼寧省之遼陽地區出現了繼黑龍江省的大慶石油工人之後的工人示威活動，持續不斷的工潮對中共領導當局形成了嚴重的考驗，「東北工潮不斷 當局派兵干預」，見大連圖書館網站，http://news.bbc.co.uk/chinese/simp/hi/newsid_1880000/newsid-1885600/1885688.stm。

註⑫ 大陸國務院總理溫家寶在 2003 年 8 月到東北巡視時，為了加快東北地區的發展，解決國企不景氣、下崗工人日益增多的問題，因而提出了振興東北老工業基地的主張，見BBC 網站，http://news.bbc.co.uk/chinese/simp/hi/newsid_3120000/newsid-3124400/3124415.stm。

註⑬ 黃範章，「新型工業化是中國和平崛起之路」，http://www.gimy.com/list.asp? articleid=2357& classid=

註⑭ 按照經濟學家羅斯托的觀點，在起飛階段時期，主要工業是在生產非耐久財如紡織等，而在成熟階段，則是以重型工業和製造業綜合體系為主，如鋼鐵、煤炭、電力、機械等部門。

註⑮ 黃曉玲，**外貿、外資與工業化—理論分析與中國實證研究**（北京：對外經濟貿易大學出版社，2002 年），頁 190～191。

註⑯ 「民營企業家釘上國資盛宴 中國開始二次工業化」，世界經理人網站，Http://capital.icxo.com/

htmlnews/2004/03/03/93543.htm。

註⑰　張弘遠，「中國大陸經濟轉型中後發展地區的政府角色與企業行為」，**東亞季刊**，第 31 卷第 1 期（2000 年冬季），頁 53～54。

註⑱　見林毅夫、蔡昉、李周著，中國的奇蹟：**發展戰略與經濟改革（增訂版）**（上海；上海三聯書店，1999），頁 31。

註⑲　何謂進口替代政策？進口替代主要是以政策手段協助本國產業部門生產原需自外國進口的產品，藉由此舉扶持與發展本國產業體系，進而帶動經濟成長。而中國大陸所採取的進口替代是著重在初級（生活用品）與次級產品（機器、設備）的進口替代，當時中國大陸由於技術低落、又採取逆比較優勢的發展策略，執行進口替代政策的執行帶來了高機會成本的結果，一方面造成資源錯誤配置，另外一方面也使得受保護產業缺乏競爭與創新意識。見林毅夫、蔡昉、李周著，中國的奇蹟；**發展戰略與經濟改革（增訂版）**（上海；上海三聯書店，1999），頁 82。

註⑳　見林毅夫、蔡昉、李周著，中國的奇蹟：**發展戰略與經濟改革（增訂版）**（上海；上海三聯書店，1999），頁 44～45。

註㉑　也就是產出雖有增加，但是整體社會的經濟福祉卻沒有伴隨著獲得明顯的提升。

註㉒　白雪梅、呂光明，「東北老工業基地發展的結構演進和路徑選擇」，**東北財經大學發展研究參考**，總第 5 期（2004 年），頁 1～5。見 http://academy.dufe.edu.cn/resources/yanjiucankao/005.pdf。

註㉓　根據朱鎔基的調查，三角債主要的成因在於：一、建設項目超出預算的情況嚴重，當年投資計畫安排不足、自籌資金不落實，導致固定資產投資缺口，形成對生產部門貸款和施工企業工程款的托見；二、企業虧損嚴重，排擠企業資金和銀行貸款，導致相互拖欠嚴重；三是企業產品與銷路不對或根本無銷路，產品積壓，製成品資金上升，形成投入─產出─積壓─拖欠─再投入─再產出─再積壓─再拖欠的惡性循環。另外，商業交易秩序紊亂，結算紀律鬆弛，信用觀念淡泊，也導致三角債加劇。「國務院辦公廳轉發國務院清理三角債領導小組關於全國清理三角債工作情況報告的通知」，見 http://sdinfo.forestry.ac.cn/management/law/f10550.txt。

註㉔　目前東三省各類下崗人員分別為 167 萬、118 萬人和 150 萬人，三省養老保險、失業保險、下崗職工基本生活保障、城市居民做低生活保障四項，所需要之資金仍不足 100 億元，「東北要便封閉思想為開放意識-關注東北振興、深化國企改革」，見 http://www.dl-library.net.cn/dongbei_net/discri.asp? NetDL_ID=190。

註㉕　東北問題有：一、傳統資源型產業比較優勢流失，新興產業發展緩慢；二、產業技術老化，技術創新能力低落，產業競爭能力下滑，市場佔有率萎縮；三、產業整併受限於資金與制度，無法執行退出機制；四、工業部門結構扭曲且缺乏自我發展的資源條件；五、產業運行出現政府主導的明顯特徵。白雪梅、呂光明，「東北老工業基地發展的結構演進和路徑選擇」，**東北財經大學發展研究參考**，總第 5 期（2004 年），頁 5～12。見 http://academy.dufe.edu.cn/resources/yanjiucankao/005.pdf。

註㉖　關於西部大開發的研究，請參見耿曙，「『三線』建設始末：大陸西部大開發的前驅」，**中國大陸研究**，第 44 卷，第 12 期（2001 年 12 月）；耿曙，「中國大陸東西部發展不平等的起源：國家、市場、區域開發」，**中國大陸研究**，第 45 卷，第 3 期（2002 年 5～6 月）；張弘遠，「從國家能力觀點看當前大陸『西部大開發』戰略的設計與執行」，**共黨問題研究**，第 27 卷第 8 期（2001 年 8 月）。

註㉗ 張德蘭，「區域經濟展策略之演變」，中國大陸區域經濟發展策略研究（1979-2000）─產業觀點（台北：政治大學東亞所碩士論文，2001），頁65～67。

註㉘ 孫明德，「中國經濟發展的第四大支柱─振興東北」，中國經濟，第27卷第1期，中央研究院，民國93年1月。

註㉙ 王信賢，「區域經濟發展」，魏艾主編，中國大陸經濟發展與市場轉型（台北：揚智文化事業股份有限公司，2003），頁164～166。

註㉚ 「五個統籌」是指：統籌城鄉發展、統籌區域發展、統籌經濟社會發展、統籌人與自然和諧發展、統籌國內發展和對外開放。謝伏瞻，「五個統籌是新的改革觀和發展觀」，中國網，見 http://big5.china.com.cn/chinese/OP-c/446779.htm。

註㉛ 「五個統籌」實際是為了解決目前經濟面臨的矛盾，將其視為經濟發展的基本核心政策。就政策發展的角度來看，「五個統籌」是由過去的傾斜、局部的發展，轉移為全面發展、協調發展，就施政理念來看，五個統籌可以說是中共當局新的發展觀念，王禮全，「五個統籌是對社會主義市場經濟規律的新認識」，南方網，見 http://www.southcn.com/nflr/llzhuanti/kxfzgll/wgtcjd/200404150343.htm。

註㉜ 唐修亭，「振興東北不能走老路」，東北網，見 Http://www.northeast.com.cn/dbwzt/2004qglh/hljdbwyfc/80200403050482.htm。

註㉝ 孫明德，「中國經濟發展的第四大支柱─振興東北」，中國經濟月刊，第27卷第1期，中央研究院，民國93年1月。

註㉞ 「振興項目」，東北新聞網，見 http://liaoning.nen.com.cn/77998302607441920/20040908/1489071.shtml。

註㉟ 要求如下：一、中共中央國有企業調整改造的政策：建立完善公司法人治理結構。建立母子公司體制，推進企業三項制度改革，加快企業股份制改造，完善國有資本的進入退出和合理流動機制。二、加快企業調整重組，發展大公司大企業集團。利用外資和民間資本參與國有企業改造；促進中央企業內部、中央企業之間、中央企業和其他企業、上下游企業之間存量資產的合理流動和重組。對符合破產條件的企業，優先列入全國企業兼併破產工作計劃。三、分4個層次進行企業改造，打造產業基地。加快東北地區企業的技術改造，建設油氣、鋼鐵、汽車和造船生產基地。推進石油石化、重大技術裝備、微型汽車、民用飛機和直升機、以及汽車、航空發動機等行業企業的改造，吸引跨國公司投資。加大軍工企業的技術改造力度。其他企業以市場為導向，促進主導產品升級換代，並發展高新技術產業，優化產業結構。四、深化國有企業人事制度改革，培養一批高素質國有資產產權代表、經營管理者。建立出資人對經營者有效激勵和約束機制。見「東北中央國企整改出台方案─四項調整一個目標」，阜新經濟信息網，見 http://www.fxinfo.gov.cn/shownews.asp? newsid=2548。

註㊱ 主要是在加快推進東北地區中央企業的調整改造，壯大和發展國有經濟，以市場導向來發揮資源配置的作用、建立一批具有國際競爭力的公司、企業集團，分步實施東北地區中央企業調整改造任務，中長期則將結合「第十一個五年計畫」發展規劃的編制和實施，逐步解決長期困擾東北地區企業發展的問題。見「加快東北中央企業調整改造 國資委提出五項原則」，中國網，見 http://www.china.org.cn/chinese/zhuanti/dbzz/497325.htm。

註㊲ 「加強區域合作振興東北經濟」，盤錦市人民政府網站，見 http://www.panjin.gov.cn/dbgy/db_show.asp? id=1819。

註㊳ 在曾培炎的發言中，所謂的六項任務是指：一、推進重點行業的改革和調整，加速國有企業改

組改造，及集振興裝備製造業，建設機電、船舶、汽車、石化、冶金等產業基地。二、快速發展現代農業，提高東北地區糧食生產能力，建設商品生產和外調基地，發展農副產品。三、解決資源型城市治理和轉型的矛盾，加大採煤區治理力度，加快礦區環境修復和污染防治，積極發展接續產業。四、快速發展第三產業，促進金融等現代服務業改革和發展，極力推廣中小企業和非公有制經濟發展，擴大就業，發展健全城鎮社會保障體系。五、進一步改善投資環境，加快轉變政府職能，建立健全市場機制，吸引更多的國內外企業投資。六、進一步加強交通、能源、水利等基礎設施建設，充分利用現有港口條件和優勢，把大連建設成為東北亞重要的國際航運中心。見「六大任務 四項政策 東北振興戰略全面提速」，中國網，http://www.china.org.cn/chinese/PI-c/668692.htm。

註㊴　大前研一著，許曉平譯，中國出租中（台北：天下雜誌，民國 91 年），頁 136。

註㊵　「民營企業家釘上國資盛宴 中國開始二次工業化」，世界經理人網站，Http://capital.icxo.com/htmlnews/2004/03/03/93543.htm。

註㊶　「民營企業家釘上國資盛宴 中國開始二次工業化」，世界經理人網站，Http://capital.icxo.com/htmlnews/2004/03/03/93543.htm。

註㊷　根據霍夫曼係數，若消費資料淨產值與生產資料淨產值的比大於五，則為前工業化階段，主要以資源密集型產業為主，若係數為一到二點五之間，則為工業發展階段，此時資本密集型產業將會逐漸取代勞力密集型產業，若係數小於一，則為工業化成熟階段，技術密集型產業則為主導產業，見黃曉玲，外貿、外資與工業化—理論分析與中國實證研究（北京：對外經濟貿易大學出版社，2002 年），頁 10。

註㊸　黃曉玲，外貿、外資與工業化—理論分析與中國實證研究（北京：對外經濟貿易大學出版社，2002 年），頁 214。

註㊹　「中國進入重化工時代—世界經濟競爭格局隨之改變」，TOM 財經網，見 Http://finance.tom.com。

振興東北：「第三次東北現象」
的戰略構想和可行性分析

陳墇津

（政治大學國際關係研究中心研究員兼所長）

摘　要

　　理論的建構落實到實踐層面是否可行，這之間存在著非常多的理論問題，不能夠隨便忽視。關於「振興東北」的戰略構想是否能夠在中國東北地區開創一個新的格局出來，如何理解這個問題的提法，這個問題跟上述的問題一樣，確實是需要加以研究調查一番。但是中國理論界在討論「振興東北」的戰略構想時，都忽視了這個問題的重要性。這種忽視，對於「振興東北」是有影響的。本文主要是從這個角度切入問題來討論，但這裡不是討論中國新一輪政府有關振興東北的施政措施和經濟發展戰略「是否」具體可行問題，而是討論這種發展戰略構想「在何種情況」下才是具體可行。本文提出一些理論的看法，並且認為這些理論細節都需要考慮進去，「振興東北」的戰略構想才是具體可行。

關鍵詞：發展戰略、問題設定、理論、區域發展、政府

＊　　　　　＊　　　　　＊

壹、創造新的東北：發展戰略的構想

「振興東北」主要是新一輪中國政府的經濟發展戰略其中的一環。這種經濟發展戰略，要點即在：「西部提速，東北攻堅，東部保持，東西互動，拉動中部。」其中明確地涉及東北地區者，即為「東北攻堅」和「東西互動」。所謂「東西互動」，即是中國的東部地區、西部地區和東北地區三個地區相互關聯和相互依存。「西部，牽扯面廣，自然條件惡劣；東北國企老工業基地盤根錯節，問題遺留時間過長。這兩個地區經濟問題的解決，必須依靠東部的持續發展提供支援和示範。反過來，東部發展又必須依靠西部、東北廣闊的腹地。」①所謂「東北攻堅」者，即是：「支援東北地區等老工業基地加快調整和改造，支持以資源開採為主的城市和地區發展接續產業。」②

「振興東北」作為中國新一輪政府的施政措施和經濟發展戰略，不管從哪一種角度看都是無可厚非的。但是這種施政措施和經濟發展戰略，卻跟所有其他國家政府的施政措施和經濟發展戰略一樣，因為調查研究和規劃的不足，俱存在著缺陷的。這種問題正如同西方兩位研究發展規劃的社會學家所說的，理論界和政策制訂者一樣，往往對於問題的理解得還不夠多，就開始下手了③。中國新一輪政府的施政措施和戰略情況也是這樣。據查都是經由政府領導人躬親考察和佈達，然後才由國務院、國家發改委、國務院發展研究中心等等展開「調研工作」，形成政策或者戰略，公佈出來④。自然爾後短短的時間內，會引起中國境內的產官學界討論和爭議，或者建議等等，也在所難免。而這種施政和規劃不會有具體結果，問題會層出不窮，當然同樣在所難免。

區域發展戰略或區域間發展戰略，其實是一個國家國土規劃的一環，非常的重要。在中國以外的先進國家或地區，都是由國家來主導進行的⑤。譬如成立國土規劃部，或者稱環境資源部等等部門來進行這項工作。例如：日本於2001年整合的「國土交通省」、德國於2001年7月整合的「交通建設及住宅部」等等，都屬於這類性質⑥。中國由新一輪的政府來進行這項規劃佈局，包括東部、西部、東北地區和中部地區的區域協調發展戰略，這是明智之舉。但問題是在規劃佈局之前和之後，政府缺乏完整而又具體細緻的調查研究和綜合

規劃,幾乎只是做到政策性的佈達,象徵意義上的「戰略規劃」。中央政府能做什麼、該做什麼,全部留給地方或區域的政府與學界去想像、表達和提出要求,中央政府只表示「支持」,讓地方去「試點」,找出問題和解決問題。目前的中國凡事不能和不敢讓政府來全面主導,政府在全局佈署上只提出戰略和綱領,其他領域則開始退讓;產官學界的聲音也齊呼「政府退出」。會產生這種情況,自然是有歷史和精神淵源的⑦。但這樣一種戰略發展的佈局和方向是有危機的。我們在這裡起碼可以看出問題來的地方是:雖然中國的產官學界也提出了跟中國政府施政政策和發展戰略綱領相關的這些論點和討論,可是因為部份人或是因應政府政策視野的界線而看問題,或是因為理論的視野不深遠,或是因個人利益和地方利益的關係,放不開手腳,因此總是從各個有限的角度著手,以道德勸說或格局窄小的學理論證的方式,針對所認定的問題提出各式各樣的、視野偏頗的建言。從全部所提的意見綜合來看,欠缺的正是整體的綜合規劃和政府全面主導的建議與論證。這些意見的發言方向和發言性質,都十分適合當前中國區域發展的政治和社會氣象台。但就是沒有人看出應該中國區域發展沒有整體的綜合規劃和政府的全面積極主導性,將在中國未來的社會發展產生何種嚴重的後果,因而針對這些提出警世箴言或有系統的分析。自然,這裡的問題總的來說,最後歸結起來,就會涉及到發展戰略的構想具體可行性的問題。

　　本文主要想從這個角度切入問題來討論,但這裡不是討論中國新一輪政府有關振興東北的施政措施和經濟發展戰略「是否」具體可行,而是討論這種發展戰略構想「在何種情況」下才是具體可行。無需說,任何一種討論都是應該有內在根據的,不能信口開河;要讓內在實際的聯繫說實話,在事實中尋求答案⑧,讓研究的對象「客觀說明」(objectivation)出來⑨。同時要在個案中上昇到理論架構中的分析層次,才能提供比較具有普遍意義的解釋力量⑩。有關東北地區發展戰略的問題也一樣。另外,所謂「具體可行」,不是談「程度問題」,而是談在什麼情況下才不會出現「沒有意想到的狀況」。研究可以實現的「程度」,即不是在研究「具體可行」的問題。現今學術界在研究中國區域發展時,時常談到「激進路線」和「溫和路線」的問題。一般論點在談論「激進路線」時,都以為這在中國現有的經濟情況下是不可行的,而且中國也不能

接受這種路線，必須在現有的條件下「走一步算一步」。「溫和路線」或許是中國現在所能夠接受的，屆時政策有錯再改。這些看法不是在談「問題」，而是在談中國經濟和發展現有的「承受能力」。如果是這樣研究問題，也就沒有什麼可以談到「具體可行性」的問題了。所以這種研究方向不是本文所要討論的，也不是本文要研究的課題。

　　「東北現象」（不管是新的現象或舊的現象），也許有些部份的問題是典型和獨特性，但是「振興東北」絕不是中國東北地區的「地方性質」（local-ity）的事務⑪，也不是中國東部區域要給東北地區提供的單純的支持，更不是東北地區以外的世界給予東北地區的獨特「發展機遇」。東北地區跟中國和世界其他地區因國土開發所取得的這種「交往」（vekher）機會，其實是讓東北地區開始走入了世界的領域，讓自己承擔自已該擔當的那一部份的角色。所以東北地區跟世界其他任何區域一樣，都是處在各種聯繫中的一端；在世界其他各種區域都不能具有它本身的「地方性質」，保有它的「封閉性」和「獨立性」時，東北地區的典型和其他地區的典型都就一樣了。東北地區的典型性，也就要併入其他地區已經成就的、可以容納一定特殊性的普遍分析架構來說明⑫。而這種說明的好處，正是可以把問題看得更加全面和真實，讓研究對象本身客觀的表述出來。就彷如黑山白水一樣，沒有它們底層背景的襯托，沒有它們自己各自的位置關聯，根本就顯示不出它們的特質和差異出來。東北地區內部各領域之間的問題，也應如是觀。這樣才能夠更加深入和更加仔細地看得出來，有關東北地區的這種發展戰略構想「在何種情況」下才是具體可行。

　　另外，任何學問都有說明對象的許許多多的眼光（gaze），「東北現象」也是相同的。在研究「東北現象」的這一問題當中，大多數學者都是有意地或無意識地把問題的研究者和分析者參與研究的這一客觀事實抹滅了。好像這些學者或專家的研究或分析，不管他們的立場和「意圖」如何，都不會影響事件的發展似的。在這裡，存在這種現象的原因，正是在知識上和學問上忘掉了對於「參與的客觀說明」（participant objectivation）⑬。在知識或學問的生產場合中，不管如何，生產知識的行動者都會為某種賭注你爭我奪，而且追求著好似跟大部份社會世界當時有的利害關係的觀點會是毫無關聯的利益。對於這個問題的學術說明，已是老生常談。但是一些不可見的理論陰影，正是存在這種

「老生常談」所產生的「視而不見」中。最根本的問題之一就是：沒有在理論上客觀說明這個問題對於現實的影響，沒有在理論上客觀說明這個問題對於理論分析造成的「認識上的差異」。這個根本問題就會影響到理論是否客觀，是否具體可行的問題。有關「東北現象」內存在的問題，也應如是考察。這樣一來，有關東北地區的這種發展戰略構想「在何種情況」下才是具體可行，也才可以加以說明。

貳、區域協調發展和各領域協調發展的意義

有關「振興東北」這個課題，新一輪中國政府的經濟發展戰略的構想，最重要的地方是「區域協調」和「各領域的協調」。「區域協調」⑭的構想要點在於：「西部，牽扯面廣，自然條件惡劣；東北國企老工業基地盤根錯節，問題遺留時間過長。這兩個地區經濟問題的解決，必須依靠東部的持續發展提供支援和示範。反過來，東部發展又必須依靠西部、東北廣闊的腹地。」「各領域協調」的構想要點在於這些領域之間的協調，即：國有和非國有企業之間、中央和地方政府之間、裝備工業和其他優勢產業之間、老工業地區優勢和其他外部可移動因素之間等等的協調發展⑮。不管是「區域協調」或者是「各領域協調」，在中國政府的構想中都是互相間要協調和發展。但是我們解讀這個構想時，觀念上最重要的是要記住：這些看起來要協調發展的項目，其實原本都是相互牽扯的，不能不讓它們協調的一些項目。其次，我們應該注意到，在談論和研究協調發展問題時，必須（而不是可以）協調的項目其實都不能是人為地任意選擇的。這些項目應該是必須經過實證的調查研究，讓事實客觀地呈現它們之間的關聯後，才可以把它們聯繫起來，說明它們之間的協調的一些項目。而且，只有經過努力發現必然要協調的協調項目後，才有可能挖掘問題、呈現問題和解決問題。發展戰略在這時候也才能談得上研究是否具有可行性。不能把研究者對於事實的認識，基本上就當作是事實客觀地呈現。否則就會產生以研究者跟對象的認識關係，來取代對於對象的認識這一理論結果⑯。最後即非客觀地說明事實。

從這個視野看來，目前中國產官學界在耙梳協調問題時的理路和內容，可

以看出來都是有問題的。也就是說，具有理論的陰暗面，沒有看到事實應該讓他們看到的地方。中國產官學界在研究「振興東北」的發展戰略時，多一半把這個發展戰略照字面的意思看成是「經濟發展戰略」，而且是集中在「老工業基地」問題上面⑪。好像正是就「問題」談「問題」，方能解決問題，而這些所謂的「問題」，似乎著實是跟其他領域不相關的。其實稍為研究一點政治社會學的學者都知道，沒有任何一個項目或問題，特別是有關於區域發展和項目發展的問題，是沒有社會基礎的。區域發展的問題不會是靜態的問題，不會是純自然的事情，更不會是單純無邪的問題。它們根本是一件龐大的總體工程，非常錯綜複雜；它們內在的各種聯繫盤根錯節；它們還有更深層的社會因素沈潛在底下，一起支撐著這個總體工程，構成它們的基礎。

　　譬如說，單純的一個地方城鎮建設，即涉及人口的管理、住宅空間、人口品質、生態、綠化、水資源、環境污染、社會安全、技術、資金、財政、衛生和健康、運輸交通、科技和教育、各區域經濟發展、勞動分工（區域分工和國際分工）和就業等等的這許多方面。然後，單獨的地方城鎮建設裡的一項理論範疇，例如綠化，即又涉及並連帶反過來產生氣候、土壤、水資源保護、生態、住宅空間、健康、休憩、環境保護、人力資源和人口素質等等這些要思考的相關問題。幾乎沒有任何一個問題是孤立的問題，它們之間都是環環相扣的。一方面沒有處理好，就要連帶起著骨牌的作用，導致方方面面的問題無法處理。一個「老工業基地」簡單的五個字，自然一樣包含著非常複雜的方方面面。它牽扯到的必須一起協調發展的一些關係和內容，可能還會令人驚訝，因為從表面上根本看不出它們之間還有關聯。這些可能有的關聯，小到可以是住在老工業基地旁的城鎮居民的生活環境問題，大到可以是國際間的產業分工。而涉及的科學領域，居然也可能是從上自天文，下至地理的知識都涉及到。一個「老工業基地」能否振興，如果也能夠從另一個十萬八千里遙遠的區域農民的收入聯繫出問題來，那麼關於發展戰略構想的問題，就可以進行可行性的分析了。

　　有關東北區域發展的這個問題，從有關的討論看來，中國內部從政府到學界現在似乎欠缺從整體綜合來看問題的視野。雖然在新一輪的政府中也談了區域的協調發展，但是政策宣示的成份居多，具體可行的規劃的成份偏少。雖然

學者們也談論區域和各領域的協調發展問題,但是直觀的居多,底層的相關聯繫卻很少人挖掘⑱。就從中國產官學界談區域協調發展和各領域協調發展的意義來看,要研究這種發展戰略構想「在何種情況」下才是具體可行,會讓人浮在心頭的影像就是:有關「振興東北」的問題,像有關西部發展問題一樣,「中國缺少具體的綜合規劃」。如果說,談區域協調發展和各領域協調發展居然許多相關聯的聯繫都不知道挖掘,存在著理論陰影,那麼「振興東北」的發展戰略構想確實是不可行的。反過來說,自然只有進行具體的綜合規劃,挖掘並吃透了所有的協調發展的聯繫,在這種情況下「振興東北」的戰略構想才是可行的,才具有可行性。

參、東北問題?還是中央政府的　角色定位問題?

從研究具體的綜合規劃的問題,邏輯的思考順序會是要推論「誰來規劃」這個問題⑲。區域協調發展和各領域協調發展如果非個別區域或領域的問題,那麼顯然是屬於「公眾的事務」,即「公共領域」的問題。在今日的社會裡,公共領域的事務關係因為「範圍具有這麼廣闊的擴充性、多重性、緊密性和複雜性,在非人而不是共同體的基礎上業已形成如此廣袤和堅固的結合」⑳,因而一般都不是能夠為人所瞭解,或者現成地就可以認識到㉑。「誰來規劃」的這個問題,明顯地非政府莫屬。問題不用說,當然是丟回原來主管公共事務的政府部門。但現在中國區域發展面臨的矛盾是政府的作用。過去計劃經濟的失敗使政府面臨挑戰,這種挑戰是不信任政府的能力和不能賦予政府重任的認識所造成的。能不能把規劃管理的問題再丟回給政府負責,自然是不用說。對於中國的目前發展而言,發展戰略的格局實際是要求政府主導公共事務㉒,可是中國人現在主觀精神上實不敢把管理問題再丟回給政府來管理。1978 年以後的政企分開、國營企業改制和國家機構體制改革,都是這些精神表現。那麼從這裡看來,振興東北的發展戰略構想如何具有可行性,即表現在對於政府的角色定位上,尤其是中央政府。

區域發展和協調戰略問題國家的介入是不能不爾。但在國土開發中,類似

「自由放任」（laissez-faire）經濟原則的中國目前區域發展趨勢是認爲，政府干涉和介入越少越好；即使在認定中央政府在區域經濟協調中「必要的主導作用」時亦如此㉓。甚而甚至於有這派的學者呼籲要「政府退出」的㉔。其實這類的想法是讓「振興東北」的發展戰略構想不可行的一種認識。完整的區域發展戰略規劃給政府帶來的規劃和組織的壓力，在技術上和組織上都是非常複雜的，俱要求高度的合作和協調。過去有學者從亞洲國家的開發十八個經驗個案裡進行調查，發現僅僅就「農村開發」這一項，全國性的政府部會和機關要面對的政治問題就有九項之多。包括：全國預算分配計劃；爲政府部門計劃綱領的準備工作和開發評估需求；稅收；協議與分配外援給地方計劃；給地方提供技術支援和便利；控管開發計劃的組織和運作情況；委派當局的代表至下屬執行單位；爲技術、行政管理和監督人員提供訓練或參與執行工作；解決或化解開發地區的看法和爭端㉕；等等。

　　而這個規劃工作還不能由「地方政府」來執行。因爲，事實上，包括中國在內，亞洲的地方政府或區域政府都是體質比較脆弱的，不管是管理能力或者分析事情、處理政務方面，因而無法承擔中央政府委以分擔的複雜責任㉖。而幾乎所有的國家都缺乏訓練有素、可用的又願意在地方服務公職的人力資源㉗。加上地方的政治派系爲取得中央政府基金和預算的分配，可能對中央政府的政令表面上百般順從，可實際上卻是缺乏執行能力，還需中央派員坐陣監督。可能更可怕的是，由於資本的投入，世界資本主義體系的跨國企業爲了企業利益，和體質脆弱的地方政府掛勾。或者是犯罪集團（尤其是洗錢和販毒）滲透入地方政府部門，導致政府發生醜聞。或者上述因素統合起，造成人民不信任政府的能力和不滿，造成社會安全和穩定的隱憂㉘等等，都會讓區域發展再產生新衍生出來的政治問題。

肆、全面和可行性之間的辯證關係：政府對自身責任的認識

　　隆丁尼利（Dennnis A. Rondinelli）和盧德勒（Kenneth Ruddle）兩人在近三十年前研究開發問題時，曾意味深長地提出這段結論：「完整的開發設計取

決於繁雜的政府資源，需要行政機構和部會以專門化的服務、人事、設備和技
術資助的形式給予強有力的支持。」㉙全面性的綜合規劃中，政府存在的意義
在這裡揭示無遺。但現在區域發展過程中，包括振興東北在內㉚，中國的政府
擺明的態度是這樣：區域開發政府不會再採取過去單方面投錢或是給優惠辦
法，而是更多爭取內生性改制的方法。即主要靠改革開放和市場化機制建立。
換句話說，政府是不管了。主要原因分析下來，是歸咎於計劃經濟。因而目前
開發行爲中體制最大的不同是：通過財政支出和轉移支付的手段，解決公共服
務和基礎服務問題；通過制訂規劃和政策，引導社會投資，爲企業創造良好的
經濟環境；要確實改變政府機關的工作作風，增強服務意識，提高辦事效率㉛。

　　這種思路，從過去計劃經濟的經驗來看，怎麼說都是對的。可是如果從區
域發展會涉及的方方面面來看，怎麼說都是不對的。一個幾幾乎乎是大開放的
方式進行開發，又沒有事前細密和各環節相扣的統籌規劃，中央政府只給個戰
略大方向，雖說抓住大戰略，但實質等於放任不管，呈現的問題必然此起彼
落，層出不窮。區域開發涉及的層面十分廣泛，即使要把這麼許多專業領域的
專家在一個組織架構內統合在一起管理，也已經是一門學問，何況其他問題。
不用一個有各方面事權的組織機構來統合，或者根本就沒統合，那種危機可以
想像得到。尤其是在幾幾乎乎不再可以把區域說成是區域，或者說成是地方性
質的事務的我們這個時代。過去學界和政界的錯誤印象或刻板看法，總是以爲
區域是區域性或地方性的事情，跟其他區域或全體無關。或者說，政府只要在
區域協調發展的領域裡發揮協調的主導作用，其餘的還要分權㉜。在現在全球
化的時代，尤其是東北地區這麼突出的地理位置，顯現把區域看成是區域性或
地方性的這種看法是完全錯誤的。

　　在區域發展的全面綜合規劃中，中國政府自身在必須肩負的重責大任中退
出。無需說，「振興東北」的發展戰略構想必須如何才具有可行性，在這裡也
顯現它的答案了。

伍、有關知識的社會學——知識世界的東北

　　「振興東北」的發展戰略構想何種情況才確實具有可行性，到這裡已經分

析得非常清楚。現在只缺兩環就說明清楚了，即學者的立場、在地者的視野格局，以及對於經驗材料認識的問題。

在前面區域發展的戰略構想如何具有可行性的探討中曾提到，自然只有進行具體的綜合規劃，挖掘並吃透了所有的協調發展的聯繫，在這種情況下振興東北的戰略構想才是可行的，才具有可行性。在這裡已經隱約地說明一種狀況，即學術的參與。學術的角色和學者的任務即是擔當智囊的角色，進行調查研究，提供學術領域方面的合作。作為規劃和經營者的政府，不可能樣樣面面俱到。政府需要眼睛和知識，需要能夠綜合規劃的知識，這就要靠學者和學術。沒有學術的合作，沒有完整的調查資料，沒有上昇至理論的說明，政府不可能進行細緻的規劃工作。在這種情況下，要說振興東北的戰略構想如何具有可行性，這是完全不可能的。

過去中國學術界探討問題時，都有兩個毛病，一個毛病是研究或談論問題時，常常把自己排除在外。尤其是在談論「人力資源」時。人力資源的問題在目前有關中國研究區域發展的一些問題裡時，都是以科技和管理人才欠缺的問題這種面貌出現[33]；不然就是以教育程度和受教育人口數量的問題這種面貌出現[34]。知識份子的調查和研究能力、知識份子在提供理論說明的識見方面的能力，以及知識份子的種種立場問題等等，在人力資源的問題中失蹤了，好像這些領域的問題不是人力資源的問題。有關這些問題的探索，如果在知識的領域從缺，顯然理論工作失去客觀說明問題的可信度。

另一個毛病跟前述的毛病密切相關，這就是不自覺地反對政府主導的情緒。知識份子不自覺地反對政府主導的情緒，時常導致學者在分析問題時主觀缺席。而這種不自覺地反對政府主導的情緒，又經常影響學者分析問題的客觀性質。這種不自覺地反對政府主導的情緒已經影響學者分析問題的客觀性質到了什麼程度，下列一個說法很能反映情況。有一本研究中國開發問題的論著表示：「中國經濟在傳統上是政府主導型經濟，雖然經過多年的改革政府在微觀經濟活動中的干預作用已經大為降低，但在宏觀甚至於中觀經濟（如地區經濟）中的主導地並沒有動搖。」接著很快地從這裡取得結論說：「不注重發揮地方政府的作用，中國落後地區的開發很難取得成功。」[35]在這裡可以看到，因為對於主導型的經濟的情緒反應，連帶地讓這本著作看不到中央政府和地方

政府應該面對的實際問題，以及它們兩者各別執行開發行爲的能力。這些問題我們在前面都分析過了。

中國社會離開完全受制於政府主導型經濟的時代，已經近三十年。現在知識界應該可以冷靜下來，同時也可以看得更清楚。中國計劃經濟的問題不在於計劃經濟本身，在於進行計劃經濟的規劃者和執行人；問題在於人，不在於制度設施本身。對於這個問題不理解清楚，把責任歸罪於制度設本身，在分析問題之前即惑於情感，對於中國往後的任何發展，只要涉及中央政府的問題，都易造成錯誤的判斷。而知識份子不在區域發展的宏圖中參加工作的行列，政府的工作即易陷於盲目。說到底，這都是造成區域發展的戰略構想不具可行性的因素之一。

陸、客觀說明與可行性的關聯：理論與實踐

最後，剩下一個問題，即關於經驗材料掌握的問題。

戰略構想很顯然是理論的表述方式之一。而戰略構想作爲理論，重要的性質就是客觀地說明研究的對象。這是理論之所以能夠實踐的前提，也就是理論可行性的前提。因而關於理論可行性的問題，即務必是關於經驗性材料客觀掌握的問題。關於經驗材料客觀掌握的問題，這是一門學問。這門學問正如華康德（Loic D. Wacquant）所說的：「搜集資料的活動──或更準確地說，是生產數據資料的活動──的實踐組織和開展工作，是與對象的理論構建密切聯繫在一起的，它們不能被降低爲由受雇的打下手的人、政府的調研官員或研究助手從事的『技術性』工作。」[36]即使最微不足道的資料蒐集的經驗工作，也涉及有意無意的理論抉擇。而最可怕的是，往往有些學者在蒐集經驗材料時，把直觀取得的經驗材料當作「客觀的材料」而不自覺，這就犯了視而不見的錯誤。

過去社會科學的理論，總是以社會現實的表象（即對象）作爲概念或理論所反映的直接物。但是這個現實的對象卻十分含混，我們是不可能完完全全、明明白白，以現成可知的方式感受得到。那怕是純粹的有關現實對象的知覺，也是我們的理智在現實上加工出來的東西，也是要通過理論再一次進行加工才

能夠說明它的本質的東西。而這個東西嚴格地說，也是跟原來的純粹感官知覺到的現實對象不同了。認識的最初級形式，當然是不同於現實對象的一種對象。因為關於現實的認識只是認識和現實之間的一種知識關係。真正的關於現實的知識是一種關於現實關係的一種知識，這種知識確實跟對現實從事認識這種知識不同。我們不能把一種對於存在的、實際的認識當成是知識㉛。在某種社會一目了然的東西，在另一個社會卻是隱而不彰；「同樣，也正是在這些社會中，我們清楚地看到社會結構的各個層次的作用程度也不是明顯可見的！」那些社會結構的各個層次，從來更都不是「和現成的東西一致的」㉜。那些被表象隱藏住背後多種多樣聯繫的對象，我們的眼睛（不是眼光）確實是不能直接反映出來。要取得「真正的知識」，必須仰賴科學，必須仰賴理論的反省，或者理論的加工。如此構築出來的理論，也才有可行的實踐可能性出現。這樣一來，客觀地說明社會世界的理論知識，即必然是跟客觀地呈現社會現實的經驗材料是結合在一起的。

關於經驗材料的掌握這個問題，也是跟關於「振興東北」戰略構想是否可行有關。假如我們前面討論到的理論層面缺失的問題，是屬於理論上沒有看到，因而產生理論「陰暗面」的問題的話，那麼現在關於經驗材料的掌握這個問題因為會影響到整個理論，即產生整了個理論解體的問題。這個問題顯然就是屬於理論問題中「重中之重」問題了。在討論關於「振興東北」戰略構想是否可行的內容裡，自然是更加重要。

對於經驗材料掌握直觀的問題，應該指出來，影響可行性問題比較嚴重。可以說，它會直接通過對於經驗材料的掌握，使理論產生相當大的問題，因而影響到實踐層面，整個讓「振興東北」的戰略構想不可行。因而，如何具有可行性，是應該在這裡仔細研究一下這裡存在著的問題。茲簡單地舉兩個非常重要的相關範疇來說明。一是與「振興東北」有關的「人力資源」問題；一是與「振興東北」有關的各相關領域結合的問題。

有關「人力資源」問題的視角，一般都是放在「教育數量」的問題上，因為數量問題在經驗材料上比較容易掌握。例如，文化程度、高等院校的總數和技術人員的占有比例。但是從直觀上產生出來的材料可以看到，「數量」確實不等於「質量」。這裡是不可能從邏輯上由數量直接推論出質量的結論，自然

在實際現實生活中就更不可能從數量推論產生出質量的結果來。但是在這裡，對於經驗材料上直觀出來的毛病，往往就是把數量的問題當成是質量的問題。我們都知道，即使全部經驗材料經過研究調查，都已經可以在知識上確認質量上素質的高下，但是全部的結果，也是不可能由單純地通過加工後的經驗材料的加成效果，取得質量上確實的內容出來。要做到這一點，還必須通過實際的聯繫，研究經驗材料實際相互產生作用的「拉力」和「推力」的複雜效果，來確定最後的「質量」。所以這裡涉及的因素、需要經過調查研究的作用力和反作用力，都是非常複雜和多樣的。自然在這裡就更不可能由簡單的經驗材料直觀的「統計」，來取得理論上要確實掌握的材料數據出來。

我們常常看到，中國理論界在分析問題時，總是把經過統計數字的加成，簡單地看成是如何能起到作用的一些範疇，不經意地把它們放在首要的位置上。然後經過排列和計算總帳來預測最後可能取得的目標。他們在分析問題時，總會不自覺地讓人產生錯覺，好像人生活的目標經過這種思考就能夠一起到位。這實在是錯誤地說明問題的方法。當然沒有上昇到理論的高度，根本就不會有人察覺到這裡會產生的落差。國際學界現在對於教育在開發中真正起到何種作用，仍然還不是十分瞭解，但有一點還是確定的：迷信於教育的迷思和神話的學者咸信，教育有助於經濟的成長，因為任何開發都少不了科技和管理的人力資源㉛。情況會這樣，從我們上述的分析來看，也就不難理解。可是這不是會誤導制訂政策者的判斷嗎？

有關各相關領域結合的問題與上述問題其中需理解的道理是一樣的。中國知識界在分析問題時，總喜歡明明白白地把一個因素、一個領域或一個思考的重點，都攤得清清楚楚地。好像這樣容易把問題說清楚。確實，從表面上看來，事情也是這樣。誰不喜歡這樣清清楚楚地，誰又敢說這樣做是不對。但是現實問題不會是這麼單純。因為現實社會因素的多樣化和問題的複雜化，我們在所有的現實社會中，研究理論時都必須努力挖掘各種底藏相互有關聯、產生作用和反作用、牽制或推動的這些層面或因素，才能挖掘出所謂的事實。而且因為力不等於力的作用，相互之間的關係不等於關係，顯現的效果因時因地因事就會千奇百怪，不盡相同。我們怎麼能夠大意地把如此複雜的問題，不加研究和調查，簡單地就舖陳出來呢？關於這個理論的問題，有一位社會學家巴內

特（Tony Barnett）很早就在一本研究開發問題的著作裡提到這個教訓。他說：「有效的生產並不直接或全然可以產生社會正義。實際上，在某些情況下還會造成越來越貧窮和越來越不幸。」⑩怎麼會是這樣呢？這一點都不奇怪。這才是現實中真正的客觀事實，看不到這一點，忽視了這一點，才是對問題盲目，對於問題不清不楚。所以反過來，把各層次或各領域的問題都攤得清清楚楚地，這確實是不清不楚。

可是這點有什麼後果出來呢？情況跟前面講的一樣，這樣會讓整個理論崩盤，造成理論不可行的災難出來。而且這全部的問題總合起來，一定會產生平行四邊形的反作用拉力⑪，腐蝕全部「振興東北」的戰略構想從技術層面進行所取得的一點點成就。

到這裡可以看到，關於「振興東北」戰略構想如何才是具體可行的問題，不管我們分析了多少理論問題，我們都可以覺察到，這些被提出來討論的課題，對於可行性的思考都是要緊的。不考察這些問題，對於「振興東北」的戰略構想也會是致命的。其實任何理論或戰略構想都一樣，如果對於「實踐的邏輯」不從理論層面好好加以反省，那麼對於一門科學的建立或者對於一種實踐工作，都是有不利的影響。這應該也是我們這一代有許多理論家，包括布迪優（Pierre Bourdieu）和阿圖塞（Louis Althusser）在理論上汲汲營營努力不懈的最大原因吧！

*　　　　　*　　　　　*

註　釋

註①　張志勇，「中國經濟發展戰略成局：解讀溫家寶『路線圖』」，中華工商時報（2003 年 10 月 9
　　　日）；「溫家寶提出中國經濟發展的『三極論』」，中國鄉鎮企業，2003 年第 10 期（2003
　　　年），頁 5；蘇仁，「溫家寶首次完整地提出中國經濟發展的『三極論』」，中國對外貿易，
　　　2003 年第 9 期（2003 年）。

註②　張志勇，前揭書。

註③　Dennnis A. Rondinelli and Kenneth Ruddle, *Urbanization and Rural Development: A Spatial Policy
　　　for Equitable Growth* (New York: Praeger Publishers, 1978), p. 1.

註④　「『振興東北等老工業基地』國策出台始末」，http://www.sina.com.cn 2003 年 11 月 20 日 11:
　　　31 千華網；廉曉梅和多勃，「歷史的抉擇——振興東北：新世紀中國經濟發展的戰略決策」，
　　　國土資源，總第 9 期（2003 年 12 月），頁 5～7。

註⑤　這裡的觀念取自：陳墇津，「中國西部國土開發與環境管理規劃——管理問題的思考和檢
　　　討」，「西部大開發與環境保護」國際學術研討會，2003 年 12 月 20 日，中國陝西省西安市。

註⑥　見李淳一，「對成立國土規劃建設部之構想芻議」，國土規劃政策及立法，立法院法制局編印
　　　（台北：立法院法制局，2003 年），頁 3～32。

註⑦　請參考我的討論：陳墇津，前揭書。

註⑧　于建嶸，岳村政治——轉型期中國鄉村政治結構的變遷（北京：商務印書館，2004 年），頁 4。

註⑨　關於這種研究對象的方式，相關的論點請見：Pierre Boureieu and Loic . D. Wacquant, *An Invita-
　　　tion to Reflexive Sociology* (London: Polity Press, 1992), pp. 67～68. 中譯本可參考：布迪厄、華
　　　康德，李猛、李康譯，實踐與反思——反思社會學導引（北京：中央編譯局出版社，1998
　　　年），頁 99。

註⑩　有關這種研究的具體學術意義，請參考下列說明：賀雪峰，鄉村治理的社會基礎——轉型期鄉
　　　村社會性質研究（北京：中國社會科學院，2003 年），頁 177～188。

註⑪　有一篇研究提到誤區問題，但眼界顯然還是沒有「世界觀」。這種研究請見：魏長征，「西部
　　　大開發中的幾個認識誤區」，經濟學家，2000 年第 5 期（2000 年），頁 29～32。

註⑫　有關這種說明的原理，請參考：賀雪峰，前揭書，頁 180～181。

註⑬　Pierre Boureieu and Loic . D. Wacquant, *op. cit.*, p. 68.

註⑭　相關解釋可參考：歐永年，「『西部開發』與『振興東北』的互補性」，經濟師，2004 年第 3
　　　期（2004 年），頁 117。

註⑮　「區域經濟協調發展，振興東北老工業基地」，哈爾濱日報，2004 年 02 月 09 日，http://www.
　　　sina.com.cn。相關的解釋可參考：東北亞研究中心「東北老工業基地振興」課題組，「東北亞
　　　老工業基地振興與區域經濟的協調發展」，吉林大學社會科學學報，2004 年第 1 期（2004 年
　　　1 月），頁 14～25。

註⑯　在這裡可以考察一下布迪優的研究：Pierre Boureieu and Loic . D. Wacquant, *op. cit.*, p. 68～69.

註⑰　這方面的例子不勝枚舉，茲舉下列幾種討論以說明一二。請參考：齊建珍，「改造老工業基地
　　　的一種新思路」，求是，2000 年第 9 期（2000 年 5 月）；「六項原則六大目標，遼寧省長張
　　　文岳談振興計劃」，人民網，2004 年 05 月 26 日，http://www.sina.com.cn；盧曉平，「振興東

北要在機制和體制上創新」，上海證券報，2003年10月10日，http://www.drcnet.com.cn/drcnet/view_new.asp? mainunid=208915drcnetchentechdfgdghdaA023&dn=guoyan_drcindex1&cnt_id=0；張榮、王東，「發揮區域優勢振興東北老工業基地」，中國工業經濟，1996年11期（1996年）；宋大偉，「關於振興東北老工業基地的思考」，國家行政學院學報，2003年第6期（2003年）；李善同和馮杰，「東北老工業基地改造和振興的思路與建議」，冶金經濟與管理，2003年第5期（2003年）；陳清泰，「新形勢下振興老工業基地的綜合方略」，社會科學輯刊，2003年第6期，（2003年）；陳才，「振興東北老工業基地的戰略思考」，東北亞論壇，第6期（2003年11月）；高連興、陳瑛，「『振興東北』應注意的四個問題」，神州學人，2004年3月；隋舵主編，2004年中國區域經濟發展報告──東北老工業基地復興研究（北京：紅旗出版社，2004年）。

註⑱ 有關這點，可以參考中國知識界的部份反省：鄭曦原、李方惠，通向未來之路：與吉登斯對話（成都：四川人民出版社，2002年），頁264～265。

註⑲ 本節有關政府角色問題的觀點，來源自：陳墇津，前揭書。

註⑳ John Dewey, *The Public and Its Problems* (New York: Henry Holt and Co., 1927), p. 126.

註㉑ Joseph D. Lohman, "Political Apathy: Functions of Urban Transition," in *The City in Mid-Century: Prospects for Human Relations in the Urban Environment*, edited by H. Warren Dunham (New York: Russell & Russell, 1957), p. 37.

註㉒ 這個結論已經有理論界的學者經過細膩的研究取得了，請見：楊宇立，政府太累（北京：當代中國出版社，2004年）。

註㉓ 趙苑達主編，城市化與區域經濟協調發展（北京：中國社會科學出版社，2003年），頁347；亦請參考：張旭、耿立言，「從戰略高度談東北大開發」，經濟問題，2003年第12期（2003年12月），頁62～63；喬木編著，振興東北：中國經濟「第四極」的戰略與實踐（北京：中國工人出版社，2004年），頁150～153；寧一、多寧，東北咋整──東北問題報告（北京：當代世界出版社，2004年），頁147～172。

註㉔ 張迎新，「東北振興要用市場的力量」，中國經濟時報，2003年10月17日，http://www.drcnet.com.cn/drcnet/view_new.asp? mainunid=210401drcnetchentechdfgdghdaA023&dn=guoyan_drcindex1&cnt_id=0。

註㉕ Norman T. Uphoff and Milton J. Esman, *Local Organization for Rural Development: Analysis of the Asian Experience* (Ithaca, N. Y. : Cornell University Center for International studies, 1974).

註㉖ 把地方政府理想化的研究請見：張秀東、呂永邦，「論地方政府在制度創新中的特殊功能──從振興東北看制度創新」，佳木斯大學社會科學學報，第22卷第1期（2004年2月），頁31～32。

註㉗ Dennnis A. Rondinelli and Kenneth Ruddle, *op. cit.*, pp. 151～152.

註㉘ 卡斯特，夏鑄九、黃慧琦等譯，認同的力量（北京：社會科學文獻出版社，2003年），頁283～419。

註㉙ Dennnis A. Rondinelli and Kenneth Ruddle, *op. cit.*, p. 143.

註㉚ 「第三次東北現象」，經濟導報，http://www.tdctrade.com/report/top/top_030807.htm.

註㉛ 許柏年，「西部大開發思路要創新」，北方經濟，2000年第3期（2000年），頁9～10；張迎新，前揭書。http://www.drcnet.com.cn/drcnet/view_new.asp? mainunid=210401drcnetchentechdfgdghdaA023&dn=guoyan_drcindex1&cnt_id=0.

註㉜　趙苑達主編，前揭書，頁 346～349。

註㉝　可以參考這裡的說法：寧一、冬寧，前揭書，頁 222～227。

註㉞　典型的可以參考下列說法：隋舵主編，這裡的觀念亦引自：陳埠津，前揭書。頁 210～211。

註㉟　趙苑達主編，前揭書，頁 347。

註㊱　布迪厄、華康德，李猛、李康譯，前揭書，頁 32；Pierre Boureieu and Loic . D. Wacquant, *op. cit.*, p. 29.

註㊲　阿圖塞，陳埠津譯，保衛馬克思（台北：遠流出版公司，1995 年），頁 192、210；Louis Althusser, For Marx (London: New Left Books, 1977), pp. 166, 181. 科學研究的對象、社會事實或社會現實是「構築」起來的這類研究，也請參考：Pierre Bourdieu, Jean-Claude Chamboredon and Jean-Claude Passeron, *The Craft of Sociology: Epistemological Preliminaries* (Berlin: Walter de Gruyter, 1991), pp. 33～55; Pierre Bourdieu and Loic J. D. Wacuquant, *op. cit.*, pp. 73～74.關於這個問題的研究請參考本人出版中的研究：陳埠津，記憶的政治社會學（出版中）。

註㊳　Louis Althusser and Etienne Balibar, *Reading Capital* (London: Verso Press, 1979), pp. 178, 179.

註㊴　Ronald P. Dore, *The Diploma Disease: Education, Qualification and Development* (London: Allen and Unwin, 1976), p. 85.

註㊵　Tony Barnett, *Sociology and Development* (London: Hutchinson Education, 1988), p. vii.

註㊶　關於平行四邊形的作用和反作用力理論說明，可以參考下列研究：阿圖塞，前揭書，頁 141～151。

東北中心城市振興與大都市圈發展 ──以哈爾濱爲例

張玉斌

（哈爾濱市經濟研究所研究員兼所長）

王詩華

（中國人民大學經濟學院博士研究生）

摘　要

在東北振興中，瀋陽、哈爾濱、長春、大連四個中心城市的發展事關全局。繼瀋陽之後，哈爾濱有可能成爲東北振興第二個取得突破的中心城市。本文通過分析東北北部中心城市哈爾濱百年以來的經濟發展軌跡，歸納出地緣戰略地位變化與其興衰具有重大的相互依存關係。改革開放以來，哈爾濱集聚優勢下降，出現了邊緣化現象，哈爾濱的比較優勢難於轉化爲競爭優勢的主要原因在於中央政府的區域政策，同時當地改革滯後也壓抑了市場力量的成長。2000 年以後，由市場力量主導的哈爾濱再工業化現象開始出現，而東北振興成爲國策後，工業化和城市化也到了突破的臨界點。哈爾濱的發展與黑龍江全省的發展、俄羅斯東部資源開發有著重要的互動關係，是這個區域工業化和城市化的主要載體。黑龍江的空間結構正在重整，哈爾濱已出現了打開空間、發展大都市圈的趨勢。上述市場趨勢如何演化，很大程度取決於哈爾濱各項改革的進展。

關鍵詞：地緣戰略地位、邊緣化、資源中心、區域政策、空間效益。

*　　　　*　　　　*

壹、前　言

中國東北地區大體上可分爲北部和南部兩大區域（舊稱北滿、南滿），北部包括黑龍江和吉林兩省，其中心城市是哈爾濱和長春；南部主要是遼寧省，其中心城市是瀋陽和大連。此外，鞍山、撫順、吉林、大慶也是重要的區域性中心城市，但政治和經濟地位相對弱一些。東北工業化發展已逾百年，但經濟集聚在空間上仍呈現散點狀分佈狀態，特別是上述城市仍是東北經濟增長的主導力量。在未來的發展過程中，東北振興的空間模式不太可能出現長三角和珠三角等地區那種由沿海向內陸逐步推移的漸進式開發過程，而是會出現不連續的跨越式空間開發過程：依託上述中心城市的進一步集聚，形成幾個大的現代都市圈①，出現「大哈爾濱」、「大長春」、「大瀋陽」、「大大連」，它們占東北經濟的比重會進一步上升。在未來的兩三年中，東北的幾個中心城市的市場資源集聚方面都可能出現大的突破，從而構成東北振興的基本框架。本文以哈爾濱爲例，總結東北中心城市前些年衰退的特徵和原因，觀察目前正在發生的變化及其內在的市場力量和政府力量的作用機制，探討這些城市市場力量成長的瓶頸和未來的空間結構，並對振興中政府的作爲作出相關建議。

貳、百年以來哈爾濱經濟的演變

哈爾濱地處東北亞的地理中心位置，是中國東北北部的中心城市，黑龍江省的省會，它的經濟輻射面積總計約 80 萬平方公里，除黑龍江外還包括吉林省北部以及內蒙古的東部四盟。如果從更爲廣闊的東北亞版圖來看，它是中國東北北部、俄羅斯的東西伯利亞和遠東地區唯一一座市區人口接近四百萬的特大城市，城市首位度極高②。由於哈爾濱與上述腹地經貿聯繫緊密度正在不斷加深，它正在恢復本地區經濟的「組織性城市」③的地位（上世紀二〇～三〇年代哈爾濱在本地區即具有這樣的國際經濟地位）。

由於中國行政轄區實行「市管縣」的體制，哈爾濱所屬行政區域的面積僅次於重慶，在中國名列第二，2003 年末人口 954.31 萬人，面積 5.3 萬平方公

里。它以松花江為軸線、東西橫跨松嫩和三江兩大平原，境內有小興安嶺和長
白山兩山餘脈隔松花江相對。基於黑土地帶和溫帶大陸性季風氣候的特點，哈
爾濱是中國的「糧倉」之一，2004 年糧食產量達到了 900 萬噸④，其中約有一
半為商品糧。

　　哈爾濱是二十世紀二〇年代中國城市發展的一個奇蹟，它在短短的 20 年
間，從一個小小的漁村成長為東北亞的國際大都會。1898 年中東鐵路修建，
哈爾濱作為中東鐵路T字型構架的樞紐，交通中心作用凸顯。哈爾濱的崛起有
一定的偶然性，如果當年中東鐵路的樞紐沒有選在此，譬如選在了齊齊哈爾或
牡丹江，恐怕也就沒有了今天的哈爾濱。在鐵路時代， 樞紐站這個「集聚晶
核」⑤對區域集聚優勢的形成有著重大影響。二十世紀二〇年代，有 30 多個國
家的十幾萬僑民彙集於哈爾濱，並有 20 個國家在此設立領事館,這在中國城市
發展史中是罕見的。在鐵路時代，哈爾濱顯現出強大的物資聚散功能，吸引了
大量的商業集聚，通商歐亞各國。外國在中國東北的投資 1/3 以上集中於哈爾
濱，出口額占東北地區的一半左右。與貨運相關的金融等服務行業也比較發
達，成為當時公認的中國區域性國際貿易中心城市（見表一）。

表一　1922 年在哈爾濱有經營進出口貿易的公司及事務所國別分佈

中　國	日　本	俄　國	其他國家	總　計
83 家	120 家	143 家	81 家	427 家

資料來源：**哈爾濱市誌**（哈爾濱：哈爾濱出版社，1994 年），頁 150。

　　在哈爾濱出現前後，東北北部的主要城市有齊齊哈爾、佳木斯、牡丹江
等，它們有的已經形成了一定的規模，承擔起了東北北部區域經濟中心的功
能。一般說來，這些城市已經具備了一定的區域優勢，具有吸引資本進一步向
其集聚的競爭優勢。哈爾濱最早是受到齊齊哈爾幅射的；佳木斯在 1888 年建
市，比哈爾邦濱早十年；牡丹江市的歷史基本與哈爾濱同期。在這些區域性中
心城市的發展過程中，哈爾濱後來居上，集聚能力迅速增強，成為東北北部經
貿核心城市，使這些原本輻射哈爾濱的城市「屈尊」為接受哈爾濱輻射的城
市。這種強大集聚優勢的形成是耐人尋味的。

　　1932 年「九一八」事變後，日本侵佔哈爾濱，政治上採取軍事化管理，經濟上實行壟斷，日資大舉進入，排斥原有的各國資本，徹底改變了哈爾濱資本和貿易自由流動的營商環境，哈爾濱城市集散功能減退，只保留下地區性的物資集散中心的功能，除與日本和朝鮮半島仍保持經濟聯繫外，原有面向世界的外向功能幾乎完全喪失。但由於日本的滿洲戰略，日資和日本僑民的大量進入，哈爾濱城市規模又進入了一個快速發展的時期。儘管由於戰爭等原因人口變幅很大，到 1943 年，哈爾濱人口達到了 73.4 萬人（見表二）。

表二　哈爾濱市區人口增長情況

年　份	市區人口（萬）
1903	3.5
1906	8.0
1926	32.0
1933	37.8
1943	73.4
1946	60.0
1949	68.5
1957	155.24
1965	201
1978	217.68
1990	282.71
2001	307.39
2003	315.5

資料來源：紀鳳輝，哈爾濱尋根（哈爾濱：哈爾濱出版社，1996 年）；及根據哈爾濱年鑒歷年人口資料整理。

　　1949～60 年代初期，在中蘇友好的大背景下，哈爾濱依託近鄰蘇聯的區位優勢再次成為中國的投資重點地區，工業化和城市化大大加快，來自全國各地的技術人員和大學生向哈爾濱集聚，本地農民進城當工人的數量迅速增加，六年內人口就翻了一番（見表二），製造業大大強化，「一五」、「二

五」時期，前蘇聯援建的 156 項重點工程有 13 項建在哈爾濱，加上朝鮮戰爭期間從遼寧「南廠北遷」16 戶大中型工廠到哈爾濱，使哈爾濱迅速成爲中國新興的工業基地。1957 年哈爾濱市的工業總產值占全國的 2.1％，全國城市工業規模排名第 5 位，成爲中國機械工業基地。哈爾濱作爲中國與蘇聯和東歐國家交通聯繫的樞紐，經貿中心的集散地功能也得到一定的恢復。1960 年代以後，中蘇交惡，國家建設「大三線」，哈爾濱的部分工業生產能力遷往西南、西北，製造業能力下降，外向的經貿中心地位再次衰退。

　　改革開放以來，哈爾濱對東北北部和俄羅斯的輻射功能有了一定程度增強，區域性經貿中心的功能有了一定的恢復。從 1978 年至 2002 年，全市國內生產總值年遞增 10.4％，三次產業結構也由 1978 年的 24.9：51.3：23.8，變爲 2002 年的 16.2：35.2：48.6。雖然從縱比看，1979 年以來哈爾濱市的經濟實力不斷增強，但這並不能說明哈爾濱市在全國主要城市中的經濟地位橫比狀況。實際上，同期哈爾濱在中國城市中的地位呈下降趨勢。1970 年代末到 80 年代初，哈爾濱市工業總產值在全國大城市裏的排位仍是十分靠前的。當時哈爾濱的特點是工業配套性好，技術水準高，保持著移民城市的特點，開放性強，彙集了大批全國一流的人才。國家許多重大裝備的研製都是在哈爾濱完成的。哈爾濱有很多工業產品在國內是一流的，「三大動力」、「十大軍工」、軸承、亞麻、工量具……等等。但是，從 1984 年起哈爾濱市的經濟總量在全國大城市中的位次一年降一位，到二十世紀 90 初，基本到了 15 個副省級城市的最後幾位（見表三）。特別是 1990 年以來的 14 年間，在全國城市人口大發展背景下，哈爾濱市區人口只增長了 20 萬。

　　中國城市規劃設計院對 1949 年、1957 年、1978 年、1990 年、1998 年哈爾濱、北京、天津、上海、重慶、瀋陽、大連、長春、石家莊、武漢、濟南、青島、南京、杭州、寧波、廈門、廣州、深圳、鄭州、成都、西安這 21 個國內重要城市的主要經濟指標進行了比較，從中可以看出哈爾濱地位的變化⑥。從國內生產總值指標來看，改革開放以後哈爾濱市的國內生產總值指標也有一個很大的下降過程，從 1990 年第七位下降到了 1998 年的第十七位。人均國內生產總值也由第十六位下降至第十九位。固定資產投資從第十二位下降至十六位。社會商品零售總額的位次也有較大的下降，由 1957 年的第七位下降到 1998

年的第十二位。唯一出現沒有連續衰退的是哈爾濱的工業總值，其在 21 個主
要城市中的位次有一個從上升轉為下降的過程，最高為 1957 年的第五位，此
後，哈爾濱工業總產值指標的位次開始下降，到 1990 年已經下降到了第十六
位，1998 年後又有所回升，處於第十三位⑦。

表三　2003 年哈爾濱在全國 15 個副省級城市中的經濟指標排名

（單位：億元）

指　標	地區生產總值	規模以上工業總產值	固定資產投資額	社會消費品零售總額	實際直接利用外資	地方財政一般預算收入
瀋　陽	1602	1063.6	582.6	721.5	22.4	81
大　連	1632.6	1542.4	506.9	568.5	22.1	110.5
長　春	1338	1510.2	389.6	438.3	1.7	46
南　京	1576.2	2509.4	954	600.2	22.1	136.5
杭　州	2092	3198.5	1006.2	587.5	10.1	150.4
寧　波	1769.9	2627.4	837.6	521.5	17.3	139.4
廈　門	760.1	1318.2	244.6	230	4.2	70.2
濟　南	1367.8	1318.8	504.9	533.2	1.2	76.1
青　島	1775	2559.3	739.4	512.2	28.1	120.1
武　漢	1662.4	1334.9	645.1	854	14.2	99.7
廣　州	3466.6	4017.8	1157.8	1494.3	25.8	274.8
深　圳	2860.5	5073.8	946.5	801.8	36.2	290.5
成　都	1870.8	970.1	863	771.5	4.2	108.3
西　安	940.4	779.6	479	440.1	2.6	72.9
哈爾濱	1414.8	707.8	436	624.2	2.3	76.4
位　次	11	15	13	6	13	11

資料來源：根據各地統計年鑒資料整理。

　　上述資料表明，改革開放以來哈爾濱實際上出現了邊緣化的局面。在中國
改革開放和市場經濟體制不斷推進的大背景下，哈爾濱的城市競爭力下降，可

以看作是它與其他城市進行區域競爭失敗的結果。在 2001 年中國社會科學院
的城市競爭力研究報告中⑧，選取了上海、深圳、廣州、南京、青島、武漢等
24 座城市進行研究，用了資本力、勞動力、科技力、環境力、區位力、制度
力、文化力、開放力、管理力、秩序力、集聚力等指標進行綜合測算，報告結
果顯示，排在前三位的是上海、深圳和廣州，哈爾濱市的城市綜合競爭力排在
第 23，僅高於南昌市。經濟邊緣化是指某個地區的集聚能力下降，企業、資
金、人才、技術等生產要素被一個更大的中心或經濟體所吸走，致使該地區經
濟、政治、文化之影響力日趨減退，最終淪為邊陲，被排斥到主流經濟之外。
到 2001 年，廣州的年人均可支配收入是 1.5 萬，上海是 1.3 萬，青島接近 9000
元，深圳早已超過 2 萬多元，哈爾濱人均收入剛剛 6000 元左右。隨著與南方
收入的拉大，人們的心理出現了巨大的落差，哈爾濱人在外地出差、旅遊受歧
視的現象也出現了。「人往高處走」，每年哈爾濱有大批的年輕大學畢業生向
珠江三角洲、長江三角洲和京津地區流動，同時又有很多具有高級職稱的中年
人才也在向這些地區流動，企業、資金、技術等生產要素也在不斷地流向上述
地區。

　　在本節的最後，可以對上述哈爾濱的百年發展做出總結：一百年來，哈爾
濱城市發展經歷了急速發展和逐漸衰落的不同時期，上世紀前 50 年，哈爾濱
成為西方國家地緣政治戰略中心時，城市發展獲得了很大的契機，人口、產業
均有較大的發展；1949 年已後，也是由於背靠蘇聯的地緣因素，哈爾濱成為
中國重點發展城市之一，「一五」期間成為哈爾濱重要的發展階段；六十年
代，中蘇關係惡化，哈爾濱企業外遷，城市發展速度大大放緩；改革開放後哈
爾濱重現生機，但主要是內生性集聚，由於國家發展戰略重點轉向沿海地區，
從城市地位上看，哈爾濱經濟實質上出現了一個邊緣化過程，這一過程到 2003
年才出現重大轉折。百年來地緣政治關係對哈爾濱發展的影響見表四。

表四   地緣戰略地位變化對哈爾濱城市發展的影響

時　期	哈爾濱地緣戰略地位	哈爾濱城市發展狀況
1898～1907	沙俄遠東戰略的落腳點	哈爾濱城市形成
1908～1930	沙俄遠東戰略的重心、「南下尋找不凍港」侵略中國的據點以及其他帝國主義國家遠東戰略爭奪的中心	哈爾濱城市第一個快速發展期，成爲遠東發達的國際性經貿城市
1931～1945	日本帝國主義滿洲戰略的重心之一，是「北進對抗蘇聯」，侵略中國，掠奪資源、發動太平洋戰爭的戰略基地	哈爾濱城市第二個快速發展期，城市進一步發展
1946～1950	國共內戰期間是解放軍的後方基地，中華人民共和國建國初期又成爲鞏固新政權的後方基地	城市產業得到發展
1950 年代	接受蘇聯援助，國家「一五」計畫重點建設地區，成爲全國經濟建設與工業化發展的基地	哈爾濱第三個快速發展期，由經貿城市發展成爲國家重要的工業城市
1960～70 年代	中蘇關係惡化，成爲雙方敵對的戰略前沿	加之文化大革命的影響，哈爾濱城市發展放緩
1980～90 年代	國家區域戰略偏重沿海，哈爾濱逐步「邊緣化」特徵	在改革開放中有所發展，但與全國城市相比地位下降
21 世紀初期	國家區域政策調整，東北振興，俄羅斯遠東開放、東北亞區域經濟合作的「門戶城市」	哈爾濱將重現國際大都會的盛景，出現第四個快速發展期

資料來源：根據哈爾濱市城市規劃局研究成果加工整理⑨。

參、哈爾濱城市發展優勢與劣勢

　　城市的發展是生產要素在一定空間的集聚過程，要素的集聚反過來又可以強化城市的競爭力。在城市的基本優勢形成以後，即使面臨不佳的發展環境，這個城市也能繼續生存下去，甚至在緩慢發展的過程當中集聚新的能量，等待新的發展機遇。在一百年的發展中，雖然經歷了地緣政治的不同變化，但哈爾濱基本形成了以下比較優勢。

　　第一，區位優勢。區位綜合地反映一個地區與其他地區的空間聯繫，它是經常應用又最難量化的指標。哈爾濱是鐵路時代造就的國際都市，它從一個小小的漁村演變成大都會，起因是它作為東北亞地區的地理中心的優越區位被中東鐵路的投資者認可。影響區位條件的因素不僅限於地理位置，比如它受國家宏觀政策和地緣政治形勢的影響。1950 年代，在東西方「兩大陣營」對抗的背景下，相對於國內其他地區與蘇聯的聯繫條件，哈爾濱有明顯的區位優勢；中蘇交惡，哈爾濱的區位優勢變成發展的劣勢。區域條件還受制經濟體的規模和水準影響，在近二十年的改革開放時代，哈爾濱雖有「沿邊」優勢，但俄羅斯經濟的不景氣，沿邊優勢基本發揮不出來。隨著俄羅斯經濟的復甦和西伯利亞、遠東地區自然資源的開發，哈爾濱在全國的區位條件存在提升的可能。

　　第二，腹地優勢。僅就國內區域自然輻射範圍而言，哈爾濱輻射面應為黑龍江省、內蒙東四盟和吉林省北部地方，總面積約 80 萬平方公里，占全國國土面積的1/12。一方面腹地人口眾多，哈爾濱成為 6000 多萬人的出入東北北部的重要樞紐 。另一方面，腹地資源稟賦好，礦物資源、能源資源、農業資源、水資源等條件的規模和組合條件在全國也是不多見的。如地處世界三大黑土地帶之一的松嫩平原，轄區及毗鄰地區集中了幾十個國家商品糧基地縣，是國家重要的糧食主產區。省內石油、煤炭、電力、木材等資源豐富。

　　第三，資本存量優勢。中國仍處於工業化階段，「工業立市」仍是大多數城市的基本戰略，哈爾濱有巨大的工業存量，特別是有良好的重工業傳統，以大中型企業為主體，技術資金密集型重化工業比重大。同時，城市基礎設施配套完善，金融、流通、交通、資訊、科技、教育、社會服務等產業高度集聚，功能較為發達，可以滿足現代工業對資金、物流、資訊、科技、人力資源、智力和社會服務體系的多方面需求，具備支撐現代大工業特別是高技術產業成長的良好載體條件。

　　第四，技術及人才優勢。哈爾濱的科技綜合實力在全國１５個副省級城市中居前列，由於大學、大所、大廠較為集中，各類專業人才多、層次高。特別是優勢產業集聚的專業技術人員數量多、比重大，在經濟和社會發展中發揮了重要作用。具有底蘊豐厚的工業文化傳統，培育了一支具有較高素質的科研、管理隊伍和產業工人大軍。

　　儘管哈爾濱有上述比較優勢，但在機制、體制、產業水準等方面也存在著明顯的劣勢，這些劣勢導致哈爾濱在全國 24 個城市競爭力排名偏後。

　　第一，市場經濟機制發育程度不高。哈爾濱的工業奠基於日本侵華時期，二戰以後被蘇聯紅軍接管，1949 年以後直接進入計劃經濟體制，是中國現代工業中計畫體制色彩最重的城市。雖然經歷了 20 多年的改革開放，但市場在資源配置中的基本作用發揮尚不充分。國有企業改制步履維艱，同全國平均水準比較，市場主體的競爭難以效率最優為基本規則，道德風險、逆向選擇、暗箱操作、尋租行為還在不同程度和範圍存在。政府行為方式和規則仍有很多需要改進的地方，「官本位」氛圍濃重，部門利益、辦事效率低下等對經濟發展環境的不良影響依然存在。

　　第二，長期以來哈爾濱一直以「內生性」集聚為主（雖然存在吸納省內的生產要素和省外要素的「外生性」集聚，但規模有限），外向度低，主要依靠自身積累資源滾動發展。每年有大量的大學畢業生流向南方發達地區，企業、資金、技術和高級人才流向外地導致了哈爾濱人氣不旺。這些現象集中反映在房地產價格和政府土地收益遠低於發達地區，城市開放度低，集聚能力弱。從對外經貿看，2002 年海關進出口總值 17.12 億美元，其中出口 7.94 億美元，外貿依存度為 11.5 ％，同全國平均的 40 ％相比差距很大，在 15 個副省級城市中處下游水準。全市實際利用外資 2.46 億美元，外資依存度為 5.7 ％，同全國平均的 10.3 ％的水準有較大差距。在經濟全球化的背景下，與國內大城市的國際化進程相比，哈爾濱的差距十分明顯。

　　第三、缺乏工業化的強力配合，經貿中心功能難以升級。改革開放以來，哈爾濱國家工業基地的地位不斷下降，下崗問題突出。即使上海那樣的高度發達的城市，第二產業的比重仍在 40 ％以上，而哈爾濱第二產業規模擴張緩慢，比重不斷下降，城市生產功能缺乏對流通功能的有力促進作用。只有經濟工業化，社會才能城市化，城市化缺少有效載體，限制了服務業的擴張和結構升級。

　　第四，現代服務業發育程度低，要素市場規模小，影響了集聚輻射功能。哈爾濱各種要素市場雖已基本確立，但規模小、層次低，限制了經貿中心的輻射和吸納能力。如現代物流業，金融保險業和資訊諮詢業等經貿中心重要支撐

產業發展緩慢。服務業層次低與工業規模不大有直接關係。比如哈爾濱物流業不發達受制於有效物流需求不足，工業物流規模小是重要因素。工業物流小一方面受工業規模制約，另一方面國有經濟比重過大，專業化分工協作程度偏低，也限制了第三方物流的發展。還有，哈爾濱腹地經濟不發達，也是哈市第三產業層次低的原因。兩方面的因素互為因果，影響了哈爾濱的集聚優勢形成。

　　第五，城市形象的號召力和城市管理水準有待進一步提高。東北地區的腐敗問題、治安問題一直是城市形象的硬傷，哈爾濱的規劃管理，交通管理、環境管理、社區管理等存在很大的改善空間。比如城市治安已成為區域競爭的切入點之一，江蘇提出了「平安江蘇」、青島提出了「平安青島」，哈爾濱儘管最近幾年刑事案件發案率下降很快，但惡性刑事發案率仍高於全國平均水準，影響了資本向本地的集聚願望。

　　前述社科院關於競爭力排名的指標設計，更多的是採用了一些「結果性」的資料，即由於競爭力差強人意，導致排名的落後；而由於排名落後，則競爭力更差。這種邏輯推理很難解釋區域競爭優勢動態發展的深層次原因⑩。比如深圳當年還是一個小鎮時，用上述競爭力指標衡量是毫無優勢可言的，排名一定會在最後。深圳能夠成長起來，自然是其競爭優勢相當強的結果。筆者認為，對於發展中的國家和地區，區域優勢是其具有吸引生產要素向其集聚的明顯優勢。從這一視角出發，我們發現哈爾濱區域比較優勢無法轉換成競爭優勢，即無法有效地吸引資源向本地集聚的根本原因，是受到中央政府區域政策的影響和本地市場力量的發展問題。

　　改革開放以來二十多年來，中國經歷著從計劃經濟向市場經濟的轉軌。在這個過程中，中央的區域優惠政策、中央和地方互動關係，對一個地區的發展能夠起到關鍵的啟動作用，可以說，中央的區域政策可以在相當程度上主導一個地區的經濟發展軌跡。同時市場力量是區域優勢的原動力，無論是中央政府的優惠政策、還是地方政府的回應，都落實在如何在本地區迅速形成市場資源吸納能力和吸納機制，加速推進本地市場經濟力量的發展⑪。前些年來，中國採取不平衡的區域發展戰略，重點支援沿海地區，引導資源流向了沿海地區，加上哈爾濱國企改革嚴重滯後，本地市場化力量發展緩慢，而發達地區的經濟

勢能還沒有力量擴展到東北地區，這就導致了哈爾濱的比較優勢無法轉化爲競爭優勢。

肆、市場化、工業化和城市化：
　　哈爾濱的新進展

改革開放以來，哈爾濱經濟版圖沒有呈現出東南沿海發達地區城市要素大集聚、空間大拓展的格局⑫，隱藏這種現象背後的原因是中國經濟工業化和社會城市化的不平衡發展。1980 年代，改革開放啓動了中國以市場化的輕工業爲主導的二次工業化進程，沿海的廣東、浙江、江蘇等地了高速發展；到 1999年，中國的二次工業化進入了以市場驅動爲主要動力的重工業化階段。與發達地區相比，哈爾濱基本上被排除在前二十年中國的二次工業化進程之外，城市建設滯後，哈爾濱的地價上升十分緩慢，市區的建成區面積一直在 200 平方公里左右徘徊，實際核心區在 80 平方公里以內，資源集聚能力低下。

但近兩年，特別是國家提出振興東北老工業基地的政策後，哈爾濱發展的外部環境得到了很大改善，甚至可以說，上述局面得到根本扭轉。中國區域發展的實踐表明，中央的區域政策可以在相當程度上主導一個地區的經濟發展軌跡。國家區域政策的支援力度包括差異性區域政策制訂（決定能否形成「政策高地」效應）、政府資金投入規模、國家生產力佈局專案的傾斜（如重大的區域性基礎設施、重要的進口替代工業專案和軍事工業項目的擺佈）、媒體關注程度（這對營造一個地區的營商氣氛是十分重要的）、領導人考察的頻度和所作指示。以增值稅改革、快速折舊、社會保障轉移支付、國債貼息等一系列措施爲標誌，東北再次成爲國家區域政策的重點支援地區。同時，隨著中國工業化、城市化的深入展開，要求消耗更多的原料資源。這種資源在本地市場無法進一步提供後，資本的目光必然轉向更有條件的地域。而資源一旦開發，一些適合於原料地佈局的產業就會在當地形成集聚，由此推動當地的工業化。因此，中國的空間開發在市場力量的作用下，在珠三角和長三角集聚了足夠的勢能後，開始向更廣的區域擴張。東北的輕工業化、重工業化同步推進，現代農業開始發育，城市化大大加快，都是在這種市場力量的作用下展開的。東北開

始全面整合到中國的工業化浪潮中去。在這種政府力量與市場力量相互配合下，以瀋陽國企改革大突破和外生型集聚大發展為標誌⑬，東北進入了快速振興的新階段。

哈爾濱進展是相當迅速的。儘管從一些表像數字看，哈爾濱目前仍以內生型集聚⑭為主，沒有像瀋陽那樣出現國內資金和海外資金大規模進入的情形，如 2003 年固定資產投資達到了 436 億元，增長幅度低於全國平均水準，直接利用外資仍在 2 億美元左右徘徊。不過令人欣喜的是國內其他地區的資本出現了向哈爾濱集聚的勢頭，2003 年共簽訂國內經濟技術協作專案 822 項，專案引進跨地區資金 164.51 億元，引進跨地區資金到位額 39.11 億元。2004 年前九年月，哈爾濱 GDP 增長達到了 14.4 %的歷史高位，協定外資額 7.9 億元，出現了前所未有的良好勢頭⑮。同時，2004 年 4 月，哈爾濱市政府推出國有企業改革的新方案，明確提出政府作為出資人在國企改革中的主導地位，用三年左右的時間完成改制任務，將市屬工業企業國有資產比重總體上降到 30 %以下。哈爾濱國企改革正孕育突破性進展。在政府推動和企業的大力配合下，哈爾濱的微觀經濟基礎將會出現巨大的躍遷，成為振興老工業基地的主要市場力量。

從城區內部看，以市行政中心北遷為標誌，哈爾濱開始跨江發展，拉開了城市空間。世界沿江城市基本上都是跨江發展的，由於跨江成本高，跨得太早，會增加經濟成本和環境成本，降低城市集聚能力，導致城市經濟發展遲緩。跨得太晚，會導致交通擁堵和環境惡化、攤大餅式發展，最終帶來老城文化和歷史景觀、人文環境的破壞、生活品質的降低。因此，城市建設必須是城市發展到高級階段、具備一定經濟實力才能啓動跨江工程的（如上海浦東的開發）。2004 年以來哈爾濱的跨江發展是得到了市場充分回應的，國內知名企業紛紛跟進，江北房地產價格上升，銷售形勢看好，是市場響應的有力證據，充分說明哈爾濱居民的生活已越過溫飽階段，開始追求小康生活，在這種追求下，更大的居住環境、更好的生活空間、更美好的環境，令市場導向的城市化進程快速走進哈爾濱經濟。

從郊區看，2003 年末以來，哈爾濱市各開發區的進區項目明顯增加，呈現出一種爆發性成長的態勢，在市開發區及郊縣的五個省級開發區用地指標趨

緊成為普遍現象，很多專案都在排隊等土地指標。過去，各開發區在吸引項目上，基本上兼收並蓄，來者不拒，甚至不惜以零地價、退稅等超常規措施，吸引企業入駐。現在，市開發區、呼蘭利民開發區等比較發達的開發區已開始珍惜有限的土地指標，以單位面積的產出設定門檻，對低附加值的專案開始限制，這種「挑挑揀揀、嫌貧愛富」，與數年前珠三角、長三角等沿海發達地區的演變十分相似。哈爾濱以開發區為載體的工業化進程已進入了快速成長期。

以城市化為內核的跨江發展和以工業化為內核的開發區的全面規模化發展，說明哈爾濱終於加入了中國改革開放以來的二次工業化進程，在國內產業分工中逐步找到了自己的定位。這次工業化兼有輕工業化和重工業化的雙重特點，在郊縣，主要是依託資源優勢形成的產業，突出表現為食品工業，它是在中國沿海地區的二次輕工業化完成，市場力量逐步瞄向東北等具有自然資源和農業資源的地區的擴張和調整過程中實現的；在市區，則是回應市場需求的重工業的復甦和擴張，它需要經歷國企改革、改制的過程，以釋放出生產要素，並按照市場要求進行配置。

由此，哈爾濱的經濟發展和空間擴張由此進入了大集聚、大拓展階段，哈爾濱的集聚將由兩種力量組成，一股力量是域外企業向哈爾濱集聚，另一股力量是哈爾濱城市工業的異地搬遷，退城進郊。要素集聚的基本特點是在市中心區北擴的同時，城市沿軸線「指狀」拓展，在城郊結合部組團集聚，圍繞哈爾濱市區的外緣線展開產業佈局。這種經濟版圖調整的本質是哈爾濱工業化和全面提速，工業化依託的主要載體是各類開發區。換句話說，以開發區建設為主線，哈爾濱全面推動了工業化。而哈爾濱工業化的強力推進，必將大幅度推進其城市化進程。一方面，江北的城市化在呼應老城區面對小康生活的訴求，另一方面，各開發區不僅僅集聚工業，也集聚了人口，形成了新的城市居住景觀（正如過去十多年的東莞和順德一樣），完成了當地和周邊農民向工人和市民的身份轉換，從而大大推進城市化發展。因此，我們可以預期，哈爾濱未來的大發展將建立在工業化和城市化的堅實基礎之上。

伍、「大哈爾濱」：都會區與市場力量下黑龍江腹地經濟的互動

如前文所述，東北地區的發展以大城市帶動，呈現爲不連續的跨越式空間開發過程，瀋陽、大連、哈爾濱、長春是四個主要的經濟增長極。這種現象與東北振興的基本動力有關：國企存量主要集中在這四個城市，有利於以存量引增量；四市，特別是瀋陽和哈爾濱均處於資源向心位置，腹地資源遼闊，有利於資源導向型產業集聚的產生；四市是東北人口主要集中的城市，城市化動力最強。目前，四市 GDP 總量占東北的 46.22 %，固定資產投資占 44.8 %、實際利用外資占 64.58 %（見表五），它們將會出現更強的極化效應。從未來看，哈爾濱作爲一個城市發展，離不開其與作爲腹地的黑龍江省經濟發展的互動。黑龍江與哈爾濱的發展互相影響，互爲因果。觀察哈爾濱未來的發展趨勢，離不開對黑龍江經濟開發模式的考察。

表五　2003 年四市在東北經濟中的地位

	地區生產總值		規模以上工業總產值		固定資產投資額		社會消費品零售總額		實際直接利用外資		地方財政一般預算收入	
	億元	比重	億元	比重%	億元	比重%	億元	比重%	億元	比重%	億元	比重%
東　北	12955.1		11685.3		4274.9		4817.5		75.1		894.4	
瀋　陽	1602	12.37	1063.6	9.10	582.6	13.63	721.5	14.98	22.4	29.83	81	9.06
大　連	1632.6	12.60	1542.4	13.2	506.9	11.86	568.5	11.8	22.1	29.43	110.5	12.35
長　春	1338	10.33	1510.2	12.92	389.6	9.11	438.3	9.10	1.7	2.26	46	5.14
哈爾濱	1414.8	10.92	707.8	6.06	436	10.2	624.2	12.96	2.3	3.06	76.4	8.54
合　計	5987.4	46.22	4824	41.28	1915.1	44.8	2352.5	48.84	48.5	64.58	313.9	35.09

資料來源：根據東北各省市統計年鑒資料整理。

　　黑龍江近代工業化開發是與資源高度相關的。十九世紀末，作為第一次工業革命時代重要的原料，黑龍江的農業資源、森林資源、煤炭資源受到廣泛重視，這是其空間得到開發的前提條件。黑龍江資源的規模化開發是以中東鐵路的修建為起點的，也正由於中東鐵路的修建，在其沿線興起了哈爾濱、牡丹江等城市，齊齊哈爾也借鐵路時代提升了集聚規模。特別是哈爾濱，由於處在中東鐵路 T 字形的節點上，是資源的向心位置，國際資本在此大規模集聚。到1949 年前，以哈爾濱為中心，以資源集中地為指向，森林城市伊春，煤炭城市雞西、雙鴨山、鶴崗等城市也得到了不同程度的開發，黑龍江空間初步得到全面的開發。共和國成立後，黑龍江的煤、木、糧、油資源受到高強度的開發，進一步集聚了來自全國的石油工人、轉業官兵、大學生和其他人員，原有城市都不同程度得到了擴張。石油發現與開發出現了大慶新城；三江平原農業資源的開發，又再度壯大了佳木斯。朝鮮戰爭中的「南廠北遷」和「一五」重點佈局，奠定了哈爾濱和齊齊哈爾的機械工業在全國的地位。

　　由於大部分城市都以資源高強度開發為集聚基礎，資源一旦出現問題，集聚基礎就會失去。1949 年以來，黑龍江累計提供了全國的 1/2 原油、1/3 的木材、1/10 的煤炭、1/7 的商品糧。全省石油剩餘可採儲量僅有 5 億多噸，2003年結束了 27 年穩產 5000 萬噸歷史，開始以每年 200 萬噸的速度遞減，2004 年將下降到 4600 萬噸。全省森工系統可供採伐的資源僅有 0.19 億立方米，比建國初期下降 97 ％，省屬 40 個林業局已無林可採；四大國有煤礦平均役齡 68年，現有 33 個礦井 16 個資源枯竭。而產業轉型相當艱難，如伊春、大興安嶺兩市工業增加值中森林採伐仍占 39 ％，林產品加工只占 27 ％，非林產業占 33％。大慶石油工業增加值中採掘占 87 ％，加工只占 7 ％。到了 1980 年代末，以資源開發為主的城市都已顯現疲態。而計劃經濟時期形成的粗放式增長模式和大而全、小而全的企業組織方式，使這些城市集聚了相當規模的人口，地區專業化部門出現問題後，下崗問題就顯現在各個行業上。因此，整個 1990 年代，在全國城鎮化浪潮的大背景下，黑龍江的空間開發進展相對遲緩，空間開發的動力嚴重不足。

　　以黑龍江 46 萬平方公里的廣闊土地和目前所集聚的市場經濟勢能，不可能像珠三角和長三角 14 市那樣得到較為均衡的空間開發[⑯]。所以，近五年來，

在市場力量的作用下，黑龍江的空間開發出現了新的動向，空間開發出現了一個大的調整過程，在一些資源城市中的大學、農場總部、大企業開始向哈爾濱轉移，這一方面帶動了人口和資本向中心城市集聚，另一方面資源性城市的活力進一步出現問題。與此同時，國內的民營資本也出現向黑龍江流動的態勢（國際資本介入黑龍江工業化還不明顯，估計應在 2005 年出現這一浪潮），首選區位元也是哈爾濱及其周邊地區。在市場力量作用下，黑龍江今後的空間估計也可能是大漢城、日本都市圈發展模式，出現經濟進一步集中化的現象。如果這種判斷是科學的，哈爾濱在黑龍江的工業化和城市化中的載體作用勢必進一步強化，人口和資源將進一步集中到哈爾濱市區及周邊的阿城、呼蘭、雙城、肇東等郊縣地區。這樣，在未來十年甚至更長一些時間，市場力量為獲取空間效益，提高區域競爭優勢，一個以「大哈爾濱」為中心的產業集聚帶可能成為黑龍江產業及人集聚的主要地區。因此，在東北振興過程中，黑龍江全省正在開始一個再工業化、再城鎮化的過程，工業化的動力和城市化的動力是全新的，都將主要在市場力量引導下完成。這種市場動力在空間上有可能將資源導向哈爾濱這個最重要的都會區。

現有的哈爾濱城區是難於承受這種產業集聚的，因此，與 1990 年代南方的上海、廣州、南京等大城市重建和發展的模式一樣，未來一段時間內哈爾濱的空間擴張局面將會積極與黑龍江的整體發展互動，「大哈爾濱」都會區將打破行政區的分割，阿城、呼蘭、雙城、肇東、賓縣、五常等鄰近哈爾濱市區的土地都會成為資源集聚的有效載體，成為「大哈爾濱」的重要組成部分。這個地區未來經濟總量可能會占到全省的二分之一，人口可能占到全省三分之一以上，從而主導全省經濟的發展（見圖一）。市場力量為提升自身的競爭力，必然要求盡可能降低成本，提高收益，企業追求空間效益的要求，必將改變黑龍江計劃經濟時期形成的均衡開發的經濟版圖，而資源枯竭城市要素向哈爾濱轉移，是推動這種調整的重要力量之一。哈爾濱將作為黑龍江城市化和工業化推進的主要載體，是市場力量發展之使然。在這個過程中，一個新的哈爾濱「大都會區」也可能逐步成型。

圖一 哈大都市圈示意圖

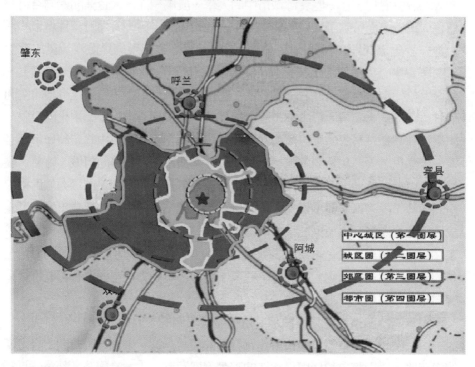

肇东

呼兰

宾县

阿城

中心城区（第一圈層）

城区圈（第二圈層）

郊區圈（第三圈層）

都市圈（第四圈層）

資料來源：哈爾濱市城市規劃設計院。

陸、小　結

　　改革開放以來，中國的區域政策經過了三次調整，珠三角、長三角成爲中國的發達地區，東北相對衰落。在這個過程中，哈爾濱在中國經濟中呈現了邊緣化狀態，出現「老工業基地」的種種問題。儘管表像上與國際上老工業基地的衰退有類似「病狀」，如日本北九州、德國魯爾區等衰退時的症狀，但原因並不能簡單地歸結到產業結構上，因爲哈爾濱出現問題的產業部門在國內並不是夕陽產業。更爲核心的癥結首先是所有制結構單一的問題引發的，是經濟體制和機制不符合市場經濟的發展。這一矛盾隨著歲月的推移，逐漸在經濟活動的各個方面顯現，如反映到了產品結構、市場競爭能力等商業活動方面，變成

了區域優勢的喪失，區域優勢的喪失又返過來影響了城市居民的文化和心理
……，到了最後，就演化成了一個綜合性的問題。目前，中國區域政策正經歷
第四次調整，東北成爲國內的政策高地，哈爾濱地緣戰略地位再度上升，正面
臨一個千載難逢的機遇。廣東、上海過去二十多年能夠實現區域大發展的經驗
表明，正是由於中央的區域傾斜，它們才能在市場化過程中導入新的產業。東
北實現振興則必須突破國有企業改制及其相關的宏觀體制，因此哈爾濱振興中
政府的作用十分重要。但另一方面，無論政府在區域經濟發展有多大的作爲，
經濟增長的原動力始終是市場力量，政府的替代應當順應市場的力量。哈爾濱
的市場力量一方面來源於國企改革，另一方面來源於國內外資本向其集聚的規
模和動力。資源導向型產業集聚、國企改制存量引增量、房地產和基礎設施建
設是市場力量在哈爾濱成長的基本模式，在輕工業補課和重工業啓動的雙重作
用下，在政府堅決的改革思路面前，哈爾濱的市場力量將會快速成長。

　　除了國企改革、擴大開放和政府自身制度向市場化、科學化方向努力，合
理組織空間開發也是應該成爲政府的重要工作。過去二十多年來，在經濟大發
展背景下，如果城市沒有超前的規劃，合理佈局城市空間，在純市場力量作用
下，城市會自然向外呈圈層狀蔓延態勢（俗稱「攤大餅」式發展）。南方許多
城市由於工業化過於迅猛，特別是這種工業化是在市場經濟需求急速擴張、政
府對市場力量認識不到位的環境下展開的，地方政府對規劃和空間政策的制定
和實施缺乏經驗，很多發達地區的城市規劃至今留下了諸多不可挽回的遺憾。
因此，從這個意義上看，哈爾濱應跳出目前過分注重舊城開發，以小尺度空間
調整，打開哈爾濱的發展空間。同時，統籌協調目前空間開發的盲目性是十分
必要的，這不僅體現在市區空間開發的統籌上，也體現與郊區的阿城、呼蘭、
雙城、賓縣開發區問題的統籌上，開發區要形成一定的產業分工。市區工廠的
搬遷要避免隨意性，按產業集群的組織模式進行擴散；域外資金加入哈爾濱地
區集聚的，工業要儘量按產業性質向周邊的開發區佈局。同時，這種佈局要充
分考慮黑龍江全省的工業化和市場化進程的特點，在與黑龍江廣大腹地互動的
最佳區位組織集聚[17]。比如跨江發展就是充分回應這種互動力量的選擇方案。
又如，面向吉林的雙城開發區控制松嫩平原農業資源的地緣重要地位也應引起
高度重視。

　　在過去的一百年中，哈爾濱經歷了快速集聚和逐步衰落的發展過程，地緣戰略地位的變化與其興衰有著直接的關係。中國工業化、城市化的深入，需要東北資源更大規模、更深層次的開發，國家實施東北振興策略，意味著在新的世紀哈爾濱的地緣戰略地位再次發生了重要變化。與此同時，隨著世界經濟發展特別是中國經濟的崛起，對資源的需求會進一步高速成長，俄羅斯東部地區的資源開發已為世界各國矚目，哈爾濱作為東北北部地方地理中心和唯一的特大型城市，很有機會、也有可能成為這一地區的新中心。當然，哈爾濱能否復興？「大哈爾濱」能有多大作為？在很大程度上還是取決於今天各項改革的進展。

*　　　　　*　　　　　*

註 釋

註① 朱文暉、張玉斌，「東北振興：機遇、問題與挑戰」，發表於「中國區域經濟發展與兩岸經貿互動」學術研討會（台北：政治大學國際關係研究中心第四所、台北市兩岸經貿文教交流協會主辦，2004 年 11 月 6~7 日）。

註② 市區人口不含所轄縣及縣級市。2004 年初呼蘭縣撤縣變區後，哈爾濱市區人口 384 萬，建成區 225 平方公里。黑龍江市區人口居第二位的城市是齊齊哈爾 142 萬，大慶 118 萬，其餘城市均低於 100 萬。俄羅斯這個地區最大的城市是哈巴羅夫斯克，人口在 30 萬左右。

註③ 組織性城市是對中心城市概念的一種詮釋，指該城市對腹地區域經濟活動如生產、物流等發揮著組織協調和吸納功能，是物流、資訊、總部經濟的集聚地，現代服務業高度發達。經濟總量大的城市不一定就是組織性城市。

註④ 哈爾濱農業局資料，2004 年為哈爾濱歷史上最大的豐收年，比上年增長 200 萬噸，超過了 1998 年的 879 萬噸的歷史紀錄。

註⑤ 集聚晶核：構成集聚基礎的主要因數。

註⑥ 俞濱洋，**城市空間戰略規劃探索（上冊）**，第一版（哈爾濱：哈爾濱出版社，2003 年 7 月），頁 101。

註⑦ 回升的原因是多方面的：九十年代，國家把哈爾濱市列為「八五」時期重點改造的 6 個老工業基地城市之一。在國家老工業基地重點改造政策和專項貸款支持下，哈爾濱加大了結構調整和技術改造力度，重點支援和培育了電站、汽車、醫藥、食品等一批優勢行業，遏制了工業在全市經濟中比重持續下降的趨勢。此外，與哈爾濱的企業回應市場能力的提高有一定關係。當然，一個更重要的背景或許是，西安、石家莊等其他城市可能相對衰落得比哈爾邦濱還要屬害，令哈爾濱的位次被動地回升了。

註⑧ 俞濱洋，**城市空間戰略規劃探索**，哈爾濱出版社，2003 年，第 125 頁。

註⑨ 俞濱洋，**城市空間戰略規劃探索（下冊）**，第一版（哈爾濱：哈爾濱出版社，2003 年），頁 329。

註⑩ 張玉斌、朱文暉，**區域優勢：WTO 時代地方政府的博弈策略**，第一版（南京：江蘇人民出版社，2003 年 7 月），頁 1~15。

註⑪ 朱文暉、張玉斌，「中國四次區域政策調整的績效分析」，**開放導報**（深圳），2004 年第一期，頁 23。

註⑫ 一般而言，如果一個城市連續十年經濟增長在 10 % 以上，人口年遷入量在 5 % 以上，城市土地必然十分緊張，地價不斷上升，城市必然要有一個大的拓展過程。

註⑬ 朱文暉、張玉斌，「東北振興：機遇、問題與挑戰」，發表於「中國區域經濟發展與兩岸經貿互動」學術研討會（台北：臺灣政治大學國際關係研究中心第四所、台北市兩岸經貿文教交流協會主辦，2004 年 11 月 6~7 日）。

註⑭ 一個地區的發展主要由自身形成的積累進行投入的，稱為內生性集聚。地區的發展主要靠外來的生產要素投入稱為外生型集聚。用外資利用額與固定資本投資額比作為區域經濟對外依存度的衡量指標，例如，1993 年，全國平均的外資依存度為 17.98 %，廣東的外資依存度為 34.57 %，福建的外資依存度為 45.04 %，這是典型的外生性集聚。改革開放以來，沿海地區的集聚

是外生性集聚爲主，如深圳、東莞這兩個城市基本是在農業社會的基礎上通過外生型集聚發展起來的，目前在國內已經形成強大的集聚優勢。改革開放 20 年，進入中國的外資香港地區占了 60 %，深圳和東莞充分享受到港資帶來的集聚，同時，深圳還疊加了來自全國各地的投資，僅就各地區政府資金而論，幾乎沒有哪一個省和省會城市的辦事處沒有在深圳圈地建樓的。這兩股力量的匯集造就了深圳奇蹟的產生。

註⑮　哈爾濱市發展與改革委員會內部報告，「哈爾濱市 2004 年 1～9 月份經濟形勢分析」，頁 3。

註⑯　即使在廣東，空間也是不均衡開發的，廣東省面積 17.8 萬平方公里，但經濟總量的 80 %集中在面積爲 4 萬平方公里的珠江三角洲地區，而且這 80 %中的一半以上又集中於廣州、東莞、深圳組成的面積爲僅爲 1 萬多平方公里的產業帶上。又如日本面積 37 萬平方公里，東京大都市圈 16 區域面積 3.5 萬平方公里，只占日本全國的 6 %，人口將近 7000 萬，占全國總人口的 61 %。韓國面積約 10 萬平方公里，但面積不足其 1 %的漢城市在全國經濟發展中起到了主導作用，人口占到了全國的 1/3。

註⑰　例如當初如果更多考慮與大慶的互動關係，將哈爾濱機場選址在哈爾濱與肇東之間，則空間效益會更好一些。

第二篇

國有企業與人力資源

國企生產效率與東北地區經濟發展

陳 永 生

（政治大學國際關係研究中心助理研究員）

摘 要

　　論者多以為東北地區的經濟發展之所以滯後，與國有企業的比重過重、生產效率低落有關。但尚未有相關文獻對東北地區企業的生產效率作具體的評估，因此本文乃針對東北三省國有企業的生產效率進行評量，不但以單一評估標準（總資產貢獻率、成本費用利用率及勞動生產率）作評量，並以綜合多元的標準（以資料包絡分析法測算）進行評估；不但就其本身的效率表現作評估，並與其他所有制企業、其他地區的國有企業作比較。期望藉由靜態與動態效率的比較，將東北三省國有企業生產效率的真實面貌呈現。

　　本文的實證研究發現，若單看東北三省國有企業的產出，其創造的產值及利稅的績效均比非國有部門強，但因國有企業產權不清，生產既無自主權，又負擔許多政策任務等特質，使得企業、產業的生產效率低落，不論是單一標準的效率評估指標，或是多元綜合性的生產效率指標，國有企業的效率表現均較非國有部門差。尤其在 1998 年以後，中國大陸號稱要在三年內使國有企業改革脫困，東北三省在推動國有企業的改革方面亦不遺餘力，但在運用資料包絡分析法測算後證實，1999～2001 年間東北地區國有企業的生產效率並未因三年國企改革脫困計劃而有顯著的改善。

　　要想加速東北地區的經濟發展，勢必要先從提振國有企業的生產效率著手。其政策選擇無非是二大方面，一方面從減低其生產成本著手，包括減輕其政策任務、減輕稅賦降低成本等；另一方面從增加國有企業的產值著手，振興老工業基地，選擇有比較優勢、有效率的產業發展，力求技術進步等。並期望以此為試點，進而為全大陸國有企業進一步的改革帶動示範性的效果。

關鍵詞：東北地區、國有企業、生產效率、資料包絡分析法

*　　　　　*　　　　　*

壹、前　言

　　企業生產效率的高低，爲企業是否具競爭力的主要因素。企業的生產、經營，需注重生產效率或經營效率，並培養市場的競爭力，創造利潤應是其最終目標。藉由企業所創造的利潤，累積資本，進而進行再投資，擴大投資規模、創造就業機會，才能帶動地區的經濟發展。

　　自 1998 年以降，東北三省已依照全大陸國有企業改革的進度，開始進行國有企業三年脫困的改革，對若干國有中小企業進行了改制，且有相當的規模，但對地方上大型國有企業的改革，卻是一直難有進展。中國加入 WTO 後，東北地區的國有企業及產業，更是面對市場開放的挑戰、強大的外來競爭，國企改革若不加快，國有企業根本難以在市場競爭中生存。因此，東北地區「老、大、難」國有企業的改革，確有其必要性與急迫性。

　　由於東北地區的國有企業比重大，改革的困難也較大，若是最難的東北地區國企改革能有所進展，大陸其他地區的國有企業也能援引東北經驗，才有可能使其最大最難的國企改革工程，有進一步的推進。因此，在繼西部大開發政策之後，中共中央於 2003 年八月正式提出「振興東北」的政策，冀望藉由中央政策的協助，能加快對東北地區國有企業的改革。藉由「振興東北」政策的推行，對東北地區的國有企業進行改造。這將是繼國企改革「抓大放小」之後，對大型國有企業推動進一步改革的試點。

　　「振興東北」，顧名思義就是東北地區的經濟發展不佳，需要大刀闊斧的改革。但是，東北地區原是中共建政後、計劃經濟體制下，投入資金最多的重工業基地，目前真的淪落到需要政策協助來振興嗎？換句話說，東北地區經濟發展的速度比其他地區慢嗎？爲何會淪落到需要振興的地步？其中的原因及其變化的歷程爲何，是值得吾人深入探究的。在深入探究原因之前，有必要先對東北三省經濟發展的實際情況作具體分析，並瞭解東北地區經濟發展的特色爲何。亦經由與其他地區的比較，認清東北三省的經濟發展在全大陸相對的地位，及「振興東北」的必要性。這些事實的釐清，將在本文的第二部分進行分析與說明。由於國有工業企業在東北地區佔有的比重很大，它的表現如何，攸

關整個東北地區的經濟發展，在既有的文獻中，論者多以爲東北地區的經濟發展之所以滯後，與國有企業的比重過重、生產效率低落有關。但尚未有實證文獻對東北地區企業的生產效率作具體的評估，因此在本文的第三部分，將對國有工業企業的生產效率作較爲細緻的評量，由於篇幅的限制，我們將時間界定在 1998～2001 年之間。希冀藉由實證評量的結果，我們可對 1998 年後東北地區國有企業改革的成效作一初步的評估，並藉由與其他地區的國有企業、其他所有制類型的企業比較，更加明瞭「振興東北」政策的必要性。本文的第四部分將針對大陸目前提升國有企業生產效率的若干政策及其帶動地區經濟發展的可能效果，作一初步的評估。最後將提出作者的總結看法。

貳、東北地區經濟發展的概況與特色

一、東北地區經濟發展的概況

　　東北地區是大陸自建政之後就著力建設的主要工業基地之一，從「一五時期」時，在 156 個國家重點計劃中，就有 58 個項目建在東北。隨後，在 20 世紀 60 年代及 70 年代的計劃經濟體制下，東北得以發展爲能源、原材料、機械裝備、石油化工、鋼鐵、機床、汽車、船舶、飛機製造、軍工等資本密集的工業體系，爲東北地區創造的產值、稅賦，均高於全大陸的水準，甚至高於東部沿海地區，爲全大陸的財政有創造稅收的貢獻，並有「共和國長子」之稱。此稱號意謂著東北地區是第一個被中共中央培育的地區，既享受中央提供優渥的資本，也對大陸中央政府的財源有所貢獻，當前，整個大陸的經濟成長，長子之功不可沒。在承受資源與付出之間，東北人自認其對國家所付出的財務貢獻，大於他們曾經所承受來自國家的資源，尤其改革開放之後，東北的優勢漸失，因此，東北人認爲，身爲長子的東北，在需要之時，國家自有義務協助。

　　以往東三省是執行國家指令性計劃範圍最廣、數量最大、時間最長的地區，企業並無生產的自主權，完全照著國家計劃的項目生產、經營，自無對企業進行生產績效評估的必要。但自 1978 年改革開放後，整個中國由計劃型的經濟體制，向市場型經濟體制轉型，開放和競爭的市場環境逐漸形成，其他產

權形式的企業亦逐漸發展茁壯。當市場的競爭環境越發形成，高度依賴計劃經濟體制發展的東北地區，由於企業並無自生的核心能力，改革開放後，就越發顯示出不適應市場競爭的窘境，相對於全大陸的整體水平，或是東部地區來說，企業的經營績效普遍不彰，地區經濟成長的優勢就不易維持了。

　　要評估改革開放後東北地區經濟發展的成效，可分為以下二個方面來衡量：一是從東北地區本身 GDP 的成長狀況來觀察，檢視其 GDP 年平均成長率是呈增長或是衰退的趨勢；第二方面，可從與其他地區比較的角度來觀察，看看其成長的力道，相對於其他地區，是否有落後及落後多少。

(一) 東北地區 GDP 成長的趨勢

　　本節將先檢驗改革開放後東北地區 GDP 成長率的趨勢。圖一是根據各地區可比的實質 GDP 成長指數所繪製，呈現 1978 年改革開放以來，東北三省實質 GDP 的成長趨勢。整體看來，東北三省的成長趨勢，與全大陸整體經濟成長的趨勢大致吻合。其中，吉林省經濟成長的變動最大，遼寧省次之，黑龍江省成長的變動較為平緩。與全大陸實質 GDP 成長率相比，東北三省時有高下，在 1985、1986 年及 1991、1992 年期間，三省的成長率同時都低於全大陸的成長水準，但值得注意的是，在 1998 年之後，三個省的成長率都呈現出高於全國水準的表現。1998～2002 年間，東北三省的經濟成長，果真高於全大陸 GDP 的成長率嗎？若此數據屬實無誤，為何需要有 2003 年「振興東北」方案的產生？換句話說，東北三省高於全國水平增長的事實是需要推敲的，對資料的正確性進一步探討是有必要的。

　　由於大陸官方統計數據的真實性常被質疑，所以在使用其數據作論證時，需要仔細察驗。近年來（尤其是 1998 年以後），吾人發現，在中國統計年鑑的資料中，地區 GDP 值的加總，常大於中央統計單位所估算的全大陸 GDP 總值。中央統計單位為何沒有直接加總地區 GDP 的數值而作了調整呢？最大的可能是中央認為地方的經濟數據有灌水之嫌。造成地方經濟數據有灌水虛報的原因，是因為 1998 年之後，中央政府要求地方經濟成長率要達到 7％或 8％以上的水準，地方官員的升遷又以地方經濟成長的績效為基準，在這樣政績考量的環境下，造成地方官員誇大地方經濟的成長數據。因此，若要計算東北三

省確實的實質 GDP 成長率，有必要將各地虛報的數值扣減，以求取較為真實的發展概貌。要想獲取各地實際虛報金額的數值自不可得，吾人只得以各年度中央統計單位調整後全大陸 GDP 的數值與地方 GDP 加總後數值的比值作為權數，將東北三省 GDP 總值作一番調整。當然，這樣的調整計算是在假設中央的統計數據是正確的、各地區虛報的比例是一樣的基礎上進行的。

圖一　東北三省與全大陸 GDP 成長率之比較（1978～2002）

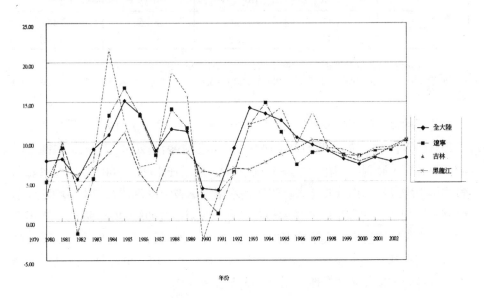

資料來源：中華人民共和國國家統計局編，**中國統計年鑑**（2003），北京：中國統計出版社，頁 57。

　　調整之後，吾人發現，1999～2002 年東北三省 GDP 的成長率，就未必都高於全大陸的平均水準。除了只有 2001 年東北三省有較優於全大陸整體的表現外，其他年度均較全國平均水準落後。經過調整後所估算的 GDP 的成長率，顯示出東北地區經濟發展相對的落後，這才該是「振興東北」方案出籠的初衷吧！其中值得注意的是黑龍江省的變化，原本是三個省中經濟成長最差的（1999、2000 年時），但至 2001 年時經濟成長率高過全國水準，在 2002 年時雖低於全國水準，但在三省中，是 GDP 成長率最高的省份。

表一　1999～2002 年東北三省每一年 GDP 的成長率

單位：%

	1999	2000	2001	2002
全大陸	7.14	7.99	7.50	7.96
遼　寧	6.79（8.22）	6.93（8.94）	7.95（8.98）	7.35（10.2）
吉　林	6.69（8.14）	7.22（9.16）	8.25（9.35）	6.67（9.5）
黑龍江	6.11（7.45）	6.21（8.20）	8.25（9.30）	7.45（10.3）

註：括號中的數字是按照未經調整前的數據所計算的東北三省 GDP 的成長率。
資料來源：中華人民共和國國家統計局編，**中國統計年鑑** 2000～2003（北京：中國統計出版社，2000～2003年）。

　　若想估算改革開放後東北三省的年平均成長率，吾人以 1990 年為分界點，劃分為前後各 12 年的二個階段（1978～1990 及 1991～2002）。表二根據可比的指數計算，發現不論在 1978～1990 時期，或是在 1991～2002 時期，東北三省的年平均成長率均低於全大陸的成長水準，三省中以吉林省的年平均成長率最高，黑龍江省的年平均成長率最差。但若只計算 1998～2002 近五年的年平均成長率，黑龍江省的表現便優於全大陸的年平均成長率，且為東北三省之第一位，更有甚者，黑龍江的 GDP 年平均成長率是呈增長的態勢，這是與遼寧省、吉林省或是全大陸整體的水準，大相逕庭之處。

表二　東北三省 GDP 年平均成長率

單位：%

	1978～1990	1991～2002	1998～2002
全大陸	9.00	9.72	7.68
遼　寧	8.13	8.36（9.44）	6.36（8.92）
吉　林	8.93	9.13（10.22）	6.46（9.02）
黑龍江	6.80	7.41（8.48）	7.70（8.70）

註：括弧中的數字是按統計年鑑中未經調整的數據計算。
資料來源：遼寧統計年鑑、吉林統計年鑑、黑龍江統計年鑑、中國統計年鑑。

　　由上述的分析可知，不論是就個別年份（1999, 2000, 2002）的 GDP 成長率來看，或是就改革開放後的年平均成長率（12 年平均或是 5 年平均）來看，東北三省的經濟成長均落後於全國的平均水準，原有的經濟優勢，在改革開放後的轉型經濟中，不但無法維持優先之地位，連全國的平均水準都無法達到。

(二) 東北地區與其他地區 GDP 成長率之比較

　　除了觀察東北地區本身及與大陸整體水準的比較之外，吾人亦關心東北地區與其他省份或是其他經濟地區的比較。

　　與其他省份經濟發展的比較，吾人可以排序的方式來呈現，不但可以明瞭東北三省在全大陸各省的相對地位，且可避免前文所提因調整數據所做假設的侷限。若只是觀察 GDP（國內生產總值）的總量，從下表發現，近年來，東北三省創造 GDP 產值的能力，在全國的排序，大略居中（遼寧較前，排序第七；黑龍江居中，排序 13 或 14；吉林較差，排序 19 或 18）且並無太大變化。但若以 GDP 成長力道爲指標，來觀察東北三省時，發現東北三省 GDP 成長率在全國的排序，多在中間偏後的位置，顯示其經濟發展潛力的滯後，是東北人引以爲憂的。不過，黑龍江省的成長力道是有很大的進步，從 27 名的末段位置躍升到 15 名左右的中間位置。

　　東北三省位於東部沿海地區，擁有沿海的區位優勢，亦享有開放政策的優惠待遇，其經濟發展的速度理應與東部沿海地區相當才是。但若將東北三省視爲一個整體，與其他東部地區的珠三角（廣東）、長三角（上海、江蘇、浙江）、環渤海（北京、天津、河北）經濟帶相比較時，發現 1998～2002 年間，東三省 GDP 的成長率總是在四個地區中位居最低的。

　　若再將東北地區投資環境的競爭力與全國其他省份相比較，根據中國人民大學對大陸 31 個省市自治區投資環境競爭力的調查看來，東北地區在自然資源方面的競爭力最好，融資實力，表現並不差；代表資金運用和收益能力的投資實力項目和政府的管理能力，相較於大陸其他地區的表現，卻明顯落後。此項實地調查所說明的事實是：東北地區有吸收資金的能力，但在經營的效率上有問題。在人力資本及經濟實力及整體的排名基本上尚可。

表三 1999～2002 年東北地區經濟發展在全大陸的相對地位

GDP 在全國之排序				
	1999	2000	2001	2002
遼　寧	7	7	7	7
吉　林	19	19	19	18
黑龍江	14	13	13	13
GDP 成長率在全國之排序				
	1999	2000	2001	2002
遼　寧	18	20	22	18
吉　林	20	15	13	22
黑龍江	27	27	14	16

註：排序的數據是依據中國統計年鑑（未經調整）的各省 GDP 成長率所計算。
資料來源：同表一。

表四 珠三角、長三角、環渤海與東三省 GDP 成長率之比較

單位：%

地　區	1998 年	1999 年	2000 年	2001 年	2002 年	年均增長率
珠三角	8.25	6.88	14.15	10.19	9.64	9.82
長三角	8.15	7.69	12.12	10.65	11.81	10.08
環渤海	8.64	7.76	12.37	11.47	9.41	9.93
東三省	6.47	6.07	11.49	9.07	9.19	8.46

資料來源：轉引自陳崢嶸，「『振興東北』政策述評」，**資本市場雜誌**（北京），2003 年 11 月，頁 36～42。

表五　大陸東北地區投資環境競爭力

項目排名	遼寧省	吉林省	黑龍江省
總體排名	6	13	14
經濟實力	6	13	14
市場需求	8	13	17
基礎設施	2	17	15
資源狀況	5	15	3
人力資本	3	15	13
生活環境	26	4	6
政府管理	6	26	19
經濟成長	8	14	20
經濟積累	12	22	20
融資實力	5	9	13
投資實力	13	17	31
自然資源	8	7	1
旅遊資源	9	26	20

註：本表數據是在 31 個省市自治區中之排名。
資料來源：《中國信息報》，2003 年 10 月 16 日。

二、東北地區經濟發展的特色

(一) 以資源的蘊藏及開採為主

據報導，全大陸已探明儲量的礦藏有近 160 種，東三省就有 140 多種，其中有 40 多種礦藏的儲量居全國前三位。因此，東北地區的產業多以礦產資源

開採及加工項目爲主。其中要以石油、煤炭和森林爲東三省最重要的資源產業，圍繞這三大資源產業興起了幾百家大中型礦、林企業，以這些企業爲基地形成了十幾個資源型城市。這些城市的人口數量、土地面積和經濟總量均佔東三省的很大比重。各省的情形①如下：

1. 遼寧：以資源開採爲主的城市及其地區總人口占全省的 44 ％，土地面積佔 56 ％，GDP 佔 42 ％。主要資源城市有 9 個，稱「五大四小」，即鞍山、撫順、本溪、阜新和盤錦等五個地級城市，北票、南票、大石橋和調兵山等四個縣級城市。9 個城市市區總人口占全省市區人口的 33 ％，GDP 佔全省的 20 ％以上。

2. 吉林：主要資源是煤炭和森林等，資源型城市有吉林、遼源、延邊、通化和白山等五個市 (州)。五市土地面積佔全省的 52 ％。兩大資源型產業涉及職工 63 萬人，離退休人員 13.6 萬人。

3. 黑龍江：全省 13 個城市中有 7 個屬資源型城市，稱爲「一油、二林、四煤」。一油指大慶，二林指伊春、大興安嶺，四煤即鶴崗、雙鴨山、雞西和七台河。七個城市的土地面積、總人口、GDP 和地方財政收入分別佔全省的 40.3 ％、25.7 ％、43.6 ％和 26 ％。

正由於此地區以資源產業爲主，而當前多數礦山開採的歷史已久遠，許多礦井已面臨資源枯竭的困境，不少企業已經破產或將要破產。如何處理這些企業或協助這些企業轉型，已是當務之急。

(二) 產業結構以工業為主

東北地區是以工業爲主，這可由該地區各省三次產業的結構中，工業所佔的比重看出。從下表吾人發現，90 年代以來，遼寧省的工業比重佔 40 ％左右，吉林省的工業維持在 35 ％左右，黑龍江省的工業比重是三省中最大，維持在 50 ％左右。

表六　東北三省產業結構中工業所占的比重

單位：%

年　分	1978	1990	1998	2000	2001	2002
遼　寧	68	45	43	45	44	43
吉　林	49	39	32	36	36	36
黑龍江	58	43	47	51	50	49

註：根據中國統計年鑑數字計算。
資料來源：中國統計年鑑（北京：中國統計出版社，2003 年）。

表七　2001 年東三省重要工業品在全國的地位

重要工業產品	全國產量	東三省產量	東三省／全國(%)	全國排序
原油(萬噸)	16396	6935	42.3	黑龍江第 1
原油加工(萬噸)	21061	6075	28.8	遼寧第 1
鐵原礦石(萬噸)	21701	5955	27.4	遼寧第 2
鐵成品礦(萬噸)	10733	2659	24.7	遼寧第 2
鋼(萬噸)	15163	1955	12.9	遼寧第 3
鋼材(萬噸)	16068	1945	12.1	遼寧第 3
工業鍋爐(萬噸)	82772	19147	23.1	遼寧第 3
內燃機(臺)	20531	5122	24.9	遼寧第 2、吉林第 3
汽車(萬輛)	234	51	21.7	吉林第 1
發電設備(萬千瓦)	1340	222.7	16.6	黑龍江第 2
變壓器(萬千伏安)	25137	2941	11.7	遼寧第 3
發電量(億千瓦小時)	14808	1430	9.65	遼寧第 5
塑膠樹脂及共聚物	1288	213	16.5	遼寧第 5
彩電(萬台)	4093	450	11	遼寧第 3
啤酒(萬噸)	2289	371	16.2	遼寧第 4
木材(萬立方米)	4552	1391	30.6	黑龍江第 1
乳製品(萬噸)	290	21	7.2	黑龍江第 1

註：數據來自 2001 年工業統計年報(地區冊)。本表引自陳永傑，東北基本情況調查報告（上），國研網專題集粹，http://211.167.67.35/gate/big5/www.drcnet.com.cn/DrcNet/view_new_s.asp? cnt_id=7&mainunid=18476 3drc

在以工業為主的產業結構中，東北地區一些重要的工業品產量的比重佔全國的 20％以上，而且排序居前，顯見東北地區工業的重要性。以 2001 年為例，原油佔 42.3％，原油加工佔 28.8％，鐵礦石原礦佔 27.4％，鐵成品礦石佔 24.7％，工業鍋爐佔 23.1％，內燃機佔 24.9％，汽車佔 21.7％，木材佔 30.6％（見表七）。

只是如此大的工業比重及那麼多重要工業產品的生產，並未讓東北地區在工業化的過程中，成為經濟成長的推動力，或為東北工業的 GDP 創造出明顯的貢獻，東三省工業 GDP 在全國工業 GDP 中所佔的比重反而是呈遞減的趨勢（見表八）。究其原因，是與其工業的結構有關。東北三省的重工業比重大，以 2001 年為例，工業增加值的輕重比為 15.6：84.4，重輕工業的比例至為懸殊。重工業中又以採掘和原材料的工業為主，當資源日趨枯竭時，其產值及成長力道自然受影響。而高新技術產業在東北工業經濟所佔的地位又相對低下，對工業 GDP 產值的貢獻有限。

表八　東北三省工業 GDP 佔全國工業 GDP 的比重

單位：%

	1978	1990	1998	2000	2001	2002
遼　寧	8.89	6.26	4.31	4.71	4.49	4.36
吉　林	2.31	2.12	1.31	1.46	1.49	1.50
黑龍江	5.76	3.98	3.45	3.70	3.63	3.58

註：根據中國統計年鑑（2000～2003）數字計算而得。

資料來源：中華人民共和國國家統計局編，**中國統計年鑑** 2000～2003（北京：中國統計出版社，2000～2003 年）。

(三) 國有經濟所占的比重大

造成東北三省工業 GDP 在全國工業 GDP 的比重遞減的主要原因，與國有企業比重大有關。因為東北地區經濟發展的主體是國有企業，不論是投入面或產出面，國有經濟在地區經濟中，均佔有很大的比重。即使和全大陸整體平均的水平相比，東北地區亦高於全國整體的水準甚多。由於國有經濟缺乏自主結

構調整的機制，其雖佔有極大比重的產業結構，但對地區 GDP 的貢獻卻未能做出相適應的反應。下文將近年來東北三省國有工業企業在投入資源所佔的比重，逐一分析。

　　1. 國有工業企業的投入資源佔地區投入資源的比重大

　　從表九中吾人發現，不論在 2001 年或是 2002 年，東三省的國有及控股工業在地區投入的資源中，均佔了很大的比重，並高於全國的水準。就企業數目來說，國有及控股工業企業數目的比重，在全國的水準是 27.3 ％（2001 年）、22.65 ％（2002 年），而遼寧省國有企業數目在該省所佔的比重，比全大陸的水準高出 10 ％以上，吉林省、黑龍江省的國有企業數目的比重，比全大陸水準高出了 25 ％。值得注意的是，2001～2002 年間，整個中國大陸的國有及國有控股工業企業的數目呈減少的態勢，比重因而減少了 4.65 ％。遼寧、吉林、黑龍江三省國有及控股工業企業數目的比重呈同步減少的情勢，分別減少了 7.93 ％，5.51 ％，5.57 ％，三省國有企業數目減少的比重要大於全大陸整體的比率。三省中，以遼寧省國有企業數目減少得最多。顯見 2001～2002 年間，東北三省在國有企業改制方面的努力程度，呈現出高於全大陸平均水準的努力。但整體來說，東北三省國有及國有控股工業企業數目的比重，仍是高於全大陸的整體水準。國企數目的龐大，顯見整體企業改制的工程仍很浩大。即使有許多的企業在形式上已改為公司制，但內部的治理結構仍與傳統的國有企業區別不大，投資主體仍未多元化。

　　其次，就從業人員的人數來論，東北三省國有工業企業從業人數所占的比重亦高於全國水準 20 ％以上。國有企業從業人員比重大，面對下崗的壓力也大。在 2001～2002 年間，全大陸國有及控股工業企業人數的比重減少了 5.25 ％。遼寧省國有企業的人員比重降低 5.56 ％，略大於全大陸水準，吉林省只降低 2.92 ％，遠低於全大陸水準。黑龍江省國有企業人員所占的比重降低了 42.76 ％，除了國有工業企業的人員減少 12 萬人外，其他非國有規模以上工業企業的人員增加了 156 萬人，是東北三省中（甚至在全大陸）國有企業從業人員比例下降最有成效的省份。

表九　東北三省國有及控股工業投入資源在該地區所占的比重（2001～2002）

	全大陸		遼　寧		吉　林		黑龍江	
	2001	2002	2001	2002	2001	2002	2001	2002
國有及非國有工業企業數目(戶)	171,256	181,557	5,847	6,017	2,608	2,572	2,500	2,593
國有及控股工業企業數目(戶)	46,767	41,125	2,188	1,723	1,392	1231	1,328	1,233
國有及控股工業企業數目比重(%)	27.3	22.65	37.4	29.47	53.37	47.86	53.12	47.55
國有及非國有工業企業從業人員(萬人)	5,441	5,521	261	250	124	114	177	333
國有及控股工業企業從業人員(萬人)	2,675	2,424	168	147	95	84	148	136
國有及控股工業企業從業人員比重(%)	49.16	43.91	64.36	58.8	76.6	73.68	83.6	40.84
國有及非國有工業企業固定資產淨值(億元)	55,437	59,483	3,810	4,074	1,421	1,501	2,088	2,245
國有及控股工業企業固定資產淨值(億元)	38,638	39,728	3,074	3,209	1,254	1,272	1,883	1,995
國有及控股工業企業固定資產淨值比重(%)	69.70	66.79	80.68	78.78	88.23	84.70	90.2	88.86
國有及非國有工業企業流動資產年均餘額(億元)	56,487	60,798	3,276	3,427	1,297	1,338	1,609	1,693
國有及控股工業企業流動資產年平均餘額(億元)	32,576	32,626	2,423	2,444	1,078	1,061	1,323	1,367
國有及控股工業企業流動資產年平均餘額比重(%)	57.67	53.66	73.96	71.32	83.11	79.3	82.22	80.74

資料來源：中國統計年鑑（2002，2003），北京：中國統計出版社。

　　再者，就國有企業與非國有企業所運用的固定資產投資與流動資產的資金來看，在全國的層次，國有企業佔用了過半的資金（69％，58％），而東北三省的國有企業所佔用的資金比重更是遠遠超過全國水平，並高達80％左右。

三省中要以黑龍江省占用資金的比重最大。不過，在 2001～2002 年間，國有
工業企業佔用資金的比重呈微幅下降的情勢。

　　2. 國有工業企業的產出佔地區工業產出的比重大

　　國有工業企業雖佔用極大比重的投入資源，同時它也創造出極大比重的產
值。若以各省所創造的工業增加值與利潤來看，東北三省的國有及控股工業企
業創造產值與利潤的比重，均高於全大陸的水平（只有遼寧省利潤的比重邊
降，並降至低於全大陸水平）。

表十　東北三省國有及規模以上非國有工業企業產出
面經濟情況（2001～2002）

	全大陸		遼　寧		吉　林		黑龍江	
	2001	2002	2001	2002	2001	2002	2001	2002
國有及非國有工業企業 工業增加值(億元)	28,329	32,994	1,256	1,378	589	669.3	1,207	1,262
國有及控股工業企業 工業增加值(億元)	14,652	15,935	851	888	455	508.8	1,090	1,107
國有及控股工業企業 比重(%)	51.72	48.30	67.76	64.46	77.2	76.02	90.3	87.68
國有及非國有工業企業 利潤總額(億元)	4,733	5,785	144	156.16	86	96.91	493	459.23
國有及控股工業企業 利潤總額(億元)	2,388	2,633	79	68.57	65	72.54	481	435.91
國有及控股工業企業 利潤比重(%)	50.45	45.52	55	43.91	75.6	74.85	97.6	94.92

資料來源：中國工業經濟統計年鑑（2002，2003），北京：中國統計出版社。

　　不論從投入面或是產出面來看，東北三省國有工業企業均扮演了舉足輕
重的角色。正因國有企業占如此大的比重，國有企業改革的成功與否，就成
為東北地區經濟發展快慢的重要因素。再加上國有企業對民營企業的發展造
成了排擠效應（crowding-out effect），使得東北地區的民營企業在人才、技
術、經驗的獲取上，無法與國企競爭。民營經濟的發展不易，亦影響東北地區

的經濟發展。

　　3. 國有企業與非國有企業的績效表現懸殊

　　由於國有企業投入資源比重大，使得國有企業與非國有企業的創造產值或
利潤的表現，有很大的差異。若以企業爲研究單位，以工業增加值與利潤總額
爲評估標準，檢驗國有企業與非國有企業二大類別企業平均的生產能力，吾人
發現，東北三省非國有企業創造產值或利潤的能力，只有國有企業（指國有及
控股工業企業）的三分之一左右，其中尤以黑龍江省的國有企業與非國有企業
的表現差別最爲懸殊。

表十一　國有企業與非國有企業創造產值、利潤能力的比較

單位：萬元

2001 年	企業平均工業增加值			企業平均利潤總額		
地　　區	國　有	非國有	非國有／國有	國　有	非國有	非國有／國有
全大陸	3132.98	1098.65	0.35	510.62	188.37	0.37
遼寧	3889.40	1106.86	0.28	361.06	177.64	0.49
吉林	3268.68	1101.97	0.34	466.95	172.70	0.37
黑龍江	8207.83	998.29	0.12	3621.99	102.39	0.03
2002 年	企業平均工業增加值			企業平均利潤總額		
地　　區	國　有	非國有	非國有／國有	國　有	非國有	非國有／國有
全大陸	3874.77	1214.75	0.31	640.24	224.45	0.35
遼　寧	5153.80	1141.13	0.22	397.97	203.98	0.51
吉　林	4133.23	1196.87	0.29	589.28	181.73	0.31
黑龍江	8974.86	1142.65	0.13	3535.36	171.47	0.05

資料來源：中國統計年鑑 2002，2003。

　　若再細分不同所有制的企業類別來比較企業創造產值與利潤的績效，以
2002 年爲例，在國有企業中，再劃分爲中央企業與地方企業；在非國有企業
類別中，再劃分集體企業、股份合作企業、私營企業、港澳台投資企業、外
商投資企業等不同類型。表十二說明了各類不同產權企業創造產值與利稅的

能力。

表十二　2002年東北三省不同類型所有制企業平均產值與平均利潤

單位：萬元

	遼寧		吉林		黑龍江	
	工業增加值	利稅總額	工業增加值	利稅總額	工業增加值	利稅總額
國有經濟	2441.95	563.11	2628.83	557.09	1501.64	333.66
中央企業	11312.83	3352.94	19497.73	4968.18	3975.31	1304.32
地方企業	931.15	87.98	773.25	71.88	969.46	124.83
集體企業	663.42	197.06	834.99	203.92	907.47	223.49
股份合作企業	755.34	276.72	1025.32	301.27	402.60	136.36
私營企業	675.17	188.62	712.65	129.68	683.87	195.48
港澳台投資企業	2454.55	832.39	3922.73	1183.33	3269.84	1526.98
外商投資	2216.10	740.07	6355.80	5757.46	3339.45	1308.26

資料來源：根據東北各省 2003 年年鑑計算而得。

　　在這數種不同企業類型中，要以國有經濟中的中央企業績效最顯眼，所創造產值與利稅的規模很大，是地方企業績效的好幾倍。地方國有企業的利稅績效在所有不同類型的企業中，績效的表現是最差的。在非國有企業中，要以港澳台企業與外商投資企業的平均產值與利稅為最高，只是創造的產值與利稅，仍不及國有經濟的中央企業。因此，整體來說，國有企業內的中央企業能否改革成功，對東北地區的經濟發展，扮演著重要的角色。

　　總括來說，東北地區的經濟發展與國有企業（尤其是工業企業）密切相關，不但在投入或是產出方面，占有極大的比重。若從企業平均的產值或利潤單一的指標來看，國有企業產出績效的表現要比非國有企業好。只是，為何如此重要的國有企業，並未帶動地區的經濟發展？我們若從生產效率的觀點來剖析國有企業的表現，答案就昭然若揭了。

參、東北地區國企生產效率之評量

　　企業的成長若只是因投入資源的增加而造成，而不是因效率的增加而帶動成長，其經濟成長的潛力是有限的。經濟學家 Paul Krugman 就以為，亞洲的經濟奇蹟是因投入的擴張造成的，而不是因效率的增長[2]。究竟東北地區國有企業的績效是因投入的擴張造成，或是因效率的增長造成，是本節探討的重點。本節將就 1999～2001 年間，東北地區國有企業的生產效率進行評量，並以此驗證 1998 年以來東北地區國企改革的成果。

　　要從事績效或效率（即投入與產出間的關係）的評估，首先要確定比較的「標準」。「標準」可以是單一的，也可以是多元的；可以是靜態的，也可以是動態的。國有企業是屬非市場類型的企業，一般來說，績效與效率的類型與評量方法，可以分為以下四大類型：

表十三　非市場部門績效與效率的類型與可供評量的方法

	單一標準	多元標準
靜態	第（I）類型 績效：單一年度單一標準的數值 效率：單一投入與單一產出的比值，如總資產貢獻率、成本利潤率、勞動生產率等	第(III)類型 資料包絡分析法(Data Envelopment Analysis)可測算多投入多產出之相對效率。
動態	第(II)類型 績效：跨年度的數值或成長率 效率：跨年度的比值	第(IV)類型 Malmqusit 生產力指數將提供跨年度的效率值、效率改進、技術進步、規模效率改進、總要素生產力之改進

註：作者自行整理。

一、國有企業效率初探（單一標準的效率評估）

　　就表十三中第（I）類型的績效或效率評估而言，比較的「標準」是單一的，例如以生產能力為標準來評估企業的績效，可就企業創造附加價值的大小，作為其是否具有生產能力優越性的指標；或者亦可以企業創造利潤的多寡

為標準，來評估企業的績效。此種績效評量的方法很簡單，只要比較數值的高低即可分出績效的好壞。前文的表十一中，已表列出在單一標準要求下，國有企業與非國有企業的績效表現，結果是非國有企業的績效，僅有國有企業的三分之一左右。不過，因評估標準的單一，並不能給予充分的資訊。由於東北地區國有企業投入資源的規模，比非國有企業大許多，只評估企業的產值或利潤，並不能顯示國有企業的競爭力。吾人更關心國有企業的生產效率如何，因為唯有生產有效率或是經營有效率的企業，才有可能在競爭的市場中生存獲利。因此，除單一的產出績效外，更要納入投入面因素的考量，評比的方式可以計算比率（ratio）的方式進行效率評比。例如，總資產貢獻率、成本費用利潤率、勞動生產率等。這一類評估效率的指數，計算簡單，容易求取並分出高下。若是再納入時間的因素，便呈現動態的效率比較。下表是以單一投入、單一產出的效率指標來檢驗東北三省國有企業與一般企業（指規模以上國有與非國有企業）的效率表現。

表十四　2001～2002 年東北三省國有企業的效率表現

	全大陸		遼　寧		吉　林		黑龍江	
	2001	2002	2001	2002	2001	2002	2001	2002
國有與非國有企業總資產貢獻率(%)	8.91	9.45	6.13	6.25	7.83	8.17	18.34	17.06
國企總資產貢獻率(%)	8.17	8.71	5.59	5.57	7.53	8.06	20.34	18.62
國有與非國有企業成本費用利潤率(%)	5.35	5.62	3.26	3.24	4.98	4.71	26.69	22.78
國企成本費用利潤率(%)	5.75	5.93	2.60	2.16	4.61	4.38	32.13	27.87
國有與非國有企業全員勞動生產率(元／人，年)	52,062	59,766	48,170	55,001	47,306	58,556	68,104	74,756
國有企業勞動生產率(元／人，年)	54,772	65,749	50,433	60,328	48,042	60,556	73,840	81,365

資料來源：中國統計年鑑 2002，2003

　　上表中的總資產貢獻率，即是指資產獲利率，是反映企業全部資產的獲利能力，根據中國統計年鑑所公布的計算公式如下：

　　總資產貢獻率＝（利潤總額＋稅金總額＋利息支出）/平均資產總額

　　其中，稅金總額是指產品銷售稅金及附加與應交增值稅之總和。平均資產總額為期初期末資產之和的算術平均值。根據這個總資產貢獻率的效率標準，吾人可獲得東北三省國有工業企業稅前的資產獲利率的評比資訊。

　　第二個單一標準的效率指標是成本費用利潤率，是反映企業投入的生產成本及費用稅後的經濟效益指標。計算公式如下：

　　成本費用利潤率＝利潤總額/成本費用總和（產品銷售成本+銷售費用+管理費用+財務費用）

　　第三個指標是勞動生產率（元／人，年），公式是工業增加值/勞工人數。指每個勞工每年可創造的產值（工業增加值）。在知識經濟的今天，人們重視人力資本的素質，勞動生產率的高低，亦可為企業發展是否有效率的重要評比標準。

　　根據上表，當我們以單一標準的效率值為評量基準時，發現 2001～2002年間，東北三省國有企業生產效率的表現，就不具優越性了。由表中可知，遼寧省、吉林省的國企總資產貢獻率、成本費用利潤率，都低於該省一般企業的平均水準，若與全大陸企業的效率相比較，其不僅低於全國一般企業的平均水準，亦低於全國國有企業的平均水準，其中以遼寧省國有企業的表現最差，若與全國其他地區國有企業相比，排名在23名（2001年）或28名（2002年），排名有落後的趨勢。就人力資本的效益來說，東北三省國有企業勞工的勞動生產率，均高於當地一般企業勞工的勞動生產率。顯示東北地區國有企業人力資本使用的效益，較一般企業的平均水平有優勢。但若與全大陸國有企業的平均效率相比時，遼寧省與吉林省的勞動生產率仍是較差。值得注意的是，東北三省效率表現最為突出的是黑龍江省，該地區國有工業企業在稅前的總資產獲利率、稅後的獲利率及勞動生產率都高於當地一般企業的效率水平、高於全國一般企業的效率水平、亦高於全國國有企業的平均效率，在全國國有企業效率排序中，排名第一的省分。這樣評比的結果，真的能說明黑龍江省內大多數國有企業的表現較優嗎？或是因資料的限制呈現的結果？值得吾

人進一步深入探究。

二、國有企業生產效率的再探索（多元標準的效率評估）

在市場機制運作的經濟體制，利潤是評估企業的唯一標準，但在市場機制運作尚不健全的經濟體制下或是對於從事公共服務的部門，由於市場的資訊並非真正能夠反映效益的高低，或是因經濟體承擔著非市場的政策任務，利潤的高低並非是其評量效率的唯一標準，這一類決策單元的效率評估則可劃分為表十三的第(III)類型中，主要的評估方法是資料包絡分析法，是以線性規劃的無母數評量方法作測算，可供多目標的決策單元進行效率評量之用。基本的概念是涵蓋投入面（生產要素使用）的考量，檢驗企業在生產要素投入的使用與產出績效間的比值關係。在一個群體中，相對績效的評量，是以投入產出比值為1的企業，設為最有效率的單位，效率值小於1的單位，顯示其績效表現，尚有改進的空間。若再考慮跨年度績效是否有改進，Malmquist 指數的計算，則將提供決策單位效率是否有改進的資訊。單一標準與多元標準的選擇，要視評估目標的需要而定，不過，多元標準提供的是一綜合性的評量，提供的資訊較為豐富。

東北三省的國有經濟比重大，一般認為，國有企業因有創造就業機會的任務而使用較多的勞動人口，又因其無生產經營的自主權，並承擔許多的政策任務，故在固定資產或流動資產資金的運用上，並不以極小化為目標。若以此為效率評估的標準，國有企業的效率勢必不佳。不過，就東北地區的國有企業而言，近年來（尤其在執行國有企業改革脫困三年以來），它們的生產效率有進步嗎？與省區內其他類別的企業相比，相差多少？與全國其他地區的國有企業相比，東北國有企業效率的表現如何？這都是作者所關心的議題，本文擬從多方面投入為評估的標準，來評估國有企業的生產效率。

本文採用資料包絡分析法BCC模式中的產出導向③來進行測算比較。模型採用企業生產要素的投入變量有三：固定資產淨值年平均餘額、流動資產年平均餘額，及勞動人數。固定資產是指企業在生產過程中，使用各種機器設備（包括生產、動力、運輸設備以及廠房建築物）價值的總和。流動資產是指企業在生產過程中，各種勞動對象（包括原材料、輔助材料、燃料動力、零配

件、包裝物以及已經製成但未出售的成品）價值的總和。流動資金的特點在流
動，最原始的形式是貨幣資金，企業以貨幣購買各種原材料、輔助材料等，存
放在倉庫中，形成儲備資金。後由車間領用，加上勞動投入（勞工工資），
形成生產資金，最後製成成品，等待出售，形成成品資金；出售之後又變成
貨幣資金。因此，流動資金是以貨幣資金 → 儲備資金 → 生產資金 → 成品資
金 → 貨幣資金的形式，不停地在運用中④。模型是以此二投入變項為檢視國
有企業資產運用能力的標準，再加上勞動人數的變項，成為模型中的三項投
入變量。

　　至於產出的變項，本文採用工業增加值。根據中國統計年鑑給予的公式如
下：

　　工業增加值＝工業總產出－工業中間投入＋應交增值稅

　　以此公式計算而得的工業增加值，基本上就是工資加上利潤及增值稅（利
潤是產出與投入之間的差額），因此工業增加值可以視為稅前企業勞動與資本
的收益。

　　由於資料包絡分析法是測算企業的相對效率，是在一群決策單元（Deci-
sion- Making Unit, DMU）中作評比。本文乃以全大陸 30 個省份三類企業（國
有企業、集體企業與外資企業）的平均值為虛擬的決策單元，整個群組共有90
個決策單元，並以 1999～2001 年間為主。透過此模型的測算，吾人可得到全
國三種不同類型企業的效率值，繼而再聚焦在東北三省三種不同類型的企業表
現，作進一步的分析比較。

　　在三項投入（固定資產、流動資產、勞動人數）一項產出（工業增加值）
的評估標準下，吾人發現還是黑龍江省的生產效率為全國最佳。在訝異之餘再
仔細檢視資料時發現，因黑龍江省的產出值（工業增加值）為全大陸最大，在
DEA 模型特性的作用之下，黑龍江省的效率表現成為全國最優。造成產出值
最大的原因，是該省的石油及天然開採業的產值極大，企業數目卻很少，因此
形成平均數值很大的情形。為要瞭解黑龍江省內一般國有企業（除了石油及天
然開採業以外）的生產效率，模型中另外創造了一個扣除石油和天然氣開採業
產值的決策單元，以其代表黑龍江省一般工業的國有企業，並檢驗其效率表
現。測算結果呈列如下：

表十五　1999～2001 年東北三省不同產權企業生產效率之表現

地　　區	所有制類別	1999	2000	2001
遼　寧	國　有	0.6（12）	0.534（9）	0.465（22）
	集　體	0.624	0.632	0.577
	三　資	0.68	0.527	0.691
吉　林	國　有	0.497（22）	0.467（15）	0.546（15）
	集　體	0.605	0.532	0.664
	三　資	1	0.744	1
黑龍江	國　有	1（1）	1（1）	1（1）
	一般國有＊	0.457（27）	0.359（24）	0.347（32）
	集　體	n.a.	n.a.	n.a.
	三　資	0.714	0.552	0.567
全國企業效率平均值		0.675	0.572	0.656

註 1：＊表示減去石油和天然氣開採產業後一般的國有企業。
註 2：括弧中的數字是東北三省國有企業生產效率在全國各地區國有企業平均生產效率的排名。
資料來源：本研究計算整理。

　　就表十五的實證結果來看，在 1999～2001 年間（即大陸國企改革脫困的執行期），東北三省國有企業的效率並未因體制改革而有所改善，除了 2001 年吉林省的國企效率略有進步外，遼寧省及黑龍江省一般的國企（扣除石油及天然氣開採業後的企業），生產效率均呈每況愈下的退步狀態⑤。若與其他地區的國有企業相比，在全大陸國有企業的排序中，發現遼寧省生產效率的排名退步極大，退步的名次將近 10 名。黑龍江省一般國有企業的排名退步 5 名左右。吉林省則呈進步的情勢（見表十五括弧中的排名數字）。若與其他類型的企業相比，1999～2001 年間，東北三省的國有企業在該地區三種產權類型的所有制中，是表現最差的企業類型。更有甚者，東北地區大部分類型的企業，效率值均低於全大陸企業的效率平均值。這樣的成績顯示了國有企業效率不佳影響地區經濟發展的事實，經由關心東北地區經濟發展的有心人士發出呼籲，並且在 2003 年八月獲得中央的重視，以「振興東北」的政策來協助東北地區

進行更深入的國有企業改革。

肆、提升國有企業生產效率的
政策選擇及可能途徑

經由前文的實證分析，確定了近年來東北地區的經濟發展落後的趨勢，亦證實了國有企業生產效率低落的事實，即使經過 1999～2001 年國企三年改革脫困的努力，許多中小型的國有企業雖已改制，但仍未能改善東北地區國有企業生產效率低落的景況。究其主要原因，是因國有企業承受極重的社會性負擔，一直無法解脫，如支付眾多退休人員的保險福利費用、在職職工的保險福利費用；企業因辦各類學校所支付的教育費用、企業辦醫療衛生機構所支付龐大的醫療費用；其他如公安費用、消防費用等等。這些費用都加大了國有企業的生產成本，使其在市場上無競爭力。因此，若要提升企業的生產效率，無非是要減低企業的生產成本。「振興東北」政策提出後，中共當局陸續頒布有關國有企業的政策，重心便在於減低企業生產成本，以提升國有企業的生產效率。以下擇要簡述之：

一、政策選擇

(一) 中央企業的調整改造

由於中央企業在東北扮演重要的角色，中共當局就先從中央企業的調整改造開始做起。國務院國有資產監督管理委員會於 2004 年 2 月公布了「關於加快東北地區中央企業調整改造的指導意見」，決定在東北地區選擇部分城市為中央企業分離辦社會的職能，主要將中小學校、公檢法、醫療衛生、幼教、消防、社區、社會保障、供水供電供暖機構等列為主要分離對象⑥。此措施的主要用意是在減少企業的社會性負擔，一方面可降低企業的經營成本，另一方面是藉由解除企業的政策負擔，使企業能專責生產、營運，也才能對其經營的盈虧負責⑦。

指導意見中，亦針對東北地區中央國有企業體制的調整改造的目標、要求

和時間表，提出若干具體意見⑧。其中若干具體措施如下：第一，要求企業儘快進行產權改革，建立公司法人治理結構、建立母子公司體制，推進企業的制度改革，加快企業股份制改造，建立國有資本的進入退出和流動機制。強調要發展混合所有制經濟，確立投資主體多元化的原則。第二，要求加快企業的重組，發展大公司大企業集團，鼓勵多利用外資和民間的資本來參與國有企業的改造，以收制度示範的效果；並促進不同類型的企業或是上下游企業之間存量資產的流動和重組。第三，在進行企業改造的同時，加強老工業基地的建設，如加快鞍鋼、一汽、中石油、中船重工東北地區企業的技術改造，建設油氣、鋼鐵、汽車和造船等生產基地；推進石油石化、重大技術裝備、民用飛機和直升機、以及汽車、航空發動機等行業企業的改造，吸引跨國公司前來投資；加大軍工企業的技術改造力度；其他行業將以市場為導向，促進主導產品的升級換代，發展高新技術產業，以調整產業結構。第四，要求進行國有企業人事制度改革，希望能培養一批國有資產產權的代表及經營管理者。建立出資人對經營者有效的激勵和約束機制。

指導意見中提及，中央企業調整改造將分兩年和五年時間進行。以兩年左右時間解決歷史遺留問題、改善企業的資金狀況並初步建立公司的法人治理結構等目標。並在此基礎上，期許以五年時間實現以股份制為主的企業形式，並建立投資主體的多元化，使企業的核心競爭力能獲得增強。指導意見中亦提出東北地區主要的中央企業改造目標，其中，中石油大慶油田、鞍鋼、一汽集團等都是主要改造目標。此外，中船重工、航空一集團、航空二集團、兵器工業集團等東北地區的企業，都希望藉由改造過程，使其具備較強的國際競爭力。

從指導意見中，吾人可總結國務院國有資產監督管理委員會對中央企業的所進行的改造，無非是想藉著推動產權改革、老工業基地的改造，追求技術進步，吸引外資、發展高新技術產業等等的方式，能更深入的推動國有企業的改革以提升國有企業的生產效率，企盼進一步地帶動東北地區的經濟發展。

(二) 率先試行增值稅轉型政策

另一項重要的政策，是將增值稅轉型的政策，率先由東北地區開始試行，

其基本用意就在於藉由減低企業的稅賦以降低國有企業的生產成本。東北地區國有企業的比重大、規模大，由東北地區開始試行，希望國有企業獲得政策優惠的實質好處，能提升競爭力，且爲日後進一步的國企改革鋪路。

由生產型的增值稅轉型爲消費型的增值稅，基本做法是允許企業在所購置的固定資產中，包含的增值稅稅金在稅前扣抵。不過，由於希望不致影響到財政收入的穩定，增值稅轉型的說法，雖然在 2003 年 10 月的「十六屆三中全會」中就已決定，將由東北地區八大行業（裝備製造業、石油化工業、冶金業、船舶製造業、汽車製造業、農產品加工業、軍品工業和高新技術產業）開始試行，但 2004 年年初的宏觀調控，因避免投資過熱對若干產業進行降溫的動作，尤其是鋼鐵、電解鋁、水泥三大行業。因此使得增值稅轉型的改革遲遲未見付諸實行，直至 2004 年的 9 月 14 日，經國務院批准，由財政部、國家稅務總局聯合向東三省下發了「東北地區擴大增值稅抵扣範圍若干問題的規定」⑨，至此才確定正式啓動醞釀一年的東北稅改。

「規定」中確定增值稅退稅的做法是「增量抵扣」，准許業者把當前應納的稅額和應退的稅款進行比較，當應納稅款大於應退稅款的情形下，對於應退稅款進行抵免；如應納稅款小於應退稅款，則採「延時抵扣」的做法，將剩下的退稅款轉到下一個納稅期間進行抵扣。據估算，東北地區稅改的成本將達 133 億元人民幣⑩，但爲推動國企改革，以東北爲先鋒，改革成本將以兩年來分期抵扣。東北地區優先實行增值稅由生產型轉爲消費型，主要目的在使東北地區能在吸引投資方面首先受益。雖然如此的做法，將使地方財政的收入在短期間內減少，但期望東北地區國有企業因稅賦成本的負擔減輕，能推動技術改造，從而提高企業競爭力，從長期來看，仍將有助於稅收的成長。

(三) 其他方面的優惠政策

除增值稅的改革外，振興東北的新政策尚有五個方面的政策支持：一、按照規定條件，經國務院批准，豁免企業確實難以歸還的歷史欠稅；二、對具備條件的企業，適當降低資源稅稅額的標準；三、企業如果新購進設備交增值稅後，對於優勢產業和支柱產業的企業已經交納的稅金，以後可在企業應交的稅金中進行扣除；四、中央政府在一般轉移支付時，適當考慮對老工業基地實施

稅收優惠政策時造成的地方財政緊縮因素，簡化老工業基地審批程序；五、鼓勵企業使用先進的國產裝備⑪。這五方面的政策，均是在希望能降低企業的生產成本、時間成本，提升其生產效率，以提升產業競爭力。

目前大陸中央已政府提撥了 610 億元人民幣協助東北的發展，加上若干減稅、減債的優惠政策，積極鼓勵東北地區的國有企業進行體制改革，至於改革的成效尚需假以時日再加觀察。其實，自 1998 年以來，中小型的國有企業已陸續改制，改制的結果對國有企業的平均效率並未有多大改善（已在前文作分析）。現在留下的，多是「老、大、難」的國有企業，大型國有企業的資本額相當龐大，要如何退出、如何解除歷史包袱、如何妥善職工、如何支付改革成本等等議題，牽連政治、社會等方方面面的問題，尚需許多配套政策的配合，例如：在較高的政府層次上制定一攬子改革方案，根據企業的實際情況分批、分階段實施；將支付改革成本與改革成果掛鉤，並制定明確的、可操作的改革成果目標；並要求中央企業應服從並積極配合整體改革方案，因其比重大，對地區國企改革的影響很大⑫等等，這些改革的工程均不小，短時間難見成效。

二、選擇發展經營有效率的產業將是發展地區
　　經濟的可能途徑

如何按市場原則選擇重點發展、有獲利潛力的產業，使企業的產出增加，亦是提升國有企業生產效率的重要途徑。

究竟該如何選擇重點發展的產業，論者常有不同的意見。林毅夫認為，振興東北要遵循比較優勢戰略的原則，不應發動新一輪的趕超，應創造條件解決國有企業的自生能力的問題，並要維護公平的市場競爭環境，為符合比較優勢的企業的發展提供最大的空間⑬。至於各省的比較優勢何在，各省亦多有討論，就以黑龍江為例，在 2004 年黑省的「兩會」曾就該省如何發展進行討論。林尚揚等「兩會」委員們認為，黑龍江省的優勢在重型機械裝備、石化、煤炭等重工業，產業的發展不應「避重就輕」，反而應該藉「振興東北」的機會，重振黑龍江省重工業的輝煌榮景⑭。然而，這些產業的發展是否符合「有效率」的原則？有那些產業過去的發展是有效率的呢？是值得深入探討的。唯有選擇發展那些相對有效率的產業，才能有助於地區的經濟發展，因為發展有效率的

產業，才是未來有競爭力的產業。

表十六　2001 年東北三省產業利稅績效全國排序

產　業　別	遼　寧	吉　林	黑龍江
煤炭採選業	29	21	30
石油及天然氣開採業	7	11	1
黑色金屬礦採選業	8	27	1
有色金屬礦採選業	13	22	28
食品加工業	25	27	31
食品製造業	28	25	27
飲料製造業	17	23	25
菸草加工業	27	24	28
紡織業	20	28	25
造紙及紙製品業	23	25	30
石油加工及煉焦業	20	17	22
化學原料及化學製品製造業	30	31	17
醫藥製造業	30	11	24
化學纖維製造業	22	19	20
非金屬礦物製品業	30	19	26
黑色金屬冶鍊及壓延加工業	31	23	18
有色金屬冶鍊及壓延加工業	22	26	24
金屬製品業	29	27	25
普通機械製造業	26	24	28
專用設備製造業	29	18	31
交通運輸設備製造業	28	6	29
電氣機械及器材製造業	28	23	25
電子及通信設備製造業	21	28	29
儀器儀表及文化、辦公用機械製造業	13	25	20
電力、蒸氣、熱水的生產和供應業	27	8	28

資料來源：本研究計算整理而得。

　　表十六是作者針對 2001 年，全大陸 30 個地區，每個地區 28 個工業爲決策單元（共有 840 個產業單元），以稅前盈餘（利稅總額）爲產出項，固定資產淨值、流動資產年平均餘額、及勞動人數爲投入項，運用資料包絡分析法，進行國有工業企業利稅效率所作的評量。計算結果發現，東北三省中，只有黑龍江省的石油天然氣開採產業和黑色金屬礦採選業二種產業的生產效率在全國排序第一，最具生產效率的優勢。遼寧的石油天然氣開採產業和黑色金屬礦採選業二種產業的生產效率，在全國排序爲第七和第八，吉林的交通運輸設備製造業的生產效率，全國排名第六，水電產業排名第八，除了這些少數產業的生產效率在全國的排名在前外，其他的產業在全國的產業生產效率的排名，均爲後半段，毫無效率優勢可言，即使是公認較有比較優勢的機械製造、專用設備製造、通信設備製造業，產業相對的生產效率排名亦相當落後。縱使是高新技術產業，其產業未必具有效率優勢。如何讓地區上認爲重要應大力發展的產業經營要有效率，或是在經營上力求效率的改進，應是東北地區國有企業努力的目標。

表十七　利稅績效優於全國平均效率值之地區與產業

地　區	行業	效率值	省內排序
遼　寧	黑色金屬礦採選業	0.367	1
遼　寧	石油及天然氣開採業	0.251	2
遼　寧	儀器儀表及文化、辦公用機械製造業	0.248	3
遼　寧	有色金屬礦採選業	0.247	4
遼　寧	食品加工業	0.214	5
吉　林	醫藥製造業	0.275	1
吉　林	交通運輸設備製造業	0.222	2
吉　林	食品製造業	0.215	3
黑龍江	石油及天然氣開採業	1.000	1
黑龍江	黑色金屬礦採選業	0.659	2
黑龍江	醫藥製造業	0.216	3

資料來源：本研究計算整理。

　　另一可能途徑是，各省在地區上選擇要發展何種產業時，可以選擇過去在地方上經營較有效率的產業。選擇有效率的產業重點發展，將是促進地區經濟發展的有效途徑。表十七列出 2001 年東北三省中，產業利稅的表現優於全國平均效率值的產業，換句話說，這些產業是東三省內具有效率優勢的產業，可成為各省選擇產業的參考。藉由發展有效率的產業，以期帶動地區經濟的發展。

伍、結　論

　　由於東北地區的國有企業占了極大的比重，因此其生產效率的好壞將影響其獲利的能力與發展的潛力，對東北地區的經濟發展將有深遠的影響。

　　目前大陸國有企業改革已進行至最難的階段，即將要對大型的國有企業進行改革，由於東北地區國有企業的比重大，大型的中央企業多，中共中央在此時刻推動「振興東北」政策，推敲其用意，是在以東北地區作為進行國有企業深度改革的試點，並以此改革經驗，進而推廣至全大陸，期能更進一步進行國有企業改革。

　　據本研究的實證研究顯示，1998 年以來，大陸國企改革脫困計劃的執行，並未改善東北地區國有企業的生產效率，反呈每況愈下的情勢（吉林省的國企略有進步）。就東北地區三種不同所有制（國有、集體、三資）企業來說，國有企業的生產效率是表現最差的企業類型，效率值且低於全大陸企業的效率平均值。即使與全大陸的國有企業相比，東北地區國有企業在全國的排名，亦未見有所改善，遼寧省及黑龍江省的一般產業的國企，排名更是敬陪末座，且有落後之勢，可見國企脫困計劃在東北地區並未有任何改善的效果，東北地區國有企業在 1998～2001 年間的競爭劣勢顯露無遺。

　　若以工業生產效率的角度來看，東北地區工業生產效率的表現，在全國的排名相當落後（2001 年為例），只有少數產業的效率值高於全大陸產業平均效率值，但因這些產業多屬資源開採型的產業，若是遇上資源價格上漲的情勢時，東北地區將有發展的優勢；但資源日漸枯竭的隱憂，勢必將影響產業帶動地區經濟發展的潛力。而多數地方上想要發展的重點產業，生產效率卻非常低

落，除非在效率上有很大的改進，否則雖是促進這些產業發展，但仍難以改變東北地區經濟發展落後的情勢。

　　本研究認爲，「振興東北」的具體重點，將在於提升國有企業的生產效率，並選擇有效率、有比較優勢的產業來發展。本文並以創造利稅能力的產出爲標準，挑選東北三省若干具生產效率優勢的產業，建議透過發展有效率的產業，將爲東北地區的經濟發展有所助益。

*　　　　*　　　　*

註　釋

註① 陳永傑，「東北基本情況調查報告（下）」，原載經濟研究參考，2003 年 77 期，引自國研網專題集粹，http://211.167.67.35/gate/big5/www.drcnet.com.cn/DrcNet/view_new_s.asp? cnt_id=7&mainunid=184763drc

註② Krugman, P.(1994), "The Myth of Asia's Miracle," *Foreign Affairs*, vol. 73, no. 6, pp. 68～78.

註③ 資料包絡分析法的介紹，可參照陳永生，「華裔與非華裔企業大陸投資績效之比較研究」，中國大陸研究，第 44 卷第 8 期（2001 年 8 月），39-41 頁。

註④ 此定義採自錢伯海，經濟學新論，1 版（北京：中國經濟出版社，2001 年 7 月），頁 277～278。

註⑤ 黑龍江省扣除大慶油田等高產值的石油開採企業後，一般國有企業生產效率不佳的事實，曾與若干黑龍江學者討論後獲得應證。

註⑥ 中國工業報，2004 年 2 月 16 日，http://www.cinn.cn/show.asp? id=6331

註⑦ 林毅夫、蔡昉、李周，中國國有企業改革（台北：聯經出版社，2000 年），頁 178。

註⑧ 張心松等、張瑜樺，「東北中央國企整改方案出台」，http://jjckb.xinhuanet.com/Article.asp? TempNum=48372

註⑨ 高廣志、呼濤，「東北稅制溫吞轉型，財稅部門含笑啟程」，經濟參考報，2004 年 9 月 28 日，http://big5.xinhuanet.com/gate/big5/202.84.17.25/www/Article/2004928990-1.shtml

註⑩ 孫雷、尹伊、張海霞，「方案數遷反復考量，時機已至，東北稅改終於啟動？」，21 世紀經濟報道，2004 年 8 月 11 日，http://www.china.com.cn/chinese/zhuanti/dbzz/632695.htm

註⑪ 中共國家發改委副主任、國務院振興東北辦公室主任張國寶於 2004 年 7 月 19 日在瀋陽的談話，中新網，2004 年 7 月 20 日，http://www.china.com.cn/chinese/zhuanti/dbzz/614816.htm

註⑫ 劉世錦，「支付改革成本，推動企業轉制：思路和初步方案」，經濟社會體制比較，2004 年 4 月，頁 67～71。

註⑬ 林毅夫，「振興東北要遵循比較優勢戰略的原則」，南方周末，2003 年 8 月 28 日。

註⑭ 新華網黑龍江頻道，「代表委員談振興東北，黑龍江不宜避重就輕」，2004 年 2 月 15 日，http://www.hlj.xinhuanet.com/news/detail_news.asp? dataid=hljWeb_news_1000044199

振興東北的人才戰略和教育佈局

劉　勝　驥

（政治大學國際關係研究中心研究員）

摘　要

「振興東北」發展經濟必須提昇東北的教育水準、培育一流人才。「國務院」為加強對東北地區等老工業基地人事人才工作的支援，人事部推出六大舉措，鼓勵高校畢業生到東北地區老工業基地工作、制定具體政策支援各類人才安心工作。

東北各級政府在招人引才方面下了不少工夫。如遼寧發佈二十項人事改革政策，但是東北「人才強省」缺乏誘因，人才市場上很難網羅一流人才。教育方面有國務院要求，為東北老工業基地的振興做好科技教育準備。中央支持提高重點大學教學水準。教育也回饋到東北工業上來，東北大學第一個科技園是軟體研究院很出名後，再興辦第二個科技園，東北要繼續多辦，來孵化更多的高科技產業。

東三省普通大專教育以上程度的學生逐年增加，平均每年以超過十個百分點的速度向上攀升；另外出現技職體系學生人數減少的結果，東三省高科技專業人才逐年大幅擴充和技師級的技術人員的逐年減少，反映「振興東北」政策下，東三省由基礎工業向高科技工業轉型。

關鍵詞：人才、教育、現代化、中國東北、振興東北

＊　　　　　＊　　　　　＊

壹、前　言

東北是中國成立後國家大規模投資興建的主要工業基地，基礎雄厚，頗具實力。而今東北老工業基地企業設備和技術老化，「東北現象」特徵出現：競爭力下降、就業矛盾突出，資源性城市主導產業衰退，經濟發展步伐相對仍較緩慢，與沿海發達地區的差距在擴大。

中共「十六大」決策：改造東北老工業基地，「支援東北地區等老工業基地加快調整和改造，支援以資源開採爲主的城市發展接續產業」。2002 年 11 月 20 日，國務院正式下發《中共中央關於實施東北地區等老工業基地振興戰略的若干意見》，在中共重大戰略決策下，從各項政策的實施保障上，給予東北地方更大支持。

隨著中共中央振興東北老工業基地的戰略決策逐步落實，東北經濟和社會發展將獲得越來越大的推動。改革開放和加入 WTO，使老工業基地的調整與改造更爲迫切，東北地區傳統的資源型產業喪失比較優勢，煤炭、黑色金屬、石油等資源面臨全面枯竭和開採成本上升，使建立在這些資源基礎上的東北地區原材料工業日益陷入困境。又由於在八〇年代喪失發展輕型工業體系的機會，缺乏後續替代產業，因此產業結構的調整十分緩慢。使結構調整舉步維艱。2002 年，東北地區城鎮登記失業人員由 1990 年的 40 萬人增加到 141 萬人，所佔比重由 1990 年的 10.5 ％提高到 18.3 ％。安排就業，解決更多的下崗職工的生活問題成爲結構調整過程中不得不面臨的問題。

貳、東北人才戰略

中共中央總書記、國家主席胡錦濤、國務院總理溫家寶都曾指出加快東北等老工業基地調整、改造和振興，最重要的是必須進一步解放思想，做到發展要有新思路，改革要有新突破，開放要有新局面，工作要有新舉措，顯見開發東北的重要性。在指導思想上，一是堅持深化改革、擴大開放，以改革開放促進經濟發展、促進結構調整、促進企業改組改造。要著力推進體制創新和機制

創新，消除經濟發展和調整改造的體制障礙，形成新的經濟增長機制。透過擴大對內對外開放，拓展發展空間。二是堅持主要依靠市場機制，正確發揮政府作用。充分發揮市場在資源配置中的基礎性作用，結構調整、技術改造、企業重組，都應主要依靠市場來決定。政府主要是制定規劃和政策，營造投資、創業和發展的良好環境。三是堅持自力更生爲主，國家給予必要扶持。振興老工業基地，國家在政策、資金等方面的支持也要遵循市場經濟規律，講求效益。四是堅持立足現有基礎，充分發揮比較優勢。要著眼於加快科技創新和進步，充分發揮人才智力作用，大力推進經濟增長方式的轉變。五是堅持從實際出發，實事求是，講求實效。中共「國務院」爲貫徹實施「振興東北」這一戰略，人事部加強對東北地區等老工業基地人事人才工作的支援，鼓勵、支援經組織選派到東北地區等老工業基地工作的各類人才安心工作；研究制定鼓勵高校畢業生到老工業基地工作的具體政策。

表一　國務院為貫徹「振興東北」實施的人才戰略

項目	人才規劃	津貼資助	人才培訓	人才市場	人事制度	人才流動
政策	制定振興東北地區等老工業基地人才開發規劃	政府特殊津貼傑出專家、博士和資助留學人員創業建設	採取多種形式加強東北地區等老工業基地人才培訓。	以現有的4個國家級人才市場促進東北地區人才開發一體化	確定以東北地區事業單位爲人事制度重點改革試點單位和聯繫點	制定「人才柔性流動」政策。鼓勵知識要素、技術要素合理流動
目標	配合中組部等有關部門聯合制定	比照西部地區政策給予傾斜	舉辦高新技術、研修班、大力開展專業技術人員繼續教育和公務員對口培訓計劃等	構建區域合作關係，形成統一開放、互聯互通的東北人才大市場。	人事制度改革鼓勵大膽創新，積極探索。	鼓勵各類人才向主導產業、優勢產業和重點行業彙聚

資料來源：整理人事部部長張柏林在「東北地區市縣人事局一把手培訓工程」培訓班上講話。

在人均收入、稅收、進出口等排名中，東北基本處於落後位置。但在科技教育水平方面，遼寧現有科研人員 20 萬人，兩院院士 51 位，大學數量居全大

陸前 5 位。教育方面在十年前就基本完成了九年義務教育的要求，現在遼寧人均受教育時間是十年。

從知識資源上看，東北地區大學教育的規模與水平都是居於中國前列的，如吉林大學、東北師範大學、哈爾濱工業大學、東北大學等重點大學以及分佈在東北各個主要城市的專業性大學。同時中共建國之初，出於戰略考慮，東北地區擁有龐大的科研機構；作爲國有重工業基地，大型國有企業內部也設有相當規模的研究部門；東北軍區是中國作戰能力最強的軍區之一，也是軍工企業最強大的軍區之一，軍事部門也有著巨大的研究資源；商會以及其他非營利組織雖然本身並不進行生產經營和研究活動，但是它們是連接其他機構的很好的紐帶與橋梁，並可充當各種機構與企業之間的潤滑劑①。

爲使區域智力資本得以充分開發與應用，作爲公共部門的政府是搭建和維護這個資訊共用網路平臺的最佳人選。政府在這裏可以充分發揮自身的組織、管理以及服務與社會的職能，通過搭建資訊高速公路，使得在企業與教育機構、研究機構、軍隊、商會以及其他非營利機構等之間建立起一個知識共用、資訊共用以及利益共用的平臺。借鑑瑞典經驗，東北三省可以成立一個振興東北經濟專項基金會，資金分別來自國家財政、地方財政以及地方企業，全部資金用來搭建和維護這個資訊共用網路以及網路成員的組織與培訓，網路成員則可以是上述機構與企業的專業技術人員以及所有致力爲振興東北而奮鬥的人們。

使東北地區經濟取得成功發展的最重要的原則和方法：政府文化與企業文化創新是振興東北經濟最有價值的通貨，迫切的希望改革與創新能夠改變這種差距。事實上，政府已經決心消除東北地區老工業基地振興的體制性束縛，徹底攻破這座「最後的計劃經濟堡壘」。東北是中國國有企業比例最高的地區，國有企業作爲一種企業制度，可分爲產權制度與內部契約制度兩個層面。中共十六屆中全會提出以國家作爲出資人，構建國有企業的模式，這實質上爲實踐中的國有企業決策者提供了發揮創造力的空間。從企業文化的角度來看，不僅僅要推動技術創新，更要擴展爲制度創新和文化創新。在制度與文化創新中，企業家爲每一種制度的每一次演變提供文化上的闡釋，賦予其企業文化的意義。

儘管有關方面的資料顯示，東北地區的人力資源有五大優勢：城市化水平

最高，以遼寧為例，4200 多萬人口，城市人口占總數的 55 ％；總人口中科教人員比例最高；人均受教育程度全國最高；東北三省大專以上人口占 15 歲及以上人口的比例，不僅遠遠高出全國水平，而且是廣東、浙江的 2～3 倍；同時有國內最龐大的產業工人隊伍和技術人員隊伍。但是，高層次人才，特別是中青年高級人才不足；專業結構不合理，工程技術人員和經營管理人員只占 20 ％和 9 ％，遠不能滿足需要，特別是高新技術和複合型經營管理人才整體性短缺，企業高級技術工人斷檔，這些問題都制約著東北經濟的發展。而且東北門戶開放太慢，需要南方靈活思想的洗腦：由中國發展研究院在上海國家會計學院舉辦的現代高級經理人研修班，其最初構想就是幫助東三省的經營管理人才實現「五子登科」②。

參、東北的人才市場

按《中國的就業狀況和政策》白皮書：中國勞動年齡人口眾多，國民教育水平較低，就業矛盾十分突出。主要表現在：勞動力供求總量矛盾和就業結構性矛盾同時並存，城鎮就業壓力加大和農村富餘勞動力向非農領域轉移速度加快同時出現，新成長勞動力就業和失業人員在就業問題相互交織。2003 年，中國總人口達到 12.92 億，全國 16 歲以上人口為 99889 萬人，其中城鎮 42375 萬人，農村 57514 萬人；經濟活動人口 76075 萬人，勞動力參與率為 76.2 ％。16 歲以上人口中，初中以上文化程度佔 61.7 ％，大專以上文化程度佔 6.6 ％；技術工人中，初級佔 61.5 ％，中級佔 35 ％，高級佔 3.5 ％。2003 年從業總量，中國城鄉從業人員達到 74432 萬人，其中城鎮 25639 萬人，佔 34.4 ％，鄉村 48793 萬人，佔 65.6 ％。1990～2003 年，共增加從業人員 9683 萬人，平均每年新增 745 萬人③。

東北許多國有企業績效不彰而資遣工人和工程師，帶來人才市場的困境。面對如此局面，中國政府應儘快解決集體企業問題的政策意見。允許集體企業享受國有企業改革和結構調整的政策，實施分離改制和資產、債務重組；允許對虧損嚴重、資不抵債的集體企業實施破產；妥善解決離崗職工和離退休職工的社會保障問題。地方首長都意識到失業下崗問題對政治安定的影響關鍵。

　　振興東北老工業基地的出發點和目標,是看老百姓生活水平是否提高,生活環境是否改善,人民眼前利益和長遠利益是否得到保障。這就意味著振興東北老工業基地要高度重視國有企業下崗職工社會保障問題,這個問題不解決,經濟發展就不可能有一個穩定的環境,人的積極性就不可能充分調動起來。即使是解決東北老工業基地企業債務問題,也要與企業下崗職工的安置相結合。企業債務不解決,企業的合資重組、股份制改造、搬遷改造都難以進行,企業安置職工、提供社會保障的任務就越來越艱巨。

　　從統計情況看,東北地區招聘專業需求位居前十位的分別為市場營銷、機械專業、管理工程、電腦專業、文秘專業、財會專業、建築專業、外語專業、電子工程、醫藥衛生,共需求 80910 人,求職數量排前十位的專業與招聘前十位的專業基本相同,共有 275253 人,二者供需比為 3.4：1。從具體專業供需對比情況看,外語、財會、文秘、電腦、電子工程、建築等專業的供需比都在4：1以上,外語、財會的供需比達 9.6：1、8.2：1,供明顯大於求,求職形勢不容樂觀。具體各專業招聘和求職專業對比見圖二。私營企業、外商投資企業、集體企業等非國有單位成為吸納人才的主要渠道。具體用人單位性質比例見圖一。

圖一　東北地區招聘和求職專業對比

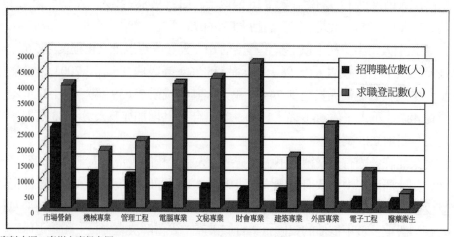

資料來源:廣州人事信息網,http://www.gzpi.gov.cn/zonghe/001rcrsxx/more/20044/21。

圖二　用人單位性質比例圖

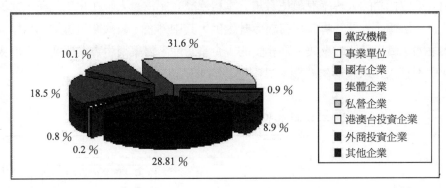

資料來源：廣州人事信息網，http://www.gzpi.gov.cn/zonghe/001rcrsxx/more　2004/4/21。

　　東北三省人才情況略有差異。從統計資料看，遼寧省招聘需求量最大，需求人數達 70846 人，黑龍江省招聘人數為 17327 人，吉林最少，只有 11343 人。遼寧省登記求職人數與職位需求總數之比為 3.56：1，也是三省中最高的。從各省專業需求具體情況看，黑龍江、吉林、遼寧 3 省對市場營銷、財會、電腦、建築、管理工程等五項專業的需求都排在前十位之中，黑龍江省對企業管理、廣告、通信工程等專業的需求較大，吉林省對廣告、貿易、平面設計等專業需求較旺，而教育專業在遼寧省屬於急需專業。具體各省情況見下表。

表二　東北三省需求情況表

	招聘單位數	招聘職位數 (人)	求職個人數 (人)
黑龍江省	2279	17327	37110
吉林省	1001	11343	34564
遼寧省	5989	70846	25193

資料來源：廣州人事信息網，http://www.gzpi.gov.cn/zonghe/001rcrsxx/more/2004/200404/20040421。

　　各專業學歷要求存在較大差異。從統計資料看，市場營銷、機械、財會、管理工程、建築、電腦等專業對大專學歷人員的需求量很大，占本專業總需求數的 60 % 以上，在這些專業當中，市場營銷、機械、管理工程專業求職形勢

比較好，建築專業供需基本持平，財會、電腦等專業的求職人員數量要遠高於用人單位招聘的大專學歷職位數量。本科學歷登記求職人數在化工制藥、醫藥衛生、法律、外語等專業呈持續上升趨勢，其中外語、醫藥衛生專業本科學歷人才的求職形勢比較嚴峻。而相對的，企業管理、醫藥衛生專業研究生學歷人才供不應求，求職形勢樂觀。具體招聘需求見圖三。

圖三　東北地區人才市場招聘需求排行

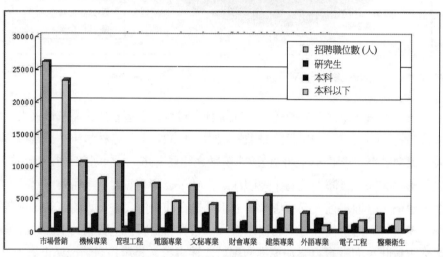

資料來源：廣州人事信息網，http://www.gzpi.gov.cn/zonghe/001rcrsxx/more/2004/200404/20040421。

國務院人事部對東北地區六家人才市場 2004 年一季度人才需求狀況進行了統計分析。分析表明東北地區人才市場呈現明顯供大於求狀況，登記求職人數與職位需求總數之比爲 3.25：1。私營企業、外商投資企業、集體企業等非國有單位成爲吸納人才的主要渠道。其中，遼寧省招聘需求量最大，需求人數達 70846 人，黑龍江省招聘人數爲 17327 人，吉林最少，爲 11343 人。從統計資料看，招聘職位總數中，私營企業需求量最大占 31.6 %。在對六家人才市場招聘前十名的 60 家企業的統計中，非國有單位的有 43 家，在招聘的 2850 人中，非國有單位的占 83 %。從統計情況看，招聘專業需求位居前十位的分別是市場營銷、機械專業、管理工程、電腦專業、文秘專業、財會專業、建築

專業、外語專業、電子工程、醫藥衛生。其中，外語、財會、文秘、電腦、電子工程、建築等專業的供需比都在 4：1 以上，供明顯大於求，求職形勢不容樂觀。但各專業學歷要求存在較大差異，市場營銷、機械、管理工程專業的大專學歷人員求職形勢比較樂觀；企業管理、醫藥衛生專業研究生學歷人數則供不應求。這項調查的結論是東北地區失業嚴重，人才市場供大於求。

東北當今的人力資源狀況是一種具有潛力而又極容易流失的優勢存在，如果東北在未來的發展中，能夠吸引足夠的民營資本並且通過重組改制壯大本地資本，那麼這些技術工人完全可以使東北變成世界裝備製造業中心。如果未來幾年內東北經濟發展還是沒有起色，那麼人才的折舊損耗也將會非常驚人。據統計，1996 年東北三省大專以上人口占 15 歲及以上人口的比例，不僅遠遠高出全國水準，而且是廣東、浙江的 2 至 3 倍。但到 2002 年，大專以上人口占 15 歲及以上人口的比例，遼、吉、黑分別是 6.24 ％、7.41 ％、5.58 ％，與浙江、廣東基本持平。也就是說，在這六年時間裏，東北的人才潛力已經大大弱化了，而且今後有完全喪失的可能。（董偉、董時）

遼寧省建立和完善人才市場、以實施人才強省戰略：有利於優秀人才脫穎而出、充分施展才能的選人用人機制，把各類人才集聚到振興老工業基地的宏偉事業中來。要建立和完善人才市場體系，進一步消除人才流動中的城鄉、區域、部門、行業、身份和所有制等限制，整合和開發好人才資源，讓想幹事的人才有機會，讓能幹事的人才有舞臺，真正把各類優秀人才的積極性、主動性和創造性引導好、保護好和發揮好④。

遼寧招攬人才承諾各種優惠的辦法：提高短缺人才的待遇，開闢引進人才「綠色通道」，到遼寧工作的海外留學人員和國內人才，可享受落戶、購房、辦照和子女入學等優惠政策；對特殊人才實行特殊工資，對作出貢獻的實行重獎，保證各類人才通過經營管理創新和科技創新得到應有的回報；對骨幹人才或亟須的高層次人才採取提供住房、安家與科研費、工作用車、補充保險措施。東北要想人才茂盛，必須先創造一個適合人才存活生長的生態環境，從當地最近相繼出臺的人事政策看，各級政府已經認識到人才問題的迫切性。

遼寧推行企業經營管理人才公開招聘、競爭上崗和其他市場配置方式，特別是在新建、重組、改制的國有企業中，普遍實行民主選舉、競爭上崗和面向

社會公開招聘經營管理者。在專業技術人才的選拔上創新選拔方式，擴大「百千萬人才工程」和政府特貼專家的選拔範圍，將政府特貼專家的選拔範圍擴大到非國有經濟單位，並改進選拔辦法，完善專家資訊庫，建立專家聯繫制度，充分發揮高層次專業技術人才的作用。在優勢產業、重點學科和龍頭企業建立了一批博士後流動站和科研工作站。建立公開、平等、競爭、擇優的人才選拔任用機制，使優秀人才脫穎而出。2003 年下半年，遼寧省委面向全省定向公開選拔優秀年輕幹部、女幹部和黨外幹部充實到市廳和縣級領導班子和擔任市廳長助理。這是繼 1995 年公開選拔 42 名省直廳局領導幹部、1998 年公開選拔 48 名市廳長助理、2001 年從國外留學人員中公開招聘了 18 名高知識層次優秀人才擔任市廳和縣級黨政領導職務後，第四次公開選拔領導幹部，也是有史以來規模最大的一次，85 名年輕幹部在 2000 多名符合條件的報名者中脫穎而出。

　　省委組織部在做好黨政領導幹部培養、選拔工作的同時，還注重創新考核評價機制和對領導幹部的監督管理，發揮激勵約束作用。從 2001 年起實行了市廳級領導班子和領導幹部年度考核制度，根據年度考核民主測評結果和日常考核情況，將領導班子評定為好、較好、較差三個等次，將領導幹部評定為優秀、稱職、不稱職三個等次。三年來，對年度考核中不稱職票超過 20 ％的 47 名領導幹部，經重點考核後，都作了相應處理，其中有 6 名被免去領導職務，改任了非領導職務；有 19 名由重要崗位調整到其他崗位。創造性的工作，帶來的是人才狀況的歷史性變化。截至 2003 年底，全省黨政幹部總數為 24.9 萬人，各類所有制企業經營管理人才 52.9 萬人，專業技術人才 190.6 萬人。企業職工總數為 730 萬人，其中技術工人 402 萬人，占職工總數的 55.07 ％。（張莉莉）

　　人才流動是由經濟發展水平所決定。2003 年瀋陽經濟出現快速發展態勢，一些主要經濟指標和增幅創造了瀋陽近十年來的最高水準；2003 年是瀋陽的專案年，一批大專案落戶瀋陽，同時也吸引來大批高級人才，中央實施的振興東北老工業基地戰略更為瀋陽的經濟發展助力，也讓人才看到了瀋陽經濟發展的後發優勢。2003 年瀋陽共引進各類人才 3 萬多人，儲備人才已達 80 多萬人。

　　瀋陽市出臺更加開放的人才政策，用實實在在的優惠政策鼓勵人才自主創

業，鼓勵人才進行不轉戶口、不調人事關係的柔性流動，鼓勵各類人才兼職，鼓勵人才向基層流動，並大力吸引留學和海外優秀人才，促進科技成果轉化，強化分配激勵機制，建立多元化的人才獎勵機制，讓瀋陽這個老工業基地的人才資源優勢，充分地發揮出來，並充分地、迅速地轉化爲人才資本，促進人才與其他生產要素結合，使之迸發出最大活力，加快瀋陽老工業基地改造的步伐⑤。

大連作爲中國北方最開放的城市之一，面對「十六大報告提出了振興東北的重要戰略決策」，除了要有城建、交通、商貿、旅遊、金融、文化等量的增長和質的提高外，尤其是高等教育也必須在質和量兩個方面加快發展步伐，以適應歷史和時代賦予大連的重要責任；隨著知識經濟的發展和教育在社會發展中重要地位的日益突出，高等教育的發展程度應當成爲「大大連」建設中的一項重要評估指標。制定大連高等教育發展規劃，將高等教育放在科教強市的重要戰略地位上，並克服當前五大問題：1. 學校整體實力和影響力極待提高，對區域經濟的貢獻程度還有很大的提升空間。2. 部分高校學科和專業結構設置不夠合理⑥。3. 高校科研成果轉化爲生產力的渠道還不是十分通暢。4. 成人教育和民辦大學發展模式極須更新。大連高校管理體制極須統整⑦。這既是振興東北老工業基地、加快「大大連」建設的必要條件，也是大連獲得進一步發展的推動力量。

肆、振興東北的教育計劃

中國教育部 2004 年 2 月 10 日發表「2003—2007 年教育振興行動計劃」：

一、義務教育方面：努力提高普及九年義務教育的水平和質量，爲 2010 年全面普及九年義務教育和全面提高義務教育質量打好基礎。即使最貧窮的西部地區普及九年義務教育人口覆蓋率達到 85％以上，青壯年文盲率下降到 5％以下。也大力發展農村職業教育，重點建設好地（市）、縣級骨幹職業學校和培訓機構，面向農村擴大招生規模。開展農村成人教育，充分發揮農村成人學校和培訓機構的作用。加快推進農村中小學教師隊伍建設，實施農村中小學現代遠程教育計劃。

　　二、高等教育方面：重點推進高水平大學和重點學科建設，建設世界一流大學和高水平大學來強高等教育綜合實力，提高國際競爭力具有重要的戰略意義，加大實施高層次創造性人才計劃力度。推進研究生教育創新計劃，提高研究生培養質量。啓動高等學校科技創新計劃，實施「高等學校哲學社會科學繁榮計劃」，獎勵具有重大學術價值和社會影響的基礎研究成果和解決重大現實問題的應用研究成果。

　　三、課程改革方面：實施「新世紀素質教育工程」：全面貫徹黨的教育方針，加強和改進學校德育工作，把弘揚和培育民族精神作爲重要任務，納入國民教育全過程。基礎教育進行課程改革，以全面推進素質教育爲目標，完善小學升初中就近免試入學制度；積極探索以初中畢業生學業考試爲基礎、綜合評價相結合的高中階段招生辦法改革；加快考試評價制度改革。多渠道、多形式地發展幼兒教育，逐步建立以社區爲基礎的學前教育服務網絡，加強幼兒教師隊伍建設，提高幼兒教育質量。積極發展特殊教育，切實依法保障殘疾學齡人口的受教育權利。

　　四、職業教育方面：實施「職業教育與培訓創新工程」大力發展職業教育，大量培養高素質的技能型人才特別是高技能人才。高等職業技術學院和中等職業技術學校的建設以就業爲導向，大力推動職業教育轉變辦學模式。加強與行業、企業、科研和技術推廣單位的合作，推廣訂單式、模塊式培養模式。推動就業准入制度和職業資格證書制度的實施，繼續建設和培育一批示範性職業技術學校，建設大批實用高效的實習訓練基地，開發大批精品專業和課程。

　　振興東北與西部開發在發展模式上有重要的不同。在社會學家看來，東北地區「轉型」、「轉軌」的特殊之處在於：東北老工業基地是原有計劃體制統治時間最長、貫徹最爲徹底的地區。東北最早進入計劃經濟，最晚退出計劃經濟，受計劃經濟影響最深，計劃經濟時代的一些東西在人們頭腦中根深蒂固。這種狀況構成了老工業基地體制轉軌的重要障礙，從而使東北老工業基地的改造、振興和「轉型」充滿著更爲嚴峻的考驗。一些代表認爲，振興東北，要轉變思想觀念，培養和增強競爭意識。東北地區具有全面實現工業化和率先實現現代化的物質技術、科學教育等基礎條件，不應將振興東北經濟的希望完全寄

託在中央政府的財政援助政策上。東北經濟發展面臨的困難不是條件問題，而是體制、機制與人的思想觀念問題，是在市場經濟的實踐中如何擺脫傳統計劃經濟體制的束縛，培養和增強競爭意識、競爭本領、克服畏難情緒、樹立信心的問題。

　　東北振興有三個步驟，一是國有企業改造；二是確定企業未來的發展方向；三是進行技術方面的改造。這三步驟的實現都需要人才，但不是傳統意義上具有一定學歷、學過很多專業知識的人才。第一步需要的人才是能夠進行國有企業體制、機制改革的人才；第二步需要的人才是瞭解和市場關聯非常密切的企業的情況的人才，可以依存現有的企業，又可以營造新的企業；第三步需要能夠進行企業技術改造，迎接新生產力人才的到來。

　　學校通過各種不同、靈活方式培養緊缺人才，如通過開展各種培訓，提高現有人才的能力，在較短的時間內使人才能夠直接爲振興東北老工業基地服務。東北振興，人才爲先。要培養高素質人才，必須有足夠師資。學校給這些國外教授的薪水是有針對性的，實實在在按其水平、貢獻給的，每一分錢都要花得值，看他的增量在哪兒，而不是盲目高薪聘請，有些甚至比校內教師的工資還少。很多國外教授來是看中學術環境。

　　倘若把普通高校畢業生包括：1.研究生（高等學校以及科研機構）、2.本科院校、3.專科院校、4.分校及大專班定義爲「工程師等專業人才」；成人高校和普通中專、民辦普通中專、成人中學、成人初等學校畢業生定義爲「技師、技工等技術人才」，成人高校包括1.廣播電視大學、2.職工高校、3.農民高校、4.管理幹部學院、5.教育學院、6.獨立函授學院、7.普通高等學校、舉辦函授部、舉辦夜大學、舉辦成人脫產班。中專包括1.中等專業學校、2.中等技術學校、3.中等師範學校、4.成人中等專校、5.廣播電視中專、6.職工中專、7.幹部中專、8.農民中專、9.函授中專、10.教師進修學校、11.職工中學、12.農民中學、13.技術培訓學校、14.職工技學校、15.農民技校。成人初等學校包括：1.職工初等學校、2.農民初等學校、3.掃盲班，（技工學校在1999年以後已停招生、工讀學校人數甚少可不計）。遼寧、吉林、黑龍江三省1999到2002年所培養的「工程師等專業人才」和「技師、技工等技術人才」分別製成圖五和圖六，可以看出振興東北的教育佈局。

圖四　東三省工程師等專業人才培養數量曲線圖

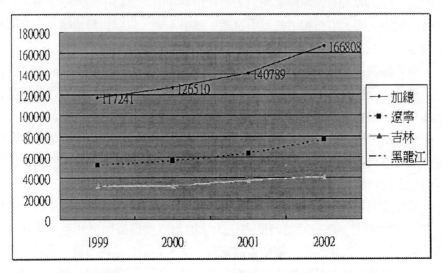

資料來源：作者自行繪製。

圖五　東三省技師、技工等技術人才培養數量曲線圖

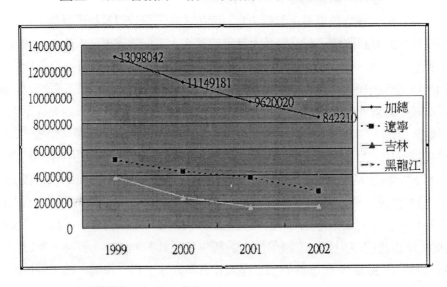

資料來源：作者自行繪製。

從以上兩個圖表可以看到，東三省普通大專教育以上程度的學生逐年增加，平均每年以超過十個百分點的速度向上攀升，標示著高新技術人才的培育已然浮現成果，遼寧則是科技教育底子好，所以成長更是顯著。另外出現技職體系學生人數減少的結果，遼寧遞減的力度也是最大的，黑龍江則是維持平盤的局面，但總的趨勢是下降的。高等教育人才的增加與技職體系（包括成人教育）的規模縮減呈現顯著負相關，由於東北老工業區的技術升級有賴大批高級技術人員的投入，由東三省高科技專業人才逐年大幅擴充和技師級的技術人員的逐年減少，兩者的比例由 1999 年的 11：1 減至 2002 年的 6：1，人員素質的提昇是顯而易見的；確實反映「振興東北」政策下，東三省由基礎工業向高科技工業轉型，這個趨勢將持續下去，技術的更新、人力資源素質的提昇以及人力資源的有效配置將引導東北工業更具效率、經濟實惠的向前邁進。

伍、結　論

東北老工業基地曾是中國工業的搖籃，為建成獨立、完整的工業體系和國民經濟體系，為中國大陸的改革開放和現代化建設作出了歷史性的重大貢獻。東北從資源、地位、科技、交通等方面來說基礎雄厚，具備較強的發展潛力⑧。然而近年發展緩慢，中國實行改革開放以來的二十多年間，東北三省工業總產值在全國所占份額一路下跌，由原來的 16.5 ％以上降至 9.3 ％。東北三省工業排序不斷後移：遼寧省從全國第 2 位下降到第 5 位，吉林省從第 15 位降至第 18 位，黑龍江省則從第 7 位降至第 14 位。（趙東波）

社會主義市場經濟體制初步建立，市場機制在配置資源中基礎性作用日益明顯，開放改革道路不可逆轉，東北因「國有企業、外債、企業辦社會三大包袱拖累」（陳琛），隨著社會保障體系框架逐步形成、為東北老工業基地加快調整和改造創造了體制和環境條件。振興東北的政治、經濟意義重大；中共決策「振興東北」，總理三訪東北解決問題，國務院撥下鉅資，振興東北條件具備，時機成熟，

表三　「東北現象」

東北	遼寧	吉林	黑龍江
產值下降		2002年吉林機械、冶金、紡織等業產值比1995年下降13.6％	
呆帳破產	全省國企有近半數資不抵債，平均負債率逾100％	405戶大中型國企有146戶關閉破產、急需核銷呆帳160億元	國企債務總計2114億元
社會動盪	離崗職工75萬人、登記失業職工831萬人、城鎮還有160萬人待業	關廠將涉及職工21萬人	150萬國企職工面臨「改制有償解除勞動關係」
資源枯竭	阜新、北票、撫順、本溪已關閉29個礦		四大煤市、二大森林、一大油城均資源耗竭

資料來源：數據取材國民黨中央政策委員會大陸事務部編印《大陸情勢雙週報》，頁1～6〈中共「振興東北」的背景和政策〉，其中遼寧資料引省長薄熙來說詞、吉林資料引省委書記王雲坤說詞。

中共國家領導指出振興東北要依靠人才，事實上東北的人才條件非常好，「每萬人擁有國有企事業單位專業技術人員」、「在校大學生」東北都排全大陸第一。（石松）東北的人才資源需要組織、調整、規劃、重振和激勵：國務院為貫徹「振興東北」實施的人才戰略，從1.人才規劃2.津貼資助3.人才培訓4.人才市場5.人事制度6.人才流動六個方面做好辦法，由配套措施完善反映中共政策決心。

振興東北中的人才需求，要從長期性的教育培訓政策和短期性的人才甄補政策兩方面觀察；過去東北做為老工業基地有大陸最堅強的專業人力資源，而且培訓熟練技術工人和發展人力資源的任務落在龐大強固的國有企業身上、國有企業不但辦理職業學校、技工學校、中等專科學校，也辦理基礎教育和高等教育，而今國企效益不高、能挹注教育經費有限，使得東北教育發展的產生危機。為了振興東北中共不得不以政府財政支援東北職教育和高等教育，例如將四所較薄弱的長春大專到知名的吉林大學、使吉林大學學生逾6萬人為全大陸最大大學，新校舍和新師資都有鉅資投入支持使吉林大學排名高校重點榜單在

16 名。此外引進外資、民資以補政府資金之不足，例如延邊大學由韓裔美籍學人投資、民辦大學在東北達數十所之多、原企業附屬職工學校轉換產權爲民伴而最成功者爲黑龍江的東亞大學。東北教育固然能落後於北京、上海、廣州、杭州、武漢、西安之後，但在「振興東北」的號召下、東北教育已有急起直追的發展；短期性的人才甄補策略、更倚靠著中央貼補地區津貼的優惠政策下、吸引沿海人才向東北流動。

　　發揮大學對多元化人才培養的職能：一方面，大學應肩負起爲經濟轉型培養相應人才的職能；另一方面，還應擔負起下崗職工進行職業培訓的重任。由於老工業基地體制轉軌、結構調整、產業升級而造成的下崗失業現象嚴峻。解決這一難題，高等教育就要調整專業結構及人才培養規格；再一方面，爲那些未能夠上大學的高中學生進行針對城市經濟轉型和企業經濟轉型而進行相應的職業培訓。

　　建立高等教育仲介組織，體現決策科學化在振興東北地方經濟的過程中，必然會遇到一些新問題、新情況，需要政府部門和教育主管部門制定嶄新的教育政策，特別是涉及高等教育發展規模、結構調整、師資培養、科研水平提高以及國際化程度等重大決策。東北高校爲肩負起爲經濟轉型培養相應人才的職能，本身應提高師資管理水平、加強高等教育國際化進程，通過與國外大學建立聯合培養學生的關係，走出一條適合中國國情和東北地方經濟需求的外向型人才培養道路；採取「走出去，請進來」的留學和外聘教授專家講學的途徑，以達到培養具有國際水準的高層次人才的目的。

　　教育爲振興老工業基地服務是個大課題，涉及教育各方面，需對整個教育進行通盤考慮。從基礎教育、職業教育和高等教育三方面爲振興東北老工業基地作戰略性的部署：在振興服務中，基礎教育要解決勞動者素質提高的問題，職業教育要打造強大的藍領軍團，高等教育則要進入主戰場，在諸多方面進行大的改革和創新。吉林省是農業大省，農村人口和農村中小學數量占 70 ％至 80 ％，振興吉林老工業基地，必須解決這些人的素質問題，要靠職業教育把人口負擔轉化爲人力資源優勢。吉林省教育廳已把高等學校爲振興吉林老工業基地服務列爲今年的重點工作，制定《高等學校爲振興吉林老工業基地服務行動計劃》，在近期召開高等學校爲振興老工業基地服務的工作會議，舉辦科技

成果展,舉辦高校與企業科技洽談會。吉林省教育廳目前已制定六項建設計劃:一是推進重點高等學校建設,要確定新一批省重點;二是推進學科專業建設,要按照吉林老工業基地的需要調整學科專業結構,加強重點學科建設,經過三到五年的努力,形成覆蓋各學科門類主幹專業的示範性專業、特色專業和各學校的品牌專業;三是推進重點實驗室建設;四是推進工程技術研究中心建設;五是推進實習實訓和職業技能鑑定基地的建設;六是推進人文、社會科學基地的建設,主要是為政府和企業提供資訊服務,成為政府決策的智囊團。(李軍)

東北要統籌辦好大學科技園,促進科技成果的轉化。政府應給大學科技園更好的政策,促進學校和企業、科研機構的合作,在高校建立產、學、研三結合的科技開發基地;提升大學科技園的功能,並鼓勵大學科技園在法律、稅務、財會、資本運作、企業合作等方面,指導和幫助園內小型高新技術企業將已經孵化的成果及時轉到大學科技產業園或合適的地點產業化。大學科技園應建立開放式科技孵化基地,鼓勵教師、科技人員和研究生應用科研成果與企業合作,對科技成果進一步孵化。鼓勵學校組建獨資或合資的科技成果轉化公司,按公司化運作模式組織科技成果轉化專案。支援和幫助高校進入資本市場,利用社會資本和風險投資基金加速高科技成果轉化。鼓勵高校依託控股或參股的股份制公司成為上市公司,募集社會資金,支援學校更多的科技成果產業化。

對農村大量剩餘勞動力,根據其文化程度低、無技術專長的特點,教育不但要擔負起傳授知識、更新觀念的責任,還應根據其就業需求,培養相應技術技能,多辦免費補習班、培訓班,開動農村職業教育培訓工程,職業指導和就業服務工程。使其能儘快謀到職業,解決生存困難,縮短大批農民轉為城市貧民的痛苦過程。不但能使他們成為建設東北老工業基地的生力軍,使他們能夠儘快適應新的工作、生活環境,實現自己的生存價值,為社會減輕負擔。對於繼續務農的群體,則應把資訊送到農村,做到專家到田頭、培訓到家庭,在科技示範、政策問答、法律諮詢等方面,但凡農民的需要,就是教育選擇的重點。教育還要為農村綠色農業、綠色養殖業以及綠色食品加工業培訓出自己的鄉土人才、綠色產業工人,農業院校應當把學校辦到農村,使農村擁有自己的

技術人才、擁有自己的現代技術，這樣老工業基地的振興才能免除後顧之憂。
教育在振興東北老工業基地過程中要以就業爲先導，切實解決知識水平相對較
低群體的就業，強調教育爲無業、失業群體服務，在知識技能方面發揮教育的
潛能和作用，實現老工業基地改造，教育必須有發展的觀念，把握人民教育需
求作爲確立教育發展的新目標。一要保持勞動成本的競爭水平，使用失業、下
崗職工和農村剩餘勞動力，二要提高勞動者和經營者的素質，三要靠政府的政
策支援，促進就業，提高勞動競爭力，通過就業促進東北老工業基地改造的良
性迴圈。在人力資源能力建設上要充分發揮教育資源的優勢，提高勞動者的就
業技能，更新知識。失業下崗的技術工人，既照顧到發揮其已有的技術優勢，
又要使其適應新興企業對技術的要求，通過技術教育和知識結構的調整，把職
業教育與就業需求結合起來，充分發揮個人的技術專長，利用職業教育院校和
高校辦學優勢，及政府政策支援，改善失業群體的生存狀態。把教育辦到失業
和無業的群體中去，開展職業培訓，在東北老工業基地建設過程中，使更多人
找到自己的人生目標，在全社會建立起終生學習的意識，應對國際競爭的挑
戰，走一條符合經濟建設發展的新型教育之路。

目前東北的人才三大問題是：

一、在人才市場上：人才市場的矛盾現象是一方面是新興產業（多是民營
企業）須才孔急，但與此同步的是下崗問題嚴重。

二、在人才培養上：由於計劃體制「國企辦學校」的遺產，制約了新管道
的人才培養。

三、在人才流動上：人才流動是「推拉」的過程，從滬將這一帶的發展看
來，當非全民所有制大發展後，人才就可從機關、學校和事業單位中流出，東
北的人才困境必由此解決。

振興東北的人才戰略關鍵便在於「國企改革」與「民企發展」中，是否妥
善運用人才和培養人才。中共雖然對人才戰略和教育佈局嘗試作前瞻性規劃，
但改革越深入越發現觀念與行爲的因素越重要，地方的本位主義和官僚的因循
心態，抵銷了制度變遷應產生的成效。

*　　　　　　　*　　　　　　　*

註　釋

註① 北京仁達方略管理諮詢公司首席經濟學家李明撰，「區域智力資本應用—振興東北經濟的人力資源戰略之一」，2004-2-5，資料來源：中國管理傳播網，http://manage.org.cn/zjarticle/Article

註② 即換腦子、出點子、給路子、結對子、賺票子。

註③ 《中國的就業狀況和政策》白皮書，資料來源：多維新聞網，http://www.chinatopnews.com/MainNews/SocDigest/Economy/ 2004_4_26。

註④ 『實施人才強省戰略加快遼寧老工業基地振興步』，資料來源：振興東北老工業基地專題網站，http://www.panjin.gov.cn/dbgy/db_show.asp。

註⑤ 『築起人才蓄水池』，載《遼寧日報》，2004-02-11，資料來源：大連市振興老工業基地宣傳網 http://zx.dlinfo.gov.cn。

註⑥ 大連的產業結構將向高新技術領域發展。其中，各級各類資訊技術人員就需要 15 萬人之多。產業結構變化及其對人才需求的變化，反映到高校學科結構上，就要求學科建設應與社會經濟發展緊密結合，形成一批能夠支撐遼寧、大連新經濟增長點的新興學科。另外，大連作為著名旅遊城市，高校中的旅遊管理專業及其相關文科設置卻不盡合理，相對較少。其他有關大連下一步發展所緊缺的學科專業（如：資訊科學技術、海洋科學與技術、生物科學技術、生態農業、生命科學、材料科學以及現代管理類、經濟類、法律類等），還應該進一步加強整合和提高質量。

註⑦ 大連高校的數量雖然在全國副省級城市中名列前茅，但由於大連高校管理體制不同，這些學校的投資渠道、招生重點、學科佈局、服務面向等都存在著很大的不同。

註⑧ 東北三省經濟地位依舊突出： 2002 年工業增加值 3310 億元，占全國的 10.5 ％。三省國有及國有控股工業企業占全國國有工業的 1/10，重要工業品產量比重大，尤其是原油、鐵礦石、鐵成品礦石、工業鍋爐、內燃機、汽車、木材等，產量均占全國的 20 ％以上。東北三省有很豐富的資源：全國已探明儲量的 160 多種礦藏中東北有 130 多種，其中 40 多種儲量居全國前三位。東北三省交通通信發達：三省公路和鐵路里程與密度在全國排前列，海港與內河港口發達，航空運輸也居全國前列。科技教育資源雄厚：三省國有企事業單位專業技術人員 215 萬多人，占全國的 7.8 ％。農業基礎較好：東北有著肥沃的黑土地，是世界著名的玉米和大豆產業帶。

舉步維艱的感性選擇—
東北老工業基地失業人員求職行爲方式研究

劉少杰

（吉林大學社會學系教授）

摘　要

　　東北老工業基地中的下崗失業人員，因為人力資本和社會資本的貧乏而難以按理性選擇原則開展求職行為，通過對「足療店」、「啃老」現象和下崗失業人員求職心態的調查分析，我們發現他們的求職行為主要是一種由感性意識支配的感性選擇行為。用感性選擇方式求職的直接原因主要是：再就業的被動性、求職資訊匱乏、備選方案缺少和求職行為緊迫等等。只有認真研究失業人員在感性層面上開展的求職行為，才能有效地把政府設計的企業改革和下崗再就業的理性選擇方案落到實處。

關鍵詞：失業、再就業、理性選擇、感性選擇

＊　　　　　＊　　　　　＊

壹、前　言

2003年夏季，我們對吉林省和遼寧省4個工業城市、50個國有工業企業、3000名在職和離職國有企業職工展開了問卷抽樣調查，並進行了80個案訪談調查。通過調查我們發現，東北老工業基地失業人員在人力資本、社會資本和政治資本上的衰落與貧乏，決定了他們再就業的艱難，決定了他們難以開展以追求最佳效益爲目的的理性選擇。但是，大批失業人員又不能不進行某種方式的選擇行爲，以便維持自己的基本生存。而廣大失業人員包括在職國有企業工人進行的那種選擇行爲，就是我們要論述的感性選擇。

貳、理性選擇的限制

格蘭諾維特等人用理性選擇的原則與方法來研究求職行爲，因爲在他們看來，求職是關係個人多種利益的複雜行爲，求職者必定要絞盡腦汁、千方百計地使他的行爲達到最佳效果，所以，求職是一種不容置疑的理性選擇行爲，可以用經濟學關於經濟人利益最大化的原則與方法來考察和解釋求職行爲①。受格蘭諾維特等人的影響，國內一些學者也試圖用理性選擇的原則和方法來研究中國人的求職行爲。然而，一個非常重要的事實往往被人們忽略了，即基層群眾因其再就業資本和各種文化因素與心理因素的限制，一般很難開展有效的理性選擇。所以理性選擇對於基層群眾尤其是對於國有企業下崗失業職工的求職再就業問題的解釋力十分有限。

理性選擇理論有幾個基本假定：其一，趨利避害是每個人的本能，效益最大化是每個人的基本追求；其二，人們在選擇行爲中有充分的資訊和各種備選方案；其三，選擇者有基本的計算能力和推理能力；其四，選擇者是自立、自主和自由的等等②。這些顯然是一種理想假定或邏輯設定，古典或新古典經濟學正是從這些假定出發構造了超越現實的理性選擇模式。西蒙認爲，這種理性選擇的假定以及在其基礎上建立起來的理性選擇理論，無法真實地解釋人們的實際選擇行爲。在西蒙看來，人們的實際選擇行爲都是在特定的有限條件中展

開的，無論是市場訊息、備選方案，還是人們的計算與推理能力都是有限的。西蒙據此提出了有限理性理論，在承認選擇行為受條件限制的前提下，把效益最大化原則修改為滿意原則，使理性選擇研究有了更強的解釋力③。

　　從傳統的利益最大化的理性選擇理論到西蒙的有限理性理論，可以看到經濟學對理性選擇的研究已經開始了從抽象向具體、從理想向現實的轉變，很多學者稱之為經濟學由此而接近了現實、進入了生活。應當說，有限理性理論確實展現了經濟學的這種趨向具體、現實和生活的變化，但是這種變化是有限的。因為，有限理性理論所謂的選擇行為仍然僅僅是理性思維支配的選擇行為，即仍然是指那些由推論和計算支配的理性選擇，受選擇條件、選擇資本和選擇能力限制的大量非推論和非計算的選擇行為在西蒙的視野之外。因此，在對東北老工業基地國有企業職工的再就業行為研究中，不僅傳統的理性選擇理論無法有效地解釋人們的選擇行為，而且有限理性理論的解釋效力也是十分有限的。

　　從對東北老工業基地國有企業體制改革中的制度衝突、發展資源的多重斷裂和貧乏衰落的再就業資本等方面的討論可以看出，國有企業職工的再就業行為是十分艱難的。體制改革導致的制度衝突，把國有企業職工推入一個迷惑彷徨、消極保守的境地。一方面，政府制定和推進的各項市場經濟制度，以各種政策法規的正式形式不僅衝擊了國有企業職工在計劃經濟中形成的傳統觀念，而且也從很多方面改變了他們的身份地位、利益關係和生存環境，他們越來越清楚地意識到，一切都已經發生了實質性的變化，像以前那樣完全依賴國有企業來維持生存已經不可能了；另一方面，完全處於被動狀態的國有企業職工，在接踵而來的各項制度改革中，大部分人地位下降、利益受損、生存環境惡化，他們難以積極地面對眼前不可逆轉的現實，往往在牢騷、失望中懷念往昔的安逸與平穩，各種原有的生活習慣和行為方式禁錮著他們手腳與觀念，他們不去迎接命運的挑戰，而是在退縮和等待中企盼命運改變。

　　發展資源的多重斷裂和衰落貧乏的再就業資本，使國有企業職工面臨著進退兩難的境地。配置性資源和自然資源的雙重斷裂，使大多數國有企業職工意識到只有另尋生路才能生存。然而，配置性資源和自然資源的雙重斷裂，又導致了就業資源和生存資源的斷裂，雖然這種雙重斷裂帶來的雙重壓力，已經向

廣大國有企業職工發出了必須另尋生路的強烈信號，可是談何容易。另擇生路即重新選擇，這必須有一定的選擇資本，否則又怎能開展實際的選擇過程。應當說，配置性資源和自然資源的雙重斷裂是國有企業職工群眾再就業行為的外部壓力，而職工群眾的再就業資本的衰落則是他們再就業行為的內部局限。低微而貧乏的再就業資本顯然無力克服普遍存在而又十分巨大的外部壓力，可是不選擇新職業又意味著坐以待斃。

　　面對制度衝突、資源斷裂和就業資本衰竭的諸種困境，國有企業的失業人員只能調整自己的心態與行為方式，即降低心理預期，放棄追求最佳效益的理性選擇，開展一種效益低但成本也低的選擇行為──感性選擇。

參、「興旺」的「足療店」

　　感性選擇是相對於理性選擇而提出的一個概念④。如果理性選擇指由邏輯推論和數學計算支配的選擇行為，那麼感性選擇則指由感性意識活動支配的選擇行為。經濟學、政治學和社會學等學科對理性選擇作了大量研究，但迄今為止卻無人對感性選擇開展研究。這不是因為感性選擇不重要或很少發生，而是與長期以來人們對理性思維的偏愛和對感性意識的偏見有關。

　　認識論和心理學都把人們的意識活動劃分為感性意識和理性思維兩個層面，理性思維被看作清楚自覺且有分析判斷和推理能力的高級意識活動，而感性意識則被看作模糊、簡單、直接、遲鈍的低級意識能力。於是，無論是哲學認識論還是心理學，包括其他學科研究人們的意識活動時，都對理性思維高看一眼，把人類具有目的指向和鑒別選擇的行為都歸結為理性的指引，而感性則被作為等待提升和教化的模糊意識。

　　相比之下，以感覺、知覺和表像等形式展開的感性意識，的確不像以概念、判斷和推理等形式展開的理性思維那樣清晰明澈，那樣具有對現實事件的積極性和超越性。然而，相對模糊的感性意識卻支配著人們在大多數場景和大部分實踐中的感性選擇。這不僅因為理性選擇需要支付昂貴的成本，是一種具備一定的條件和資本才能進行的選擇行為，而且還因為大多數人的大部分意識活動在大多數情況下都停留在感性層面上。正是因為這個事實，歷史唯物主義

認為廣大人民群眾的意識活動一般都處於社會心理層面上，而社會心理也就是
尚未上升到理性意識層面的日常意識活動。

如果承認歷史唯物主義這個觀點，那麼就應當從感性意識對群眾社會行為
的支配作用的角度來研究人們的選擇行為，而不應當僅僅從理性思維的角度來
考察廣大基層群眾的選擇行為。對於廣大處於社會生活底層的國有企業職工特
別是那些失業的國有企業職工來說，更應當從感性意識層面上來考察他們的選
擇行為⑤。我們在對長春和撫順等四個城市的調查中已經明確地認識到了這一
點。我們在調查中發現，廣大失業人員在求職再就業時，很少有明確的理性選
擇精神和理性選擇行為，他們往往是固守傳統的行為方式，模仿親朋好友的擇
業行為，表現出強烈的從眾效應。

我們在撫順調查時看到一個令人費解的現象：「足療店」滿街都是。在
「足療店」的大門上都明顯地標明服務的價格：30 分鐘一次，每次 10 元。可
謂標準統一，明碼標價。「足療店」的生意冷冷清清，看不出有多大利可賺。
我們打聽了幾家「足療店」的經營狀況，得到的回答幾乎相同：慘澹經營，難
以維持。可是為什麼這麼多的「足療店」又在那裏硬挺著呢？同「足療店」的
經營者或「按摩師」稍微接觸就會明白其中緣由。

很多「足療店」是一些失業人員湊錢辦起來的，其目的並非想謀得多大效
益，而是為自己或自己的家人找到一份能養家糊口的工作。很多「足療店」是
名副其實的自雇經營，他們既是老闆又是雇員。當初辦「足療店」主要是一種
模仿效應。人們看到幾家「足療店」有人進出，即認為有錢可賺。並且辦「足
療店」的成本較低，也不需要什麼技術。於是，就跟風辦起來了。搶上了頭幾
口的「足療店」可能賺了一些錢，估計也不會太多。可是到了「足療店」遍佈
大街小巷時，其效益就可想而知了。

「足療店」也可以算作勞動密集型產業，10 平方米的房子，能放 3—4 張
床，3、4 個按摩師同時工作，再有 1、2 個管理人員或輔助人員，這就是說，
一個小「足療店」可以為 5、6 個人解決就業問題。但是，要真正實現這個目
的，必須以「足療店」能正常經營為前提。事實上，在撫順這類資源枯竭型城
市中，遍地開花的「足療店」很難正常經營。因為，146 萬城市人口中，竟然
有 28.6 萬失業人員，如果加上近幾年畢業找不到工作的待業青年和提前退休

的職工，大約有 50 多萬人沒有工作。可想而知，能有多少人有錢和有閒心去「足療店」中享受？

有人說，「足療店」是「黃宏效應」。2003 年春節，小品演員黃宏演了一場令人笑聲不止的小品：「足療」。一些人嘲諷地說，「足療店」是被黃宏煽起來的，辦「足療店」賠錢應當找黃宏索賠。這當然是開玩笑，但是這個玩笑又令人思考。如果「足療店」是在黃宏的小品影響下辦起來的，那麼這意味著「足療店」的經營者們容易被這些藝術形象感染，作為經營者他們缺乏理性計算精神和經濟效益至上的深入分析，他們的經營意識尚未上升到比較明確的理性選擇程度，而停留在感性模仿的層面上；如果「足療店」的興起即便不是受黃宏小品的藝術影響，那麼就可能是一種「足療店」本身的感染效應，不能算作理性選擇的結果，因為稍有理性計算或理性分析能力，就應當根據撫順的生活狀況和實際消費水準預測出「足療店」不可能成為普遍的有效需求。

當「足療店」在撫順大街小巷興起且無利可圖時，有理性選擇意識和理性選擇能力的人就應當退出「足療業」，轉營他業。然而，「足療店」的經營者們不畏艱難，仍然堅守陣地。這當然不是什麼堅強的品質，而是無計可施、無路可走、無可奈何的表現。這種消極等待、不善變通的做法，既是他們的思想意識停留在感性層面的一種表現，也是他們只能進行感性選擇的明證。

肆、悲哀的「啃老」現象

「啃老」現象是一個令人悲哀且值得深入思考的社會問題。所謂「啃老」是下崗失業大規模發生之後出現的一個具有普遍性的問題，通常指近幾年國有企業實行力度越來越大的體制改革，特別是推行國有企業民營化以來，一大批 40 年齡段和 50 年齡段的國有企業職工下崗失業後找不到工作，僅靠社會最低保障金的救濟無法維持日常生活，如果他們的父母有退休金的話，他們可以從父母那裏獲得一些幫助，人們把這種現象稱為「啃老」。

40 年齡段和 50 年齡段下崗失業人員的父母，他們的年紀顯然都在 60 歲以上，他們的退休金是比較低的，大部分只能在 500 元以下，可以勉強維持自己晚年的生活。兒女孝敬老人是中華民族幾千年一向提倡的美德，而孝敬老人

一個重要內容是晚輩向老人提供生活上的供養。現在的「啃老」現象則把這個孝敬原則顛倒過來了。40、50 兩個年齡段的中年人，理應承擔起供養老人的責任，而不應再向自己年邁力衰的父母伸手要錢。相反，在撫順等城市中的下崗失業的國有企業職工，不但對自己的老人不能盡孝道，反而還要從父母微薄的退休金分些維持自己的生活，這種現象的發生實在令人悲歎。

　　人們不會因為「啃老」現象而去指責下崗失業人員不孝敬自己的老人，因為人們都知道，下崗失業人員「啃老」都是萬般無奈、無路可投的結果。從長春和撫順等地調查的資料來看，國有企業職工下崗失業後，平均在 10 個月左右才能找到工作。

表一　　國有企業職工離職後能否找到工作

能否找到工作	頻次	百分比	有效百分比	累加百分比
找到	416	45.4 %	48.2 %	48.2 %
沒有找到	447	48.8 %	51.8 %	100 %
總計	863	94.2 %	100 %	
系統缺失值	53	5.8 %		
樣本總數	916	100 %		

找到新工作的平均時間： 10.56 個月

　　在找到工作之前，前幾年下崗失業人員的生活來源要依靠企業發放的生活補助，近幾年推行並軌政策，即取消下崗待遇，下崗人員轉為失業人員，享受社會救濟，企業不再發給生活補助。至於那些辦理了買斷工齡手續的失業人員，在找到工作之前，補助生活的唯一來源是領取最低社會保障金。長春市最低社會保障線是每口人 169 元/每月，撫順市最低生活保障線是每口人 156 元/每月。

　　如果按三口之家計算：每人每月享受 156 元的「低保」，全家每月領取低保 468 元。就吉林和遼寧大部分城市的物價而言，400 多元人民幣僅夠三口之家維持有飯吃的水準，但孩子上學和去醫院看病等其他支出便沒有了。在撫順調查時，我們有一次在計程車上同司機談起了「啃老」。那位司機說他的弟弟就在「啃老」。他弟弟 41 歲，家中三口人，弟弟失業後靠打「散工」掙錢，

平均一個月可掙 300 多元錢，老婆失業，什麼工作也找不到，做買賣不僅沒本錢也不會做，只好守在家裏。加上「低保」468 元錢，每月有 700 多元用於家庭生活。他弟弟有一個女孩上初中二年級，每月花銷要在 200 元左右，剩下 500 元錢除了吃飯就沒有了。爲孩子買衣服、去醫院看病等其他支出就只好依靠年近七旬的老母了。

「啃老」現象進一步說明東北老工業基地國有企業職工群衆的艱難境遇，也可以說，「啃老」現象的出現是經濟體制改革、發展資源斷裂和再就業資本枯竭等多種因素的綜合效應。並且，這些因素的任何一種如果能向好的方向轉化，「啃老」現象都不至於普遍發生。「啃老」現象說明時下的東北老工業基地是一個病態社會，這個社會的功能發生了逆轉，年富力強的中年人不但不能承擔起供養老人和撫養子女的責任，反而要沒有勞動能力的老人分擔自己的生活費用。中年人是社會的中流砥柱，如果他們連自己的家庭生活都無力維持，那麼他們怎麼能在社會生活之中發揮中流砥柱的作用？誰能替代中年人成爲支撐和推動社會發展的中堅力量？事實上，這問題的答案只能是否定的。

「啃老」現象還進一步證明國有企業下崗失業人員沒有開展理性選擇的能力和追求。「啃老」是在萬般無奈的情況下才發生的，無論失業人員的條件多麼差，只要他有一點可能，他都不會作爲中年人去伸手找自己的白髮老人要錢。所以，「啃老」可以看成一些失業人員已經山窮水盡，或者說他們在各方面的資源已經進入無可開掘、無可利用的狀態。由此可見，一部分失業人員既沒有開展理性選擇的能力與成本，也不可能產生理性選擇的欲望和要求。

伍、求職行爲的感性意識

雖然「啃老」不是很體面，但是它畢竟是一些失業人員的一種依靠，還有很多失業人員連這種依靠也沒有，情況就更加嚴峻了。生活逼迫失業人員在資源極端匱乏的環境中尋找生活來源。按照新古典經濟學理性選擇理論，失業人員在匱乏資源面前的選擇應當是理性的，可是我們的調查發現，失業人員無論在意向上還是行動上，都難以開展理性選擇。相反，大部分失業人員開展的是無可奈何的感性選擇。

　　如何判斷失業人員的選擇行為是理性的還是感性的，主要應從選擇過程中的意識活動和選擇行為過程來鑑別。從下列一些調查結果可以發現，大部分失業人員在求職行為的選擇意向上是感性的。

　　表二中的 1、2、3、4 題，測驗了職工群眾選擇職業時的被動性，對這 4 個問題做出肯定回答的人約占 35 ％；6 題和 7 題測驗選擇職業時對密切的人際關係和親眼所見事實的依賴，占 27 ％；8 題是關於其他選擇，占 24 ％；5 題是相信理性選擇，選擇這個題的僅占 14 ％。主動性是理性選擇行為的明顯特徵之一，而被動性則是感性選擇行為的明顯特徵之一。至於依賴親情和熟悉等親密關係，也屬於感性意識支配的行為。而「百聞不如一見」指的是凡事都要親眼所見才能信以為真的感性經驗意識。這幾項加在一起占被訪物件的62 ％，可見從感性的角度確立自己信念的占了大多數。

表二　　國企職工選擇新職業時的信念

職工回答的問題	占比例	出現頻次
1、爭來的不如等來的	0.05	147
2、人好不如命好	0.14	418
3、不爭先，不落後，平平穩穩隨大流	0.12	364
4、外財不富命窮人	0.03	90
5、精打細算，錢財不斷	0.14	414
6、要找好職業，必須關係鐵	0.15	440
7、百聞不如一見	0.12	357
8、以上說法都不相信	0.24	693
合　　　計	1.00	2923

　　對在崗職工求職意願的調查也證明了他們求職信念主要停留在感性層面上。（參見表三）1752 位在崗職工回答了這樣一個問題：當你有調轉機會但是為什麼沒有採取調轉工作的行動？有 956 人選擇了對原單位「感覺還不錯」，有 328 人選擇了周圍同事沒有調動，還有 145 人選擇了「人際關係還不

錯」，一共占填答總人數的 78.6 ％。而這三個問題則明顯表明了在崗職工在擇業問題時的感性意識。感覺不錯直接表達了對原單位的印象停留在感性層面；觀看周圍同事調動來決定自己是否調動，屬於感性層面的模仿；根據人際關係優劣來判斷是否調動工作，雖然不能完全歸結爲感性判斷，但也不能稱之爲明確的理性分析，感性因素在其中占主導地位。第 1 和第 2 題可以作爲測定選擇者理性思考程度的兩個問題，做出肯定回答的只有 114 人，占答題總人數的 6.5 ％。

表三　在職人員沒有調動工作的原因

沒有調動工作的原因	頻　次	百分比	有效百分比	累加百分比
1、工資待遇高	73	3.5 ％	4.2 ％	4.2 ％
2、有晉升機會	41	2.05 ％	2.3 ％	6.5 ％
3、人際關係好	145	7.0 ％	8.3 ％	14.8 ％
4、感覺還不錯	956	45.9 ％	54.6 ％	69.3 ％
5、周圍同事都未調動	328	15.7 ％	18.7 ％	88.1 ％
6、其他	209	10.0 ％	11.9 ％	100 ％
總　　計	1752	84.1 ％	100 ％	
系統缺失值	331	15.9 ％		
樣本總數	2083	100 ％		

　　離職人員離開原單位時的心理活動也基本上處於感性意識層面。（參見表四）在回答一道關於離職時心理活動的問題時，913 名失業人員中有 527 人說自己是被迫離開原單位的，餘下的 386 人中，自覺自願離開原單位的占 50.5 ％，聽別人勸告和隨大流的占 49.5 ％。被迫離開原單位的離職人員，他們的心理活動大部分是抱怨、失望甚至是憤怒，很難保持一種冷靜的理性分析。因此，就總體而言，離職人員失掉自己工作時的心理狀態更容易是感性的。

　　總之，國有企業職工保持自己工作同失去自己工作時的心理狀態大多數是停留在感性意識層面上，很少有人能夠上升到理性層面去冷靜分析自己面對的再就業問題。

表四　離職人員離開原單位的心理狀態

心理狀態	頻　次	百分比	有效百分比	累加百分比
1. 自覺自願	195	21.3 %	21.4 %	21.4 %
2. 聽人勸	13	1.4 %	1.4 %	22.8 %
3. 隨大流（從眾）	178	19.4 %	19.5 %	42.3 %
4. 被　　迫	527	57.5 %	57.7 %	100 %
總　　　計	913	99.7 %	100 %	
系統缺失值	3	0.3 %		
樣本總數	916	100 %		

陸、感性選擇行為的成因

　　選擇行為一定是在某種意識活動支配下才能展開，而用何種形式的意識活動支配選擇行為，則是鑑別這種選擇行為是否理性選擇最明確的根據。當下崗待業失業人員求職時的意識活動停留在感性層面上，他們的求職行為也就不可能是理性選擇行為，我們稱之為感性選擇。下崗失業人員的求職行為之所以主要是感性選擇，究其原因主要有以下幾點：

　　其一，國有企業改革是自上而下的行動，廣大國企職工都處於被動的被改革地位。面對由各種專業術語包裝著的改革措施，職工群眾常常是茫然失措。並且大部分國有企業確實處於效益低下、生產不景氣的狀態，職工群眾很難找出拒絕改變他們工作狀態甚至生活命運的理由。大多數人只有服從命運的擺佈，或者被迫離開工作崗位，或者跟隨別人採取模仿和從眾行動。

　　其二，資訊匱乏或國有企業職工群眾缺乏收集、分析和利用資訊的能力。對資訊的有效收集和利用是開展有效理性選擇的基本條件，沒有一定量或一定程度的資訊是不可能開展有效選擇的。從調查資料可以清楚地發現，國有企業職工在這方面是十分不利的。（參見表五）首先看在職職工接受資訊的情況，1819 名在職職工中，有 264 人有求職經歷，他們在過去找新工作時，聽到較

多資訊的只有 29 人，占 11 ％；聽到一些資訊的 127 人，占 48 ％；沒聽到和沒注意的 108 人，占 40.9 ％。可見，能得到比較多資訊的人是少數，而聽到較少和沒有接受資訊的人是大多數。

表五　在職職工找工作時接受資訊的情況

接受資訊	頻　次	百分比	有效百分比	累加百分比
1. 聽到很多	29	1.4 ％	11.0 ％	11.0 ％
2. 聽到一些	127	6.1 ％	48.1 ％	59.1 ％
3. 沒聽到	75	3.6 ％	28.4 ％	87.5 ％
4. 沒有注意	33	1.6 ％	12.5 ％	100 ％
總　　計	264	12.7 ％	100 ％	
系統缺失值	1819	87.3 ％		
樣本總數	2083	100 ％		

離職職工接受資訊的情況比在職職工更差一些。從表六可以看出，聽到較多資訊的只占 7.9 ％，而得到較少資訊和沒有得到資訊的則占 92 ％。在這種資訊極度匱乏的條件下，離職職工顯然不能做出明確判斷和理性分析。

表六　離職職工找工作時對資訊的接收情況

接受資訊	頻　次	百分比	有效百分比	累加百分比
1. 聽到很多	72	7.9 ％	7.9 ％	7.9 ％
2. 聽到一些	468	51.1 ％	51.2 ％	59.1 ％
3. 沒聽到	283	30.9 ％	31.0 ％	90.0 ％
4. 沒有注意	91	9.9 ％	10.0 ％	100 ％
總　　計	914	99.8 ％	100 ％	
系統缺失值	2	0.2 ％		
樣本總數	916	100 ％		

　　其三，由於資訊閉塞，所以國有企業職工群眾可選擇的職業是十分有限的。表七和表八是在職職工和離職職工可供選擇的職業情況。

　　從表七和表八可以看出，國有企業職工再就業時的職業可選擇程度是很低的。在職職工有較多選擇機會的只占 9.2 ％，有較少選擇機會的占 27.7 ％，沒有選擇機會和從來沒考慮選擇的占 60 ％以上；離職職工的情況更差，有較多選擇機會的僅占 3.6 ％,而有較少選擇機會的占 25.7 ％，沒有選擇機會的則占 70 ％以上（只有一次選擇機會的也算在沒有選擇機會中，因為只有一次機會實質就是沒有選擇機會）。選擇機會或被選方案是理性選擇的必要條件，當國有職工嚴重缺乏這種必要條件，理性選擇的可能性就不證自明。

表七　在職職工求職時可供選擇的職業情況

選擇情況	頻次	百分比	有效百分比	累加百分比
1. 有很多	24	1.2 ％	9.25 ％	9.2 ％
2. 有一些	72	3.5 ％	27.7 ％	36.9 ％
3. 只有一個	95	4.6 ％	36.55 ％	73.5 ％
4. 沒有選擇	39	1.9 ％	15.0 ％	88.5 ％
5. 沒有考慮過	30	1.4 ％	11.55 ％	100 ％
總　　　計	260	12.5 ％	100 ％	
系統缺失值	1823	87.5 ％		
樣本總數	2083	100 ％		

表八　離職職工求職時可供選擇的擇業情況

選擇情況	頻次	百分比	有效百分比	累加百分比
1. 有很多	33	3.6 ％	3.6 ％	3.6 ％
2. 有一些	235	25.7 ％	25.7 ％	29.3 ％
3. 只有一個	185	20.2 ％	20.2 ％	49.6 ％
4. 沒有	388	42.4 ％	42.5 ％	92.0 ％
5. 沒有考慮過	73	8.0 ％	8.0 ％	100 ％
總　　　計	914	99.8 ％	100 ％	
系統缺失值	2	0.2 ％		
樣本總數	916	100 ％		

　　其四，缺乏選擇機會必然導致國有企業職工再就業的簡單化，亦即飢不擇食。我們在調查時向被訪者提出了一個問題：您選擇新工作時，是否考慮了這個新工作的前途？回答充分考慮的情況是：在職職工占 26.1 %,離職職工占 14 %；回答有些考慮的在職職工占 46.5 %，離職職工占 34.1 %；回答沒有考慮和說不清楚的在職職工占 27.2 %，離職職工占 51.9 %。預測性和前瞻性也是理性選擇的基本特徵之一，當國有企業職工擇業時很少或不去考慮要選定的新職業的前途時，也從一個很重要的角度證明了他們的擇業行爲大多數不是理性選擇。（參見表九、十）

表九　在職職工選擇新工作時對新工作的前途的考慮情況

前途考慮	頻　次	百分比	有效百分比	累加百分比
1. 充分考慮	69	3.3 %	26.1 %	26.1 %
2. 有些考慮	123	5.9 %	46.6 %	72.7 %
3. 沒有考慮	46	2.2 %	17.4 %	90.2 %
4. 說不清楚	26	1.2 %	9.8 %	100 %
總　　計	264	12.7 %	100 %	
系統缺失值	1819	87.3 %		
樣本總數	2083	100 %		

表十　離職職工選擇新工作時對新工作的前途的考慮情況

前途考慮	頻　次	百分比	有效百分比	累加百分比
1. 充分考慮	127	13.9 %	14.0 %	14.0 %
2. 有些考慮	309	33.7 %	34.1 %	48.1 %
3. 沒有考慮	326	35.6 %	35.9 %	84.0 %
4. 說不清楚	145	15.8 %	16.0 %	100 %
總　　計	907	99.0 %	100 %	
系統缺失值	9	1.0 %		
樣本總數	916	100 %		

其五，國有企業職工的人力資本、社會資本和政治資本都已處於衰落貧乏的境地，而這些因素只有達到一定程度才能開展有效的理性選擇，所以採取感性選擇行動方式是不可避免的。也就是說，大部分國有企業的職工，特別是大批失業人員，他們的求職再就業行為很難進行效益最大化追求的理性選擇，而是在種種嚴峻條件的限制中，無可奈何地進行著感性選擇。

我們得出職工群眾因條件限制開展感性層面的求職選擇，並不否定某些職工群眾具有理性選擇的主觀欲望或主觀能力。在回答一道關於求職時是否分析了工資和待遇等相關因素的問題時，大部分在職職工對工資收入、福利待遇、企業效益、技術對口、晉升機會和社會聲望等因素都給予了較高重視，這說明在職職工在選擇新職業時保持了一定程度的理性選擇意識或理性選擇欲望。（參見表十一）

表十一　在職職工中有再就業經歷人員尋求新工作時對各種相關因素的思考

	認真分析	大致考慮	憑經驗估計	沒有想到	無法判斷	缺失
1. 工資收入的高低、穩定性	906 43.5 %	404 19.4 %	76 3.6 %	107 9.9 %	192 9.2 %	192 14.3 %
2. 住房的產權、補貼、環境和地理位置	541 26.0 %	559 26.8 %	114 5.5 %	345 16.6 %	226 10.8 %	298 14.3 %
3. 生活福利設施、種類和持續性	536 25.7 %	520 25.0 %	159 7.6 %	318 15.3 %	251 12.0 %	199 14.4 %
4. 工作環境、勞動保護、操作安全性	633 30.4 %	543 26.1 %	154 7.4 %	232 11.1 %	220 10.6 %	301 14.5 %
5. 企業生產規模、經濟效益、發展前景	682 32.7 %	443 21.3 %	150 7.2 %	230 11.0 %	277 13.3 %	301 14.5 %
6. 專業技術對口、對新工作崗位的適應能力	612 29.4 %	468 22.5 %	156 7.5 %	301 14.5 %	240 11.5 %	306 14.7 %
7. 晉升機會	308 14.8 %	393 18.9 %	139 6.7 %	575 27.6 %	359 17.2 %	309 14.8 %
8. 企業名聲、社會評價、親友意見	408 19.6 %	555 26.6 %	168 8.1 %	375 18.0 %	271 13.0 %	306 14.7 %
9. 工作穩定、有無競爭壓力、不確定風險	599 28.8 %	466 22.4 %	161 7.7 %	282 13.5 %	276 13.3 %	299 14.4 %
10. 企業內有無親友幫助	206 9.9 %	347 16.7 %	93 4.5 %	826 39.7 %	305 14.6 %	306 14.7 %

　　離職職工的情況與在職職工有些不同，他們既清楚又明確重視的是工資問題，對其他福利待遇、發展前景和地位聲望等不像在職職工那麼高度重視，相當一部分職工對這些指標表示沒有想到，這與離職職工生活艱難，急於找到工作以解失業之苦有關。（參見表十二）

表十二　離職職工尋求新工作時對各種相關因素的思考

	認真分析	大致考慮	憑經驗估計	沒有想到	無法判斷	缺失
1. 工資收入的高低、穩定性	422 46.1 %	248 27.1 %	53 5.8 %	102 11.1 %	85 9.3 %	6 0.7 %
2. 住房的產權、補貼、環境和地理位置	122 13.3 %	255 27.8 %	52 5.7 %	360 39.3 %	126 13.8 %	1 0.1 %
3. 生活福利設施、種類和持續性	117 12.8 %	242 26.4 %	85 9.3 %	338 36.9 %	131 14.3 %	3 0.3 %
4. 工作環境、勞動保護、操作安全性	187 20.4 %	257 28.1 %	108 11.8 %	187 27.6 %	110 12.0 %	1 0.1 %
5. 企業生產規模、經濟效益、發展前景	159 17.4 %	240 26.2 %	104 11.4 %	271 29.6 %	141 15.4 %	1 0.1 %
6. 專業技術對口、對新工作崗位的適應能力	150 16.4 %	200 21.8 %	116 12.7 %	314 34.3 %	134 14.6 %	2 0.2 %
7. 晉升機會	41 4.5 %	100 10.9 %	69 7.5 %	499 54.5 %	204 22.3 %	3 0.3 %
8. 企業名聲、社會評價、親友意見	78 8.5 %	188 20.5 %	98 10.7 %	394 43.0 %	155 16.9 %	3 0.3 %
9. 工作穩定、有無競爭壓力、不確定風險	140 15.3 %	218 23.8 %	83 9.1 %	309 33.7 %	163 17.8 %	3 0.3 %
10. 企業內有無親友幫助	49 5.3	136 14.8	46 5.0	525 57.3	156 17.0	4 0.4

　　能想到的並非是能夠做到的，一些職工雖然有理性計算或邏輯推論的想法，但是因為他們遭遇諸多條件的限制，他們很難將自己的意願付諸實踐，最終還是退回到感性選擇的層面上。

柒、簡短的結論

　　明確國有企業職工的擇業行為和擇業意識大部分停留在感性層面上，或者說他們的再就業行為主要是感性層面的選擇，這一點具有十分重要的意義。理性選擇研究無疑獲得了顯著成就，但是理性選擇首先是一種理想性研究，廣大基層社會成員的選擇行為主要是停留在感性層面上的行為。如果我們的研究已經證明了國有企業職工群眾的再就業行為是一種感性選擇，那麼也可以由此而推知，他們和其他社會成員的其他行為也主要是感性選擇。因為，誠如一些西方學者所言，求職是比市場交易對一個人的社會生活和家庭生活具有更重要意義的選擇行為，人們一定會竭盡全力使其效益最大化。所以，求職在原則上或理論上應當是較高程度的理性選擇，而當國有企業職工群眾在求職時都不能堅持理性選擇，那麼在其他社會生活層面上的行為就更不可能是理性選擇了。

　　如果基層群眾的選擇行為主要停留在感性層面上，那麼提出感性選擇的研究任務，就意味著我們開始把社會學關於選擇行為研究的視角已經移向了經驗現實，這同經濟學指向理想的理性選擇研究正好指向了不同方向。經濟學是目光向上的理想化研究，而社會學則是一種腳踏實地的經驗性研究。當然，經驗性研究不應完全放棄理性追求，理想性研究也不應完全放棄經驗事實的關照。正如康得所指：「理性無感性則空，感性無理性則盲」⑥。對於感性選的深入研究，必將推進理性選擇研究，並且必將使理性選擇建立在真實的生活基礎之上。

　　東北地區的國有企業改革無疑是理性選擇行為，無論是改革政策的制定還改革制度的建立，都是政府官員和專家系統的設計和推進。然而，官員和專家們的理性設計並沒有有效地同廣大基層社會成員的感性選擇行為結合起來，也許某些人認為這種結合根本沒有什麼必要。但是大量的問題不斷湧現，特別是再就業和社會保障問題十分突出。現在應當認真反思和總結政府和企業的理性選擇行為，同廣大基層群眾究竟是一種什麼關係，怎樣才能使這種關係有效地統一起來。

　　　　　　　　　　＊　　　　　　　　＊　　　　　　　　＊

註　釋

註① Mark Granovetter, *Getting A Job: A Study of Contacts and Careers* (Cambridge, MA. Harvard University Press,1974), pp. 1~6.

註② P.阿貝爾，「社會學理論與理性選擇理論」，布賴‧恩特納編，李康譯，社會理論指南（上海：世紀出版集團 上海人民出版社，2003 年），頁 281~282。

註③ 赫伯特‧西蒙著，黃濤譯，西蒙選集（北京：首都經濟貿易大學出版社，2002 年），頁 289。

註④ 劉少杰，「社會結構轉型中的感性選擇」，江蘇社會科學（南京），2002 年第 2 期（2002 年 3 月），頁 13~16。

註⑤ 劉少杰，「制度場變遷中的感性選擇」，吉林大學文科學報（長春），2003 年第 2 期（2003 年 3 月），頁 25。

註⑥ 康得著，藍公武譯，純粹理性批判（北京：商務印書館，1980 年），頁 14。

「典型單位制」對東北老工業基地
社區發展的制約

田 毅 鵬

（吉林大學社會學系教授）

摘　要

　　本文以大陸東北老工業基地所在的超大型工業社區為研究個案，探討了「典型單位制」的形成及其對城市社區建設的影響。認為：由於東北老工業基地特殊的歷史背景和空間條件，使得單位體制的諸要素在這裏貫徹得最為徹底，其內在結構也更為單一，形成了一種別具特色的「典型單位制」。表現為超大型企業空間分佈上的高度集中性和封閉性，社會資源的單位壟斷制，導致社區對企業的高度依附從屬。同時，這些超大型的企業不僅承擔著「單位辦社會」的諸項職能，同時還必須扮演著一個行政區的角色。上述這些特點使得東北老工業基地的社區建設存在著推力不足，資源匱乏，社會公共空間形成緩慢等現象，對城市社區建設產生了重大影響。

關鍵詞：典型單位制、社區建設、東北老工業基地、制約

＊　　　　　＊　　　　　＊

壹、前　言

　　近年來，伴隨著大陸走向市場化所帶來的劇烈的社會轉型，單位制和城市社區建設成爲學界研究的熱點問題。在研究中，人們一般都是將「單位制度」作爲一種全國性的、普遍的制度和體制納入研究視野的，雖然有些研究者已經注意到單位制度不同類別的存在，開始探討單位級別和單位類型對單位制度的影響。但卻沒有注意將「單位制度」置於不同空間和地域文化背景下，探討其具體的多元意義的變異，從而限制了我們對單位現象的深入理解。事實上，如果我們將單位制度的形成、發展和消解置於特定的場景之下，從其形成、消解、變異過程及其內在結構分化和重組來進行總體分析，就會發現：單位制度的存在是多元的。在不同的社會歷史背景和社會空間條件下，單位體制形成了一些不同的模式。就國有企業而言，雖然建國以來幾乎所有的國有企業都採取了單位制。但由於東北老工業基地特殊的歷史背景和空間條件，使得單位體制的諸要素在這裏貫徹得最爲徹底，持續時間最長，更加典型，更具特性，其內在結構也更爲單一，其消解過程也自然非常緩慢，形成了一種別具特色的「典型單位制」，對其經濟社會發展產生了深遠的影響。本文擬以東北老工業基地的若干大型工業社區爲個案，運用調查訪談資料，對典型單位制的生成及其對城市社區建設的影響做一初步的研究探討。

貳、「典型單位制」的形成及特點

　　法國當代社會理論大師亨利‧列斐伏爾在構建其現代性理論的過程中，曾提出「生產空間」的概念。他批評以往的研究簡單地從幾何學的角度把空間視爲空洞的空間或將空間僅僅看作是社會關係演變的靜止「容器」或「平臺」的傳統觀點，認爲空間從來就不是空洞的，它往往蘊含著某種意義。「任何一個社會，任何一種生產方式，都會生產出自己的空間。社會空間包含著生產關係和再生產關係，並賦予這些關係以合適的場所。」並斷言：「既然認爲每一種生產方式都有自身的獨特空間，那麼，從一種生產方式轉到另一種生產方式，

必然伴隨著新空間的產生。」①在他看來，所謂人類文明變遷的過程，實際上就是「社會空間」的重組過程。列氏的上述觀點對我們研究工業革命以來人類社會在劇烈變遷狀態下所發生空間重組提供了深刻的啓示。

從歷史上看，中華人民共和國成立以來單位體制在全國城市社會範圍內的普遍確立，即堪稱是大陸有史以來規模最爲巨大的「空間重組」。這既包括城市「地理空間」的變化，也包括社會關係和社會控制體系的重構。在這場劇烈的空間重組過程中，由於特殊的歷史背景和社會條件的作用，使得以東北老工業基地爲代表的「超大型」工業社區形成了極具特色的「典型單位制」，對其經濟社會發展產生了極其深刻的影響。

一、從地理空間角度看，以東北老工業基地爲代表的「典型單位制」是在較短的時間內，在相對集中的空間裏建立起來的。

除了日僞時期遺留下來的一些企業外，東北老工業基地所屬的大型企業多是在建國初期，尤其是在第一個五年計劃期間（1953～1957）建立起來的。在建廠過程中，主要選擇了一些靠近城市，但其地點相對荒蕪空曠的地區，在空間分佈上具有占地面積大和高度集中等特點。以吉林化學工業公司爲例，1951年，東北人民政府化工局決定，在吉林市龍潭區興建大型化工聯合企業。其中，吉化染料廠、化肥廠、電石廠，是中國第一個五年計劃建設的156項中的3項工程。當時，吉化公司的建設地點選在吉林市第六區人民政府轄區內，主要轄有永安、大三家子、裕民、天泰等村。正是在這城鄉結合的邊緣地帶，吉化公司以「三大化」爲基礎，建成了一個占地面積爲20餘平方公里的大型聯合企業。與大型企業建設相配套，逐漸形成了土城子住宅區、鐵東住宅區、山前住宅區、龍潭住宅區等四大生活區。生產區和生活區錯落有致地排列在一起。生活區中的居民幾乎都是企業的職工和家屬，他們「日出而作，日落而息」，構成了一幅現代工業社會版的「田園耕織圖」。化工區亦稱爲「化工城」，以與吉林市的老城區相區別。而被稱爲「汽車城」的長春第一汽車製造廠也是在建國初期在長春市西南郊孟家屯一帶選址建廠的。其公司本部占地面積14平方公里，共有社區60個，其中住宅社區55個②。可見，占地面積大、空間集中構成了「典型單位制」的重要特點，它爲「典型單位制」背景下宏大的互動規模提供了廣闊而又相對獨立的空間。

　　二、從社會空間的角度看，企業成員是在一個相對封閉的社會空間內展開其互動關係的，更易形成濃郁的單位氛圍和國營慣習。

　　要想真正瞭解「典型單位制」的內部世界，僅僅關注其實體空間是不夠的。從社會學視角看，空間的真正價值不在於其幾何意義，而在於其社會性。這誠如齊美爾所言：「並非空間，而是它的各個部分由心靈方面實現的劃分和概括，具有社會意義。」③在這一空間範圍內充滿了人們之間的相互作用。因此，我們除了關注這些「超大型」工業社區的地理空間構成外，更應瞭解這些空間的使用者在日常生活中對空間的真實感受以及其在此空間範圍內所展開的複雜的互動關係。

　　與規模相對較小、居住相對混雜的工業社區相比，東北老工業基地範圍內的工業社區普遍具有占地面積廣，社會互動規模大的特點，在相對集中的空間內形成了一整套的社會服務體系，使得這裏的居住者更容易體驗到「單位辦社會」的氛圍。濃郁的單位氛圍使得這一空間具有明顯的封閉性，體制性的限制使得其員工無法走出單位的轄區，缺乏社會流動。同時，單位的封閉性自然帶來「排他性」。從搖籃到墳墓的社會福利保障體制使得單位人充滿了一種優越情節，人們也不願意輕易離開單位空間。此外，與城市社會「異質性」特點不同，在集中的工業社區裏生活工作的人們雖然崗位分工有所不同，但其生活方式卻具有相當的「同質性」，形成了帶有地方特色的「社區文化」。人們對其日常生活中的空間有著基本上一致的看法和評價，他們每日都以大致相同的節奏展開他們的工作和生活。

　　由於這些「超大型工業社區」多是建國後在城市遠郊或城鄉結合部新建的，這種新建性決定了它幾乎沒有什麼歷史和傳統的社會關係可以繼承，這裏的社區文化完全是由「單位人」自己建立起來的。這裏的每一個家庭和個人都從屬於單位。在企業建立之初，只有家庭裏的戶主（通常是丈夫）屬於單位人。後來，隨著「家屬革命化」的進程，來自農村的妻子也被納入企業所屬的集體所有制單位中工作，開始進入單位系列。在吉林省某老工業基地，文革後期的中學在相當一段時間裏基本上是按照其父親所在的單位為標準來劃分班級的。筆者在對一位吉林市一位教師進行訪談時，他對此做了如下的回憶：當時這樣做的目的是為了便於中學生在學期間的「學工」的便利。在沒有恢復高考

制度之前，絕大多數的企業子女在高中畢業後，除了參軍之外，多以進入其父母所在的企業工作爲理想的就業途徑。可見，在東北老工業基地的某些發展時期，甚至連中學生也被潛在地納入了「單位體系」，成爲「單位人」的預備。從歷史上看，地理空間組織行爲往往具有很強的歷史繼承性，在計畫體制下，通過職工代際間的傳遞和影響，使得東北老工業基地形成了具有獨特意義的「社會空間」。

三、從社會控制體系建構的角度看，這些超大型的企業不僅僅承擔著「單位辦社會」的諸項職能，而且同時還必須扮演著一個行政區的角色。

學術界普遍認爲：「大陸特有的單位組織，其實質是將命令權力和財產權力結合起來的國家統治的一種組織化工具或手段。」④而單位之所以能夠扮演如此重要的角色，主要是因爲它代表國家壟斷性地佔有了大量的社會資源。在單位體制下，國家全面佔有和控制了各種社會資源，但國家並不是直接面向單位成員分配這些資源，而是通過單位來實現這一分配過程的。與一般單位制不同，由於東北老工業基地所屬的企業規模大、空間相對集中，其對社會資源的佔有具有更爲明顯的壟斷性。

(1) 在權力資源佔有方面：在東北老工業基地建設過程中，其單位位址的選定，往往是根據工業發展的需要，大多選定在市區邊緣或遠離市區，實際上已在地方政府控制之外。雖然隨著老工業基地企業的成長，政府也在同一地域範圍內建立了區政府及其派出機構街道辦事處等延伸性行政管理機構。但企業和地方政府二者之間不是垂直的領導關係，而是相互協調的平行關係。從其領導隸屬關係上看，這些大型的國營企業一般都是直屬於國家的某些部委，行政級別較高，遠非區街級別所能比擬。

(2) 從屬地資源控制的情況看，在單位辦社會的條件下，單位幾乎控制了所有的社會資源。除了在計劃時代由國家直接控制調撥的糧油、煤炭供應之外，其他所有的社會資源大多都由單位企業所控制。而其具體執行單位一般是所謂公共事業服務公司。如 1979 年 1 月，吉化公司成立公用事業公司，主要承擔化工住宅區的幼兒、保教、街區建設、房產和公共工程維修、民用水、電、氣供應與管理等公共事業。該公司的隊伍非常龐大，1988 年時，有全民職工 1732 人，其中大集體 553 人、勞務職工 858 人、幹部 535 人、高級工程

師 7 人、中級職稱 52 人、工人技師 9 人。與政府系列控制的社會服務資源相比，單位的優勢非常明顯。以龍潭區區域內的中學和公共浴池爲例。吉化子弟中學共有 7 所，而且規模較大，而市屬中學則只有 3 所，規模較小。吉化職工浴池有 7 個，而龍潭區屬的浴池只有 1 個，而且規模也較小。

四、典型單位制的內在結構比較單一，缺乏來自非單位體制的挑戰，故其在社會轉型期走向消解過程也非常緩慢，其典型單位制的特色更加突出。

在單位體制盛行的時代，大陸社會呈現出獨特的兩極結構：「一極是權力高度集中的國家和政府，另一極是大量相對分散和相對封閉的一個個單位組織。長期以來，國家對社會的整合和與控制，不是直接面對一個個單獨的社會成員，更多的是在這種獨特的單位現象的基礎上，通過單位來實現的。」⑤ 20世紀 90 年代以來，伴隨著大陸社會結構的變遷，非國有經濟及非單位制度迅速擴大發展，原來單位體制的一統天下開始發生變化，形成了當前大陸社會「單位制」和「非單位制」並存的局面。在某種意義上，這實際上意味著單位社會已經開始走上了消解之路，有人則稱之爲「後單位制時代」。如果我們對單位體制演變的縱向軌跡進行認真分析研究，就會發現：與單位體制確立過程中明顯的「同步性」不同，受地域的經濟結構、文化特色、歷史積澱等因素的影響，單位制度的消解過程具有明顯的「不同步性」。具體言之，在非國有經濟比較發達的省份，生活在非單位體制下的成員的人數逐漸增多，「他們或者按著市場的機制，或者同時利用市場或非市場新舊兩種機制，不斷地改善著自己的經濟地位。他們的行爲作爲一種參照群體，在很大程度上刺激著生活在單位制度中的社會成員。」⑥對傳統的單位制度構成了巨大的衝擊，加快了單位制度的消解過程。但與之相反，東北老工業基地的非國有經濟和非單位制不夠發達，其對傳統的單位制度的衝擊自然也就不大。這使得東北老工業基地的單位制雖然也走上了消解之路，但相比之下，單位制的現實影響仍然很大，不僅傳統單位制度的堡壘仍然非常堅固，而且，一些非單位制的企業也往往向單位制模仿、靠近。因而，作爲與計劃經濟體制相配套的一種社會政治組織體制的存在，單位文化對東北老工業基地的社會發展仍然具有重大的影響，表現在：

在單位體制下，超大規模的國有企業幾乎控制了所有的社會資源，遂使來自民間的社會發展的推動力量嚴重不足。所謂「單位制」，既是一種制度，同

時又是作爲一種文化而存在的。其典型的特徵是以單位爲核心的社會組織控制了幾乎全部的社會資源，整個社會實際上是圍繞著這些資源而運轉的。在整個社會資源都被單位所控制的條件下，民間的現代化推動力量自然嚴重不足。具體表現爲，在東北老工業基地，無論是城市中的民營經濟、外資企業，還是農村的鄉鎮企業，都不甚發達。與江南地區相比，其經濟社會發展很少受到來自民營企業和鄉鎮企業的挑戰。因此，在單位制度走向消解的過程中，東北老工業基地的「典型單位制」的特點體現得更爲突出。

綜上所述，可知，在計劃時代形成的單位制度雖然在全國具有一定的普遍性，但在東北老工業基地特殊的背景之下，更具有典型意義。這主要是因爲「東北老工業基地是原有計劃體制統治時間最長、貫徹最爲徹底的地區。在這一區域內，企業一方面曾受到舊體制的嚴重束縛，但另一方面至今仍對舊體制存有深深依賴；經濟發展既受害於舊體制，又受惠於舊體制；職工與社會心理上及迫切嚮往改革，又對舊體制頗多懷念，相當多的幹部、職工對市場經濟下的競爭懷有擔心甚至恐懼，對競爭的壓力思想準備至今不足。這種狀況構成了老工業基地體制轉軌的重要障礙。」⑦可見，東北老工業基地目前這種「剪不斷，理還亂」的發展困境，與這種「典型單位制」有著密切的聯繫。

參、「典型單位制」對社區建設的影響

從 20 世紀 90 年代開始，伴隨著大陸走向市場化的進程，傳統的單位體制開始趨於消解和變異，「還經濟於市場，還社會于社區」，在「權力下移」的總體背景下，社區建設成爲中國社會的熱點問題。從理論上看，所謂「還社會於社區」，實際上就是由「單位辦社會」轉變爲「社區辦社會」，即將過去由單位承擔的社會功能剝離出來，由「社區」加以承接。這似乎是一個簡單的「剝離」和「承接」的過程。但如果我們結合東北老工業基地的實際情況，從實踐操作層面加以分析觀察，就會發現，問題遠非如此簡單。

從東北老工業基地的現實出發，社區建設具有特殊重要的意義。據學術界研究，大約從 20 世紀 80 年代起，由於中國生產力佈局政策的改變以及老工業基地自身情況的制約，加之體制轉軌、企業組織結構和設備老化、重複建設等

因素的影響，大陸的老工業基地即普遍出現了明顯的衰退跡象。雖然國家採取了很多措施，但這種衰退景象並未得到解決⑧。受地緣、政策等因素的影響，老工業基地的衰退趨向在東北地區表現的更為嚴重，表現為大量企業處於停產、半停產，甚至破產倒閉。社會上下崗失業人員大量增加。據吉林省勞動和社會保障廳調查，2001 年 1～9 月，吉林省國有企業下崗職工累計已達 45.24萬人。而且，下崗失業人員呈現出年輕化、文化程度高、長期失業人數比重大等特點⑨。而在遼寧省的重工業城市本溪，「到 2000 年末仍有下崗失業人員22.6 萬人之巨，占城鎮從業人員總數的 38.49 ％」⑩。隨著下崗、失業和買斷工齡工人的大量出現，一大批「單位人」走出單位，變為「社會人」，這就使東北老工業基地的社區建設具有更為特殊的重要性。

　　但是，東北老工業基地社區建設所面臨的制約關係也是極其複雜的，在諸多的制約要素中，又以「典型單位體制」的影響最為突出：

　　一、從社區建設的推動力來看，東北老工業基地的社區建設存在著嚴重的推力不足問題。

　　大陸的現代化屬於「後發外生型」，其啓動發軔過程不是其社會內部現代性因素自然而然地生發、積累的過程，而是面對西方外部現代性挑戰所作出的積極的、有意識的回應。在現代化啓動發軔的過程中，國家往往起著決定性的作用。改革開放以來，伴隨著大陸走向市場經濟的總體進程，行政權力開始下移。但是，由於我們長時期處於「以單位制為細胞的、以縱向組織為仲介的、高度中央集權的體制之下」⑪，「自下而上」的民間力量的發育極為緩慢。因此，在今天遍及全國的社區建設熱潮中，無論是「行政社區」取向，還是「自治社區」取向，事實上政府在其中都扮演了重要的角色。

　　但在東北老工業基地所屬的工業社區，情況則更為複雜，主要表現為：政府在社區建設過程中的推動作用往往是通過單位來實現的。因為在東北老工業基地，這些超大型的、直屬於中央各部委的企業集團是一種獨立性較強的實體。從領導體制的角度看，這些大型企業集團大多是直接歸國家部委領導，行政級別較高。雖然有些事項也要「入鄉隨俗」，接受地方政府規章的制約。但其與地方政府大體上是一種平行的、積極協作的關係。一般說來，地方政府只是在計劃生育、精神文明評比等方面對這些大型企業有一定的制約作用。但隨

著企業專著於市場發展，對這些來自行政權力的榮譽和評價越來越淡化。另一方面，由於這些超大型企業在地域上的相對集中性和封閉性，使得其在資源佔有方面遠遠超過了地方政府，使得地方政府處於相對的「弱勢」地位。於是，在全國「大政府」、「強政府」的總體格局下，東北老工業基地卻出現了地方政府「相對弱化」的情況。此外，在社會轉型期，絕大多數的東北老工業基地的企業多處於調整期，效益普遍不佳，存在著大量的下崗工人和失業者，這遂使企業已不可能拿出更多的資源來支持社區建設。這樣，我們便發現在東北老工業基地的社區建設過程中，出現了雙重的「支援不足」，即政府推力不足；單位支援力度不足，直接導致了社區建設缺乏強勁的推動力。

由於基層政府直接控制的資源非常有限，遂使得單位不能立即退出社區建設，相反卻應對社區建設進行大力的支援。在東北三省的老工業基地，我們會發現：凡是有單位支援的地方，其社區建設就比較順利，凡是單位和政府配合欠佳的地方，其社區建設就難以取得進展。

二、「逆非單位化」現象長期存在對社區建設的影響。

從理論上看，社區建設的推進過程，實際上是由「單位辦社會」轉向「社區辦社會」的過程，即「非單位化」的過程，但由於老工業基地企業與政府資源佔有的巨大反差，使得這一轉換格外艱難。如前所述，在典型的單位體制下，這些「超大型企業」幾乎控制了全部的社會資源，而街道、居民委員會則完全居於「剩餘體制」之下，居委會的建設費用主要依靠駐街單位的無償支援。而社區成立之後，雖然企業開始向社區轉移其部分職能，但社區仍然拉住單位不放，因而，出現了所謂「逆非單位化」的現象。所謂「逆非單位化」，是指「改革開放以來，企事業單位向社區釋放責任，社區組織在接受這些任務的同時仍不放鬆讓企事業單位承擔一定的責任，即拉住企事業單位，讓它們承擔社會服務的責任。這種促使企事業單位繼續承擔它要放棄的社會服務責任的現象，我們稱之為『逆非單位化』。」⑫對於這種「逆非單位化」現象，我們不能簡單地予以否定，而應該看到此種現象的存在在目前還是有其現實依據的。在目前情況下，單位的社會服務責任之所以難以擺脫，主要是因為，在漫長的發展過程中企業控制了大部分社會資源，進行封閉式的分配。尤其是在東北老工業基地，更是一個典型的「企業辦社會」的典範。由於單位控制了絕大

部分資源，社區建設必須尋求單位的援助。由此，如何完成由「企業辦社會」到「社區辦社會」的轉變，是東北老工業基地必須直面的現實問題，而其中最為關鍵的問題在於單位資源的利用問題。

從歷史上看，東北老工業基地所屬的企業具有支援地方政府建設的傳統。但從 20 世紀 80 年代東北老工業基地發生衰退現象開始，企業的整體實力大打折扣，事實上已經難以拿出更多的資源來與政府共建社區。

(1) 在社區建設的硬體設施方面，企業很難在辦公房屋和設施方面慷慨解囊。筆者到吉林省某老工業基地所在的社區進行訪談時，發現：街道辦事處的辦公場所甚至都是租借企業的。在老工業基地建設社區最大的挑戰是社區的經濟基礎問題。我之所以把社區經濟基礎看得比較重要主要是因為老工業基地在其發展過程中單位已經控制了幾乎全部的社會資源。拿我們街道所在的地區來說，從土地到各種社會資源而言都被單位完全控制了。這就使得在社區建設過程中，老工業基地的社區經濟基礎格外脆弱。你不知道，現在我們街道辦事處的房屋都是每年花 17000 多元從企業那裏租來的。這使得社區建設比起其他其地區顯得更加艱難。

另外，吉林省某社區成立於 2002 年 5 月，成立時街道辦事處雖然想了很多的辦法，但社區辦公用房卻一直沒有著落。社區主任只能在家裏 40 多平方米的屋子裏暫時辦公。為了解決社區的辦公場所問題，社區和街道方面曾與駐社區的廠方領導協商，請求將該企業經營不景氣，基本上處於閒置狀態的托兒所借一間房子暫時過關。但企業領導卻強調困難，沒有達成協議。

(2) 在社區建設的人力資源方面，在典型單位制的條件下，居委會幾乎完全居於「剩餘體制」之下，當時的居委會典型模範，大多都是在若干個單位聚集的區域發生的。而在超大型企業聚集的空間裏，居委會則很難走到歷史的前臺。由此，一個單位人到居委會任職簡直是一種不可想像的事情。近年來，瀋陽、長春、吉林等老工業基地雖然成立了社區，但由於社區管理人員的待遇過低，以長春為例，社區管理人員月收入僅在 300 元左右。如此很難吸納高學歷人員來社區任職。因此，只要企業的光景尚可維持，企業的人力資源便不可能分化出來，納入社區。

三、社會「公共空間」形成的進程更加緩慢。

　　從 20 世紀 50 年代開始，在聯合國發表的《通過社區發展促進社會進步》的專題報告中，即提出社區發展的目的是動員社區居民積極參與社區建設。並認為社區的實質性特徵主要表現在這種「聚合體帶有公共生活的特徵，表現為風俗、習慣、傳統和講話的模式。」⑬從此，市民參與幾乎成了衡量社區發展最具核心意義的指標。就是在今天，在西方社區主義者看來，社區高遠的主旨亦在於「培養公共的習俗和制度，好讓不同傳統習慣的人和睦相處。」⑭這說明：社區要想取得真正意義的發展，必須使其發展進程直接牽涉到社區中所有人以及他們的總需求。如果社區發展與其居民的實際利益毫無關係，是很難發生互動關係，形成內聚力的。目前，對於東北老工業基地社區建設來說，其所面臨的一個重大的挑戰，便是如何將「單位認同」轉化為「社區認同」。

　　在計畫體制下，政府通過單位，對社會實施全面的管理和控制。政府的權力觸及了社會的各個方面，一個外在於國家的社會實際上並不存在。因此，近年來，在社區研究的熱潮中，很多學者發出了「社會在哪裡？」「社區在哪裡？」的感歎。尤其是在東北老工業基地這種典型的單位體制之下，幾乎所有的社會公共事務都由企業包下來。從社會關係角度看，所謂「單位辦社會」實際上是以「單位」覆蓋了「社會」，用「單位空間」代替了「公共空間」。從單位與其外部世界的關係看，更具有極其強烈的封閉性。單位將幾乎所有的人都吸納進單位體系的內部，其活動，其社會交往關係，都直接與單位發生關係。在東北老工業基地建設初期，在職工隊伍之外，還存在著較大的所謂「家屬隊伍」，但隨著「家屬革命化」的進程，其家屬也基本上都進入到所謂的「集體企業」當中。後來，其子女也都進入到集體企業當中。這樣，在居民委員會控制的職權範圍內，就基本上沒有什麼人了。因此，無論是職工，還是其家屬，都對企業產生一種強烈的依附，這種「依附」所帶來的對「企業的內部認同」也是非常強烈的。這種對單位的認同，實際上替代了對社區的認同。在這些職工和家屬看來，單位乃是一種絕對性的、更為理想的存在。這種強烈的單位意識，決定了東北老工業基地民間「公共空間」的形成之路更加曲折漫長。

肆、幾點思考

反思東北老工業基地典型單位制對社區建設的影響，給我們留下了許多有益的啓示：

一、社區建設模式的多樣性。無論是發達國家，還是發展中國家，其社區建設的模式都是多元的，不存在一個「放之四海而皆準」的社區建設模式。從理論上看，迄今爲止的社區建設發展，主要有兩個路徑：其一是「自下而上」，即民間自治力量在社區建設過程中表現出相當的主動性和自覺性。其二是「自上而下」的路徑，即以政府爲代表的行政力量在社區建設過程中扮演重要的角色。在一般的情況下，「主動性來自政府這一思路往往遭到社區專家的反對。他們擔心民主的經驗不會來自強加的計畫」。⑮社區建設採取何種路徑主要應該取決不同民族國家和地區具體的歷史背景和現實條件，而不能簡單地從理論和價值出發。東北老工業基地社區建設的特殊性在於在漫長的歷史歲月裏，以企業爲主體的單位因素在工業社區形成和發展過程中一直佔據著絕對主導地位，這遂使老工業基地的社區建設難以在短時間內擺脫單位的影響和制約。

二、社區建設不僅是目的，也是手段。從社區建設的長遠目標看，它不僅與城市基層民主建設的偉大目標相聯繫，而且與東北老工業基地的改造與振興方略相結合。而從社區建設的近期目標看，社區發展也往往是地方解決現實問題的一種手段。在社會轉型期，東北老工業基地的就業矛盾非常激化，弱勢群體數量大，出現了大量的「新貧困人口」。從而使得東北老工業基地社區建設負有更爲艱巨的使命。明乎此，我們就會更加明確地選好社區建設的著力點。目前，要想將東北老工業基地的社區建設真正地推向一個新的階段，就必須將社區建設與東北老工業基地的改造結合起來，只有這樣，才能喚起政府、單位、個人多方面的積極性，並將其凝聚成一股合力，全力推進社區建設。

三、社區建設的長期性。應該承認，隨著科技進步和人類文明的發展演進，人類改造社會的能力得到了極大的增強。但我們同時也必須承認：迄今爲止，人類一切改造社會的活動，都是在一定的前提條件下進行的。這告訴我

們，在社區建設過程中，必須遵循社會運行的基本規律。面對複雜的社會現象，我們應該少一點「只爭朝夕」的浮躁，而要多一些「賽慢精神」。在邁向市場化的社會轉型過程中，東北老工業基地的典型的「單位社會」雖然已經開始走向消解，但我們必須明確地意識到這一「轉化」的長期性和艱鉅性，注意尋求中間性過渡環節，而避免社區「空殼化」，墮入「行政社區」的誤區。

＊　　　　　＊　　　　　＊

註 釋

註① 包亞明，現代性與空間的生產（上海：上海教育出版社，2003 年），頁 87。

註② 中國第一汽車集團公司史志編纂室，中國第一汽車集團公司年鑑（長春：吉林科技出版社，2000 年），頁 252。

註③ Georg Simmel 著，林榮遠編譯，社會是如何可能的（桂林：廣西師範大學出版社，2002 年），頁 291～292。

註④ 李路路，「論單位研究」，社會學研究，第 5 期（2002 年），頁 23。

註⑤ 潘乃谷、馬戎，社區研究與社會發展，下（天津：天津人民出版社，1996 年），頁 1151～1152。

註⑥ 李漢林，「制度規範行為——關於單位的研究與思考」，社會學研究，第 5 期（2002 年 9 月），頁 2。

註⑦ 吳豔，老工業基地改造研究（大連出版社，1997 年），頁 96。

註⑧ 郭振英、盧建、丁寶山，「中國老工業基地的改造與振興」，中國社會科學，第 1 期（1993 年 1 月），頁 52。

註⑨ 孫乃民，吉林省社會形勢分析與預測（2002）（長春：吉林人民出版社，2001 年），頁 58～59。

註⑩ 郝赤軍，「東北老工業基地再就業的社會障礙性因素分析——以本溪市為中心」，吉林大學社會學專業碩士論文（2002 年），頁 22。

註⑪ 張靜，國家與社會（杭州：浙江人民出版社，1998 年），頁 20。

註⑫ 雷潔瓊，轉型中的城市基層社區組織——北京市基層社區組織與社區發展研究（北京大學出版社，2001 年），頁 91～92。

註⑬ 陳啓能，中國和加拿大的社區發展（北京：民族出版社，2002 年），頁 189。

註⑭ 歐陽景根，背叛的政治——第三條道路理論研究（上海：上海三聯書店，2002 年），頁 132。

註⑮ 陳啓能，中國和加拿大的社區發展（北京：民族出版社，2002 年），頁 13。

第三篇

對外貿易與金融改革

從中國大陸科技興貿政策論析
東北外貿發展策略

趙甦成

（政治大學國際關係研究中心副研究員）

摘　要

　　東北地區在1980年代以前，無論在工業發展、科研技術乃至外貿方面，均在中國大陸佔有一席之地。改革以來，東北地區卻與發展機遇擦身而過。

　　自1980年以來，東北地區的外貿無論就外貿規模、成長速度、外貿依存度，以及商品結構調整等方面，與中國大陸整體發展的橫向比較上，皆存在著明顯的落差。其中高新技術產品成長緩慢，並不特具外貿競爭優勢。

　　本文從科技興貿的角度，探討東北地區未來外貿政策的調適與定位。在綜合考量東北當前的產業結構、社會和經濟等條件後，本研究認為現階段東北地區的外貿發展策略，在中國大陸倡導科技興貿的總體方針下，應以技術進步為重點，藉技術進步改造、提升傳統產業及產品的競爭力。此外，東北地區整體外貿競爭力的提升，除了生產、外貿企業本身的技術進步與創新外，其他層面的創新，亦不可或缺，才能跨出科技興貿的大步，扭轉外貿的頹勢。

關鍵詞：技術創新、高新技術產品、技術進步、科技興貿

＊　　　　　＊　　　　　＊

壹、前　言

　　東北地區在 1980 年代以前，無論就工業發展、科研技術乃至外貿方面，均在中國大陸佔有一席之地。然而自改革開放以來，隨著全國經濟由計劃經濟體制向市場經濟體制的轉變，東北工業的發展速度趨緩，工業生產總值在全國所占的比重逐年下降，並出現了所謂「東北現象」的劣勢，不僅反映出東北地區經濟轉型欲振乏力的窘境，並已成爲東北地區揮之不去的發展障礙。其中以遼寧省爲例，在 1980 年代以前，遼寧省是長期位居全大陸第二位次、工業與外貿兼具優勢的大省。但自 1980 年代中期以來，整個東北地區在發展上，不僅乏善可陳，且與沿海地區差距日益拉大。

　　改革以來，經濟發展較快的省分，主要都受惠於外資和外貿的驅動。而東北地區卻因地理、歷史、國有企業，以及一定的制度等因素，與發展機遇擦身而過。二十世紀末，中共開始積極推動科技興貿政策。在此波新政策下，工業基礎深厚的東北地區，外貿政策應如何調適定位？東北在現有的發展條件下，究竟應著眼於提升技術創新能力，開展高新技術產業與產品爲重，抑或以技術進步爲內涵，改造傳統產業，增強產品外貿競爭力？針對此一問題，本文從技術創新的角度切入進行探討。文章在安排上，首先闡釋技術創新與比較利益的概念，以及中共所推動的科技興貿政策。其次剖析東北地區外貿發展的概況，並針對高新技術產品的外貿競爭能力進行分析。繼之審視東北技術創新的能力，以論證東北地區以技術創新做爲外貿發展主軸策略的可行性。最後，綜合考量當前東北的產業、社會和經濟等條件與需求，提出未來東北外貿發展的可行策略。

貳、技術創新、比較利益與外貿發展

　　自美國在 1990 年代締造出「新經濟」現象以來，對全球產業和貿易產生了深遠的影響。就貿易而言，新經濟的發展不僅改變了國際貿易的構成，同時也提高了進出口貿易佔 GDP 的比例，以及 GDP 成長中，高科技的貢獻度比重

上升。由於知識與技術在經濟發展中具有日益重要的支配作用，世人普遍深刻體認了新經濟時代知識與創新之重要性，故而關鍵著知識經濟發展相關之創新研發，乃受到重視①。與此同時，技術創新也成為外貿比較利益中，動態型式的重要一環。

有關創新一詞，早在 1912 年經濟學家熊彼得（J. A. Schumpeter）在「經濟發展理論」一書中，首次將創新視為現代經濟成長的核心。他認為創新是在新的體系裏，引入新的組合，是生產函數的變動。這種組合或變動包括：(1)採用一種新的產品或者一種產品的新特性；(2)採用一種新的生產方法；(3)開闢一個新的市場；(4)掠取或控制原材料或製成品的一種新的供應來源；(5)實現任何一種工業的新組織②。

當前有關對創新意涵的界定，大多數學者普遍把創新界定在技術創新範圍內。所謂技術創新乃是指一個從新思想的產生，到產品設計、試製、生產、營銷和市場化的一系列活動，也是知識的創造、流通和應用的過程。其實質是新技術的產生和商業應用，而管理、組織和服務的改善在其中亦發揮著重要作用③。

由於技術創新已被視為外貿比較利益中的一種形式，因此無論是地區甚至國家整體外貿競爭力之焦點，大多集中於技術創新能力的提升。然而必須強調的是，有關技術創新的動力，除了由國家宏觀的力量來推動外，企業的微觀力量更扮演著舉足輕重的角色。

就企業而言，企業為在市場上求生存，強化其競爭力和經濟效益，乃產生一種追求技術進步的內在衝動，以促進新技術、新產品的開發，實踐利潤最大化的最終目的。至於企業開展技術創新的途徑，主要包括推動高新技術及其產業化、傳統產業的技術改造、產品技術創新，以及設備技術創新等。而觀察企業對創新的投入，則通常包括了企業設有研發部門的比重、企業人員中科技人員的比例，以及企業所投入的研究與發展經費占 GDP 的比重做為指標來衡量。

中國大陸自「十五」大，提出以技術創新為核心內容的「科教興國」發展策略。1999 年，在貫徹科教興國政策下，中共外經貿部與中共國家科技部、信息產業部、國家經貿委等，共同提出了「科技興貿」策略。有關科技興貿的內涵，主要是強調技術進步、提升技術創新能力，以增強外經貿企業科技創新

和產業化能力，提高出口商品附加值和技術層次，並逐步達到調整出口商品結構，由初級工業加工品為主，轉向高附加值、高技術層次的工業製成品，以提升對外貿易的競爭力，最終維護和確保對外貿易的持續、穩定和快速發展④。

中共提出科技興貿政策的背景，除了有鑑於科技與經濟、貿易一體化發展已成為當前世界經濟與科技發展的一個重要趨勢外，同時也認知到技術進步、技術創新、開發高新技術產品是維持對外貿易持續成長的重要關鍵。由於中國大陸以往在外貿發展上雖保持高成長，但其外貿成長方式主要是以低價高量取勝。以 2000 年為例，大陸高新技術產品出口僅佔外貿出口比重的 15 ％，遠低於歐美國家平均 40 ％的比重。此種出口商品結構不僅導致了外貿商品欠缺競爭力，同時亦未能充分發揮優化本國產業結構，提高企業產品國際競爭力的作用。為扭轉此種劣勢，中共乃倡導出口產品必須朝向知識密集型產品發展。

有關推動科技興貿，強化技術創新以及科技生產一體化方面，中國大陸所實施的宏觀手段包括實行財稅、金融扶持政策、完善科技人員管理制度，轉化科技成果、以專項政策鼓勵科研機構轉制為企業，以及相關的組織管理、經濟技術政策和行政、法律手段等來推動技術進步⑤。此外，亦採取了集中資源和力量，進行重點高新科技專項的研究，例如：2002 年開始推動的包括超大規模集成電路和軟體、電動汽車、資訊安全與電子證物及電子金融、功能基因組與生物芯片、創新藥物等 12 個重大科技專項⑥。

至於就微觀推動方面，在市場經濟條件下，企業是科學技術轉化為生產力的主體，也是科技進步的主導力量。然而中國大陸的情況卻迴異於常，這主要是由於中國大陸以往在計畫經濟體制下，企業缺乏自主性，同時也欠缺市場化的競爭環境。企業對技術創新的研究發展、技術引進等，未有深刻認識。因此，企業並未形成技術創新，以及技術轉化為生產力的主體。為此，中共要求大中型企業要建立、健全企業技術中心、強化企業與高等學校、科研機構的聯合協作，以及企業應主動增加科技投入等⑦。

回顧中國大陸自實施科技興貿政策以來，目前已初現成效。自 2000 年以來，高新技術產品貿易的成長速度皆高於外貿的成長速度。2002 年全國高新技術產品進出口總值為 1504.12 億美元，成長 36.05 ％，占全國外貿進出口總額的 24.2 ％。其中出口 677.07 億美元，進口 827.05 億美元，各自成

長了 45.7 ％和 29.0 ％，增幅分別高出全國外貿出口和進口的增幅（23.4 ％
和 7.8 ％）⑧。而高新技術機電產品出口占全部高新技術產品出口的 99.4 ％⑨，
中共並預期在 2010 年高新技術產品出口能自 2000 年比重 15 ％，提高到占總
出口比重達到 30 ％⑩。

參、改革以來東北地區的外貿發展態勢

　　中國大陸自 1980 年代以來，外貿取得發展快速。自 1978 至 2000 年間，
年均成長速度達 15.6 ％，超越了國民經濟的成長速度（11 ％），並成為帶動
經濟成長的主要推動力量。在此背景下，東北地區外貿發展呈現了何種態勢？
以下本節針對此點，分別從外貿規模、成長速度、外貿依存度，以及外貿商品
結構等內涵，對東北地區的外貿發展進行分析。

一、外貿規模、成長速度、外貿依存度比較分析

　　在 1991 年以前，遼寧是外貿大省，外貿規模長期保持全國第二位次。1978
年遼寧外貿進出口、出口總額分別為 15.90、15.20 億美元，占大陸進出口、出
口總額的比重分別為 7.70 ％和 15.59 ％⑪（參見圖一）。1982 年遼寧外貿進出
口總額占全大陸進出口總額的比重躍升至 10.5 ％，達到最高點，此後則呈現
逐年下滑的趨勢。1991 年，遼寧外貿規模已退居全大陸第 9 位次。迄至 2003
年，進出口外貿總額雖達 265.60 億美元，占大陸進出口總額的比重卻已降至
歷年最低點，僅佔全國比重的 3.12 ％。從上述的數據說明了自 1980 年代中期
以來，遼寧外貿競爭力日益下降，已漸喪失以往的優勢。

　　黑龍江與吉林兩省的外貿規模雖難與遼寧相提並論，但值得注意的是，有
別於遼寧自 1980 年代以來外貿規模在全國地位持續下降，吉林與黑龍江兩省
的外貿卻自經改以來，曾取得一定的進展。自 1978 年至 1990 年代中期止，兩
省外貿在大陸整體外貿的比重持續攀升。吉林省外貿佔大陸整體外貿的比重自
1978 年比重 0.22 ％，上升至 1994 年 1.53 ％，黑龍江則自比重 0.18 ％上升至
1992 年的 1.74 ％。不過，其後至新世紀前，兩省外貿發展皆後繼無力，佔全
國的比重呈現逐漸下降的趨勢。2000 年以來，情勢出現逆轉。2002 年黑龍

江全年進出口成長率 28.3 ％，高於全國平均的成長率⑫。進出口額居全國
第 12 位，其中出口為全國第 15 位，進口為全國第 12 位。2003 年，吉林外
貿金額達 61.72 億美元，較上年大幅成長了 66.5 ％，高於同期全大陸的成
長率（37.1 ％）。

圖一　1978～2003 年東北地區外貿進出口金額佔全大陸進出口金額比例

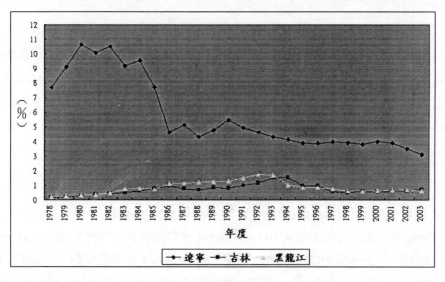

資料來源：遼寧省統計年鑑、吉林省統計年鑑、黑龍江省統計年鑑、中國統計年鑑。

　　就東北地區外貿成長的速度而言，在 1986 至 1990 年間，成長速度尚差強
人意，平均成長速度為 15.90 ％，高於大陸整體的成長率（10.9 ％）（參見表
一）。然而整個 1990 年代，東北地區的外貿成長速度，不僅皆低於全國的速
度，且每況愈下。「八五」期間，年增率為 14.80 ％，時至「九五」時期，已
下滑至 6.64 ％。至於出口方面，自 1986 年以來迄今，東北地區出口的成長速
度皆低於全國的速度（參見表二）。邁入 21 世紀以來，東北外貿成長趨勢雖
明顯，但長期成長趨緩的現象，東北地區外貿總額占中國大陸外貿總量的比重
已大幅下降。外貿進出口、出口總額占大陸的比重，自 1978 年的 8.10 ％、
16.35 ％，下滑至 2003 年的 4.47 ％和 4.49 ％。

表一　東北地區外貿進出口年增率

年　度	遼寧進出口較上年增減 %	吉林進出口較上年增減 %	黑龍江進出口較上年增減%	大陸進出口較上年增減 %	東北地區外貿平均年增率%
1986	-36.39	30.22	59.04	6.09	
1987	23.94	-10.84	18.70	11.92	
1988	4.72	19.28	28.83	24.37	
1989	19.86	36.80	13.94	8.65	
1990	18.45	6.26	5.64	3.37	
1986～1990 年均成長	6.1	16.3	25.2	10.9	15.90
1991	6.53	23.60	35.22	17.49	
1992	13.78	46.69	42.76	22.05	
1993	10.53	24.66	14.55	18.23	
1994	15.71	1.60	-26.36	20.91	
1995	12.24	2.36	-1.81	18.70	
1991～1995 年均成長	11.8	19.8	12.9	19.5	14.80
1996	2.33	-19.28	2.68	3.21	
1997	15.22	-11.85	0.53	12.14	
1998	-1.71	-10.87	-18.39	-0.35	
1999	7.77	33.85	9.00	11.33	
2000	38.53	15.45	36.28	31.52	
1996～2000 年均成長	12.4	1.5	6.0	11.6	6.64
2001	4.68	22.67	13.53	7.47	
2002	9.19	18.35	28.32	21.77	
2003	22.17	66.45	22.53	37.11	
2000-2003 年均成長	12.0	35.8	21.5	22.1	23.10

資料來源：遼寧省統計年鑑、吉林省統計年鑑、黑龍江省統計年鑑、中國統計年鑑。

表二　東北地區外貿出口年增率

年　度	遼寧出口較上年增減 %	吉林出口較上年增減 %	黑龍江出口較上年增減 %	大陸出口較上年增減 %	東北地區出口平均年增率%
1986	-38.92	22.95	49.05	13.13	
1987	22.99	-10.93	32.03	27.47	
1988	2.27	13.77	15.39	20.49	
1989	14.76	28.57	9.61	10.56	
1990	26.09	9.94	5.79	18.18	
1986～1990 年均成長	5.4	12.9	22.4	18.0	13.56
1991	2.96	33.38	26.78	15.70	
1992	7.05	30.31	32.93	18.23	
1993	0.52	23.64	-7.71	8.01	
1994	10.53	25.12	-26.63	31.91	
1995	20.29	-29.77	-5.65	22.95	
1991～1995 年均成長	8.3	16.5	3.9	19.4	9.58
1996	0.98	5.92	-7.69	1.53	
1997	6.67	-37.97	21.30	20.95	
1998	-9.49	-19.72	-30.53	0.58	
1999	1.86	36.18	4.40	6.08	
2000	32.32	21.76	52.63	27.85	
1996～2000 年均成長	-0.4	7.4	-0.5	7.0	2.16
2001	2.40	17.79	11.03	6.79	
2002	11.34	20.85	23.60	22.32	
2003	18.27	22.29	44.22	34.64	
2000～2003 年均成長	10.7	20.3	26.3	21.3	19.09

資料來源：遼寧省統計年鑑、吉林省統計年鑑、黑龍江省統計年鑑、中國統計年鑑

其次，就東北地區的外貿規模與中國大陸七大地區的外貿規模進行橫向比較（參見表三），在 1980 年代前期，東北地區的外貿規模始終位居第三位次。以 1985 年爲例，前三位次的地區分別爲長江三角洲（82.84 億美元）、環渤海地區（72.80 億美元）和東北地區（64.5 億美元）。然而自 1986 年起，由於東南沿海地區外貿的急速發展，東北地區的外貿位次已在七大地區中，退居第四位。顯示東北外貿競爭力在國內處於劣勢，其發展水平遠遠落後於經濟發展較快的沿海地區。

表三　1985～1998 年中國大陸七大地區外貿進出口規模

單位：億美元

年　度	東　北地　區	西　北地　區	環渤海地　區	中部五省地區	西　南地　區	東南沿海地區	長江三角洲地區
1985	64.50	6.37	72.80	24.12	13.54	62.80	82.84
1986	49.57	7.72	73.95	28.56	15.97	81.57	89.06
1987	58.51	9.55	90.53	37.18	25.56	228.82	104.53
1988	63.98	12.27	100.13	43.52	29.75	338.62	127.23
1989	76.92	13.44	106.53	43.38	34.13	390.00	140.20
1990	87.62	13.44	110.25	45.03	37.37	462.37	141.20
1991	100.98	17.29	118.44	55.22	41.85	582.69	168.02
1992	124.61	25.18	142.86	70.25	56.51	738.07	213.75
1993	147.45	31.69	177.51	86.05	71.52	883.86	280.95
1994	158.36	34.72	211.69	104.18	96.19	1088.51	360.84
1995	160.94	41.40	303.20	128.16	115.61	1184.18	468.29
1996	165.36	41.68	347.26	128.58	111.11	1254.73	564.19
1997	172.78	42.00	400.38	134.35	99.95	1483.08	639.08
1998	164.03	45.66	435.55	133.00	89.40	1469.58	681.70

資料來源：依據新中國五十年資料彙編，各省市資料自行計算並製表。

七大地區之劃分如下：東北地區（遼寧、吉林、黑龍江）、環渤海地區（北京、天津、河北、山東及山西）、中部五省（湖南、湖北、河南、安徽、江西）、東南沿海（廣東、福建）、長江三角洲（上海、江蘇、浙江）西北地區（陝西、甘肅、寧夏、青海和新疆）以及西南地區（雲南、貴州、四川、廣西、西藏和重慶市）。

再就外貿依存度而言（參見表四、表五），東北三省中，遼寧無論是外貿進出口及出口依存度皆較略勝一籌。以 2002 年爲例，遼寧分別爲 32.82 ％和18.68 ％，但仍與全國的數據 50.17 ％和 26.31 ％有相當大的差距。至於東北地區整體的數據 18.59 ％和 9.81 ％與全國的數據落差就更爲明顯。顯示東北地區經濟發展上，外貿的帶動力量仍相當薄弱。

表四　1985～2002 年東北地區外貿依存度

年　度	遼寧進出口外貿依存度（％）	吉林進出口外貿依存度（％）	黑龍江進出外貿依存度（％）	大陸外貿依存度（％）	東北地區平均外貿依存度％
1985	30.51	7.34	4.22	23.05	14.02
1986	19.56	10.90	6.99	25.29	12.48
1987	21.99	8.00	7.88	25.78	12.62
1988	18.80	7.70	8.36	25.60	11.62
1989	20.01	10.03	8.44	24.58	12.83
1990	28.44	12.47	9.98	29.98	16.97
1991	29.85	15.74	13.03	33.43	19.54
1992	28.67	19.87	16.48	34.24	21.67
1993	24.25	20.11	15.80	32.54	20.06
1994	34.29	22.65	12.94	43.59	23.29
1995	32.86	19.27	9.89	40.19	20.68
1996	29.62	13.08	8.48	35.55	17.06
1997	29.99	10.62	7.54	36.22	16.05
1998	28.00	8.78	5.87	33.82	14.22
1999	27.22	8.42	6.26	36.50	13.97
2000	33.72	11.34	7.60	43.90	17.55
2001	32.74	12.76	7.88	43.98	17.79
2002	32.82	13.66	9.27	50.17	18.59

資料來源：遼寧省統計年鑑、吉林省統計年鑑、黑龍江省統計年鑑、中國統計年鑑。

表五　1985～2002 年東北地區外貿出口依存度

年　度	遼寧出口外貿依存度（%）	吉林出口外貿依存度（%）	黑龍江出口外貿依存度（%）	大陸出口依存度（%）	東北地區平出口依存度（%）
1985	28.54	5.69	3.41	9.02	12.55
1986	17.57	7.98	5.30	10.61	10.28
1987	19.61	5.85	6.65	12.29	10.70
1988	16.37	5.68	6.32	11.83	9.46
1989	16.68	7.44	6.13	11.57	10.08
1990	25.23	8.89	7.27	16.10	13.80
1991	25.60	11.55	8.90	17.70	15.35
1992	23.14	11.38	10.48	17.55	15.00
1993	17.80	9.67	8.09	15.26	11.85
1994	24.04	11.99	6.60	22.29	14.21
1995	24.69	8.11	4.85	21.29	12.55
1996	21.95	6.04	3.74	18.53	10.58
1997	20.58	5.35	4.01	20.36	9.98
1998	17.84	3.98	2.66	19.18	8.16
1999	16.27	3.88	2.71	19.73	7.62
2000	19.23	5.51	3.69	23.10	9.48
2001	18.27	5.96	3.74	22.96	9.32
2002	18.68	6.52	4.24	26.31	9.81

資料來源：遼寧省統計年鑑、吉林省統計年鑑、黑龍江省統計年鑑、中國統計年鑑。

二、進出口商品結構分析

　　基本上，東北地區在出口商品結構的變化上，呈現初級產品比重日減，而工業製成品比重日增之趨勢。1990 年，遼寧、吉林和黑龍江工業製成品佔出口商品的比重分別爲 62.6 ％、35.1 ％和 50.9 ％，三省的平均比重較中國大陸同期平均比重 74.6 ％，低了近 25 個百分點（參見表六）。迄至 2002 年，遼寧、吉林和黑龍江三省工業製成品佔出口商品的比重分別爲 71.6 ％、39.1 ％和 76.5 ％。其中，黑龍江出口商品結構的優化最爲突出，吉林工業製成品出口比重相較偏低。整體而言，2002 年東北地區工業製成品佔出口商品的平均比重爲 62.4 ％，與中國大陸當年平均比重 91.3 ％，差距更拉大爲 29個百分點。

表六　1990～2002 年東北地區對外貿易進出口商品結構

單位：％

地　區	遼　寧		吉　林		黑龍江		中國大陸		
年　度	初　級產　品	工業製成　品	初　級產　品	工業製成　品	初　級產　品	工業製成　品	初　級產　品	工業製成　品	高新技術產品占出口比　重
1990	37.4	62.6	64.9	35.1	49.1	50.9	25.6	74.6	-
1991	47.1	57.9	63.3	36.7	51.8	48.2	22.5	77.5	4.0
1992	44.3	55.7	59.7	40.3	46.5	53.5	20.2	80.0	4.7
1993	52.1	47.9	61.8	38.2	44.3	55.7	18.2	81.8	5.1
1995	42.0	58.0	19.3	80.7	32.4	67.6	14.4	85.6	6.8
1999	26.2	73.8	43.0	57.0	30.4	69.7	10.2	89.8	12.7
2000	27.6	72.4	47.5	52.5	30.3	69.7	10.2	89.8	14.9
2001	29.3	70.7	53.1	46.9	24.4	75.6	9.9	90.1	17.5
2002	28.5	71.6	60.9	39.1	23.5	76.5	8.7	91.3	20.8

資料來源：中國對外經濟貿易年鑑各相關年份資料。

　　再細究東北各省的出口商品內容，首先從遼寧工業製成品的內部結構分析，在遼寧出口的工業製成品中，自 1990 年以來，輕紡產品、橡膠製品和礦產品及其製品，此類勞力密集型商品總計占出口的一半⑬。1999 年遼寧省此類產品出口的比重爲 52.99 %，高於中國大陸約爲 50 %的平均水平。

　　2002 年，遼寧出口商品在一億美元以上的有 26 種，佔出口總比重 60.12 %。出口的大宗商品包括水產品、蔬菜、鎂砂、原油、成品油、石臘、木製品、紡織紗線、鋼材、印表機、計算機零件、微電機、傳真機零件、雷射視盤放映機、電視機、汽車零件、船舶、家具等⑭。在這些大宗出口商品中，機電產品出口金額爲 47.98 億美元，較上年成長了 31.9 %，占出口總額的比重爲 38.8 %。其中又以印表機、計算機零件、汽車零件、收錄組合機、船舶的成長較快。此外，高科技產品出口 21.6 億美元，占出口比重 17.5 %。紡織服裝佔出口比重 14 %，水產品亦爲出口的骨幹商品⑮。

　　從上述的商品內容來分析，遼寧機電產品出口比重較同期大陸平均水平（47.6 %）低了近 9 個百分點。這說明了遼寧省的出口商品仍以資源性、技術層次較低、低附加值的勞動密集型產品爲主。此種技術含量不高、結構不合理的出口結構，自然影響了遼寧的外貿競爭力。

　　截至 2002 年，吉林省進出口金額總計 37.03 億美元，其中出口 17.69 億美元，進口 19.34 億美元。出口商品結構以初級產品爲主，占比重 60.9 %。2002 年出口在 1000 萬美元以上的商品有 16 種，占出口總比重 71.2 %。其中玉米爲最大宗商品，佔了出口總額比重 44.4 %。其餘依序爲服裝及衣著附件，佔出口總額比重 7.8 %、紡織紗線（3.9 %）、凍雞（2.6 %）、汽車和汽車底盤（2.0 %）、大米（1.5 %）、輪胎（1.3 %）、乾豆（1.3 %）、家具（1.2 %）。此外，尚包括塑膠製品（0.9 %）、鮮、乾水果及堅果（0.9 %）、電線和電纜（0.7 %）、水海產品（07.%）、鋸材（0.7 %）、鋼材（0.6 %）、未鍛造的鋁及鋁材等（0.6 %）。至於同年大宗的進口商品包括了汽車零件（佔進口比重 31.6 %）、活塞式內燃機零件（9.0 %）、計量檢測分析自控儀器及器具（4.0 %）、鋼材（1.7 %）、鐵礦砂（1.4 %）、天然橡膠（1.2 %）、型模及金屬鑄造用型箱（1.0 %）等⑯。從上述吉林省進出口商品內容及比重

來看，吉林省大都出口低價格的初級產品，換取價格較高的工業製成品，尤其是佔進口相當大比重的機械設備等，由此論之，吉林外貿實處於不平等的地位。

黑龍江省的出口商品結構中，農副產品佔了不低的比重，以 2000 年為例，農副產品出口占出口商品總額的 28 ％，機電產品占 14.3 ％，織品服裝占 14 ％，鞋類占 11.2 ％[17]。迄至 2002 年，農副產品出口比重已下降至 21.2 ％。其餘居前 10 位的大宗商品分別為織物製服裝（20 ％）、機電產品（17.3 ％）、鞋類（14.6 ％）、高新技術產品（10 ％）、亞麻織物（3.4 ％）、自動數據處理設備的零件（3 ％）、玉米（3 ％）、大米（2.8 ％）和家用或裝飾用木製品（1 ％）[18]。由上述的商品內容，顯示黑龍江省出口商品仍以科技含量低、附加值低、資源密集型和勞動密集型產品居多，技術密集型、知識密集型產品較少。

綜觀東北地區出口商品結構的變化，整體趨勢呈現出工業製成品出口比重持續上升的趨勢。此種出口產品結構的改變，說明了東北地區工業化程度和經濟發展皆有所提升。從縱向的比較而言，出口商品結構的變化，說明了東北三省出口商品外貿競爭力有所增強。但與中國大陸的橫向比較，則東北地區出口商品總體結構的發展水平，仍遠低於全國平均水平。

肆、東北三省高新技術產品外貿競爭力分析

在掌握東北外貿出口商品結構變化的趨勢後，本節將進一步審視東北地區高新技術產品的外貿競爭力。俾利掌握該地區外貿的梗概，以進一步分析東北地區外貿策略應如何調整與定位。

所謂高新技術產品領域，依據中國大陸海關 2002 年以來所採用的分類目錄，共涉及以下八個領域：1. 電子資訊；2. 軟體；3. 航空航太；4. 光機電一體化；5. 生物醫藥和醫療器械；6. 新材料；7. 新能源和節能產品；8. 其他（環境保護、地球空間和海洋）[19]。其中又主要以資訊產業包括計算機、通信技術、電子技術等為核心，占了高新技術出口的 90 ％[20]。

一、遼寧省高新技術產品

2000 年遼寧省高新技術產品出口 16.4 億美元，較上一年金額 9.02 億美元，大幅度成長了 82.2 ％。占全省外貿出口比重為 15.1 ％，高出全國同期的比重（14.9 ％）[21]（參見圖二、圖三、表六、表七）。2001 年出口額為 17.5 億美元，其中資訊產業 7.5 億美元，生物醫藥 1.3 億美元，機電一體化 4.7 億美元，新材料 2.2 億美元[22]。全年高新技術產品出口，占全省總出口比重 15.8 ％。2002 年，全省高新技術產品出口總值增加到 21.6 億美元。自 2001 年至 2002 年間，高新技術產品出口年成長速度分別為 6.2 ％、和 22.5 ％。至於高新技術產品出口占全省外貿出口總值的比重，分別為 15.8 ％和 17.5 ％，速度雖有成長，但低於同期大陸高新技術出口占總出口的平均比重（17.5 ％和 20.8 ％）。自 2000 年至 2002 年間，遼寧高新技術產品出口，占全國高新技術產品出口比重亦呈下降趨勢，分別為 4.4 ％、3.8 ％和 3.2 ％[23]。與此同時，中國大陸整體高新技術產品出口占全國外貿出口總值的比重，呈現出穩定且高速的成長趨勢。各年比重分別為 11 ％、12.7 ％、14.9 ％、17.5 ％、20.8 ％和 25.2 ％。截至 2002 年，遼寧高新技術產品出口居全國第七位次[24]。歸納而言，遼寧省屬高附加值、技術密集型產品的出口競爭力，尚有待進一步提升。

圖二　1999～2002 年東北三省高新技術產品出口金額

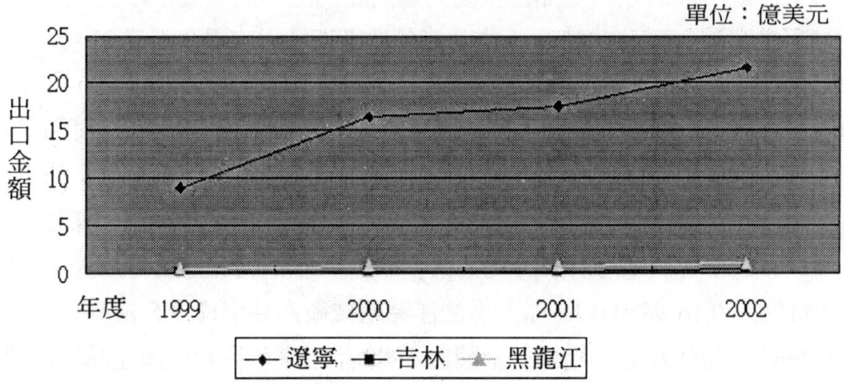

單位：億美元

資料來源：中國科技統計網站有關各省市主要科技指標，http://www.sts.org.cn/sjkl/index.htm。

圖三　1999～2002 年東北三省高新技術產品出口佔全省出口比重

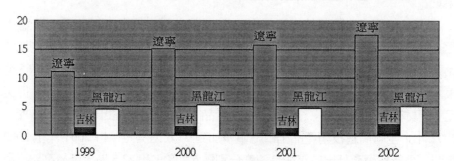

資料來源：中國科技統計網站有關各省市主要科技指標，http://www.sts.org.cn/sjkl/index.htm。

二、吉林和黑龍江高新技術產品

　　吉林省的支柱產業主要為汽車、化工及農產品加工，其中，農畜產品在出口商品中有相當大的比重。以 2002 年為例，吉林省初級產品佔出口商品約 60％的比重。基本上，高新技術產品並非吉林的出口強項。吉林自 1999 年至 2002年間，全省高新技術產品出口總值以及佔全省出口總額和比重分別為 0.12 億美元（1.2％）、0.18 億美元（1.5％）、0.17 億美元（1.2％）和 0.34 億美元（2.0％），2001 年至 2002 年期間，高新技術產品出口出現了最大幅度倍數的成長。不過，高新技術產品占全國同類商品的出口比重則始終在 0.05％徘徊（參見表七）。截至 2002 年，吉林高新技術產品出口居全國第 21 位次，僅領先於廣西、海南和新疆三省區㉟。

　　自 1999 年至 2002 年期間，黑龍江省高新技術產品出口總值分別為 0.43、0.77、0.76 和 0.99 億美元。高新技術產品出口年成長率分別為 79％、-1.3％和 30％，未見穩定成長。同期間高新技術產品出口占全省外貿總出口比重分別為 4.5％、5.3％、4.7％和 5.0％，占全國高新技術產品出口比重分別為 0.17％、0.21％、0.16％和 0.15％。黑龍江高新技術產品出口占全國高新技術產品出口的比重起伏互見，相較於全國自 1999 年以來，高新技術產品出口呈現出穩定且高速的成長趨勢，各年金額及成長速度分別為 247 億美元（年成長率22.9％）、370 億美元（年成長率 49.8％）、464 億美元（年成長率 25.4％）、

677.1 億美元（年成長率 45.7 ％）、1103.2 億美元（年成長率 63.0 ％），黑省持續成長的趨勢並不明顯。截至 2002 年，黑龍江高新技術產品出口在全國爲第 12 位次㉖。

表七　2002 年東北三省高新技術產品進出口概況

單位：億美元

		1999			2000			2001			2002		
		進出口	出　口	進　口	進出口	出　口	進　口	進出口	出　口	進　口	進出口	出　口	進　口
遼寧	金　額	19.80	9.02	10.79	30.40	16.43	13.79	38.24	17.53	20.71	49.31	21.60	27.71
	佔全省比重%	14.40	11.00	19.00	16.00	15.10	16.00	19.20	15.80	23.00	22.70	17.50	29.00
	佔全國比重%	3.18	3.65	2.87	3.39	4.40	2.66	3.46	3.80	3.23	3.27	3.20	3.35
吉林	金額	1.78	0.12	1.66	1.19	0.18	1.01	1.91	0.17	1.74	2.50	0.34	2.16
	佔全省比重%	8.00	1.20	17.00	4.70	1.50	9.00	6.10	1.20	12.00	6.70	2.00	13.00
	佔全國比重%	0.29	0.05	0.44	0.13	0.05	0.19	0.17	0.04	0.27	0.17	0.05	0.26
黑龍江	金　額	2.24	0.43	1.81	2.28	0.77	1.51	3.05	0.76	2.29	3.78	0.99	2.88
	佔全省比重%	10.20	4.50	14.00	7.60	5.30	9.00	9.00	4.70	12.00	8.70	5.00	12.00
	佔全國比重%	0.36	0.17	0.48	0.25	0.21	0.29	0.28	0.16	0.36	0.25	0.15	0.35

資料來源：中國科技統計網站有關各省市主要科技指標，http://www.sts.org.cn/sjkl/index.htm

　　就三省高新技術產品貿易競爭力而言，基本上高新技術產品進口多於出口，呈逆差狀態。2000 年遼寧、吉林和黑龍江三省的指數分別爲-0.12、-0.72以及-0.48㉗，說明了截至目前爲止，該地區高新技術產品出口競爭力仍極爲薄弱。

　　從上述的分析中，說明了東北地區高新技術產品出口，在全國中並未享有優勢。這種現象固然與東北地區產業一向以重工業爲主導相關外，尚包括了一

些整體大環境等不可輕忽的因素。基本上，中國大陸高新技術產品進出口主要集中在東部沿海地區，以 2002 年為例，廣東、上海、北京、江蘇、天津的出口額佔了全國 84.8 ％㉘。這主要是因為大陸高新技術產品進出口係以加工貿易方式為主，此類加工貿易方式的高新技術產品出口，占全大陸高新技術總出口額的 89.54 ％㉙，其中又以三資企業為進出口的主體。由於外資企業大都集中於沿海地區，因此也造成高新技術產品進出口主要集中在東部沿海地區，從而導致了東部沿海地區在高新技術產品出口方面，與其他地區間存在著較大的差距。

伍、東北地區技術創新能力分析

　　企業是地區技術創新的主要驅動力，而企業推動技術創新的途徑，主要包括了企業自行研發、外資引進技術設備以及企業自行引進技術設備等。此外，外在的配套環境亦對地區創新能力具有相當大的影響力。本節分別從企業技術創新以及配套環境兩方面，對東北地區技術創新能力進行分析。

一、企業自行研發創新能力

　　由於國有企業迄今仍是東北地區的主要經濟成分，因此國企的技術創新遂關鍵著地區整體的技術創新程度。有關東北國有企業技術創新的情況，從三省大中型工業企業一些相關的指標亦可略窺梗概。

　　首先就大中型工業企業擁有科技機構的企業數比重來觀察：2001 年全大陸大中型工業企業此項比重為 26.2 ％，而遼寧、吉林、黑龍江的比重則分別為 21.5 ％、20.2 ％和 22.8 ％，都低於全國的平均水平（參見表八）。

　　再就科技活動人員占企業人員比重來分析，全大陸大中型工業企業的此項比重為 4.9 ％，而遼寧、吉林、黑龍江的此項比重則分別為 5.0 ％、3.2 ％和 3.4 ％（參見表八）。除了遼寧的比重凌駕全國平均比重外，其餘兩省與全國的平均比重相較，仍都較低，且存在相當大的落差。上述的這些現象，說明了東北三省大中型工業企業已不再享有以往的科技優勢。

　　其次，再進一步細究三省研究與發展經費占全省 GDP 比重的變化，來觀

察其技術創新的投入程度。由於無法取得東北三省國有企業的數據,此處以全省的數據來取代,亦即以東北三省科研三大系統:大中型工業企業、獨立研究機構,以及高等學校的總體數據來觀察。藉由觀察全省研發投入的變化,仍可推論出一定程度的趨勢變化[30]。

表八　2001 年東北三省大中型工業企業研發概況

項　　目	全國大中型工業企業情況			
地　　區	全　國	遼　寧	吉　林	黑龍江
有科技機構企業數比重	26.2	21.5	20.2	22.8
科技活動人員佔企業人員比重	4.9	5.0	3.2	3.4

資料來源:依據中國科技統計年鑑 2002,頁 68～69、74～75、78、80～81、95、97、131 資料製表。

　　遼寧省的研究發展投入經費在東北地區是居於前列的,1990 年研究與發展經費爲人民幣 10.4 億元,占 GDP 比重 0.97 %,較同期全大陸平均比重 0.67 %,高出 0.3 %。然而至 2000 年遼寧省全省研發經費爲 41.7 億元,占 GDP 比重下降至 0.89 %,已低於中國大陸的平均比重(1.0 %),顯見遼寧研發投入自 1990 年代以來已不再具明顯優勢。不過值得注意的是,自新世紀以來,遼寧省全省研發投入已見快速成長。金額自 2001 年的 53.9 億元增加至 2002 年的 71.6 億元,年成長率高達 84.6 %。2002 年研發投入占 GDP 比重已達 1.31 %,超越了全國的平均比重(1.23 %)(參見表九)。黑龍江和吉林兩省在研發經費的投入上,無論就金額及佔全省 GDP 的比重,都難與遼寧省相提並論。不過值得一提的是,吉林省的研發投入自 2000 年以來,增勢明顯。自 2000 年至 2002 年間,經費分別成長了 81 %、23.1 %和 66 %。2002 年研發經費投入爲 26.4 億元,已領先了黑龍江的 23.3 億元。吉林省研發經費占 GDP 的比重已上升至 1.17 %,黑龍江只有 0.6 %。整體而言,東北地區整體的研發投入歷經了 1990 年代投入不足、優勢漸失的頹勢後,目前已加大了投入力度,經費上已開始急起直追。

表九　東北三省研究與發展經費支出

單位：億元人民幣

地　區 年　度	遼　寧		黑龍江		吉　林		中國大陸	
	R&D 經費 支出	R&D 經費 佔省 GDP 比重	R&D 經費 支出	R&D 經費 佔省 GDP 比重	R&D 經費 支出	R&D 經費 佔省 GDP 比重	R&D 經費 支出	R&D 經費 佔省 GDP 比重
1990	10.4	0.97	1.9	0.26	-	-	125.4	0.67
1995	16.6	0.59	4.2	0.2	-	-	349.1	0.6
1999	29.4	0.7	14.4	0.49	7.4	0.34	678.9	0.83
2000	41.7	0.89	14.9	0.45	13.4	0.7	895.7	1.0
2001	53.9	1.07	20.1	0.56	16.5	0.81	1042.5	1.09
2002	71.6	1.31	23.3	0.60	26.4	1.17	1287.6	1.23

資料來源：中國國家統計局網站，中國統計年鑑 2002，頁 703；遼寧統計年鑑 2003，頁 15；黑龍江統計年鑑
　　　　　2003，頁 26～27。

二、引進國外先進技術與設備

(一)外資引進先進技術與設備

　　企業技術創新，除了自行研發外，引進國外先進技術和關鍵設備，亦為重
要的途徑之一。據統計，跨國公司占全球 70％以上的對外投資、以及 70％以
上的高新技術和 80％以上的技術轉讓，每年投入的研究經費占全球研發費用
的 30％[31]。因此，外資企業亦為引進技術的一大主力。

　　從外資企業引進技術的角度來觀察，東北地區利用此種方式引進技術，
並未處於有利地位。長期以來，東北地區在引進外資方面，由於對外開放程
度低，迄今區內生產要素仍無法依循市場原則合理流動，地區經濟難以建立
比較優勢，導致了外商對東北投資裹足不前，近年甚且出現外商投資持續下
降的現象。

　　外商在東北地區的投資比重低，並持續下降，一方面不利於帶動地區企業技術進步與提升外貿商品結構；另一方面外資企業出口也難以成爲地區外貿出口的成長點。以黑龍江省爲例，效益欠佳的國有企業，迄今仍是外貿出口的主力。其出口總額占各類企業出口總額的比重從 1998 年的 72.0 ％，上升至 2000年的 78.8 ％，而外資企業出口相對減少，同比從 24.7 ％下降到 18.4 ％。這與中國大陸外資企業出口占總出口比重，由 44.1 ％上升至 47.9 ％，呈現了極大的差距。由此也側面說明了黑龍江省的外資企業，對帶動省內高新技術產品出口和整體外貿出口的作用仍有限。

　　此外，值得注意的是，外資在東北地區投資較多的電子製造業，主要是生產、組裝消費類電子產品爲主，其最終目的是產品利潤的最大化，而非著眼於產品技術的先進性和企業研發能力的提高，因此不易對東北地區產生較強的技術進步作用㉜。

　　總括上述的情況，相較於一些高新技術出口成長較快的省區，大都受惠於三資企業高新技術的引進與出口額的成長，東北外貿所處的劣勢，實已不言自明。

(二) 企業直接引進先進技術與設備

　　除了企業自行研發、外資企業對地區技術創新有舉足輕重的影響力外，企業直接引進技術及設備，經消化、吸收後，亦爲技術創新的另一途徑。觀察東北三省在此方面的技術引進，2001 年中國大陸引進了 3900 件合同，其中遼寧引進了 145 件，金額爲 1.72 億美元㉝，占全國引進技術總金額比重的 1.9 ％，列居全大陸第 6 位次，依序落在上海、山東、北京、天津和廣東省之後。顯見遼寧省對直接引進技術方面，給予了一定的重視。而觀諸遼寧省在 2001 年至2002 年期間，高新技術產品出口成長了 22.5 ％，似也初見成效。2001 年遼寧所引進的技術主要分佈在機械、電子、冶金、能源和原材料等行業，佔全省引進項目 80 ％以上。技術引進的單位及內容主要是國有大中型企業及國有控股企業在技術開發、技術諮詢、技術轉讓等的技術合作，上述的項目佔全省技術改造項目的 80 ％㉞。

　　吉林和黑龍江在直接引進技術方面，與遼寧省有相當大的差距。2001 年

兩省,各引進了 51 和 15 件,合同金額分別只有 0.4 和 0.06 億美元。2002 年,
吉林省技術引進項目共計 86 個,合同金額 0.66 億美元,引進行業主要集中在
汽車、機械製造、電子、計算機軟體等行業。但值得注意的是,2002 年引進
項目數量雖有顯著的提高,國有企業大項目的引進反而呈現下降的現象㉟。黑
龍江 2002 年簽訂引進技術和進口設備合同合計 29 個,合同金額 0.3 億美元。
引進技術的行業主要在交通設備製造、普通機械、化工、醫藥、農林牧漁和家
具製造等行業㊱。從上述各省直接引進技術的產業分佈來看,除了傳統產業外,
同時也涵蓋了高新技術產業領域,諸如遼寧的電子、原材料、能源產業,吉林
的電子、計算機軟件,以及黑龍江的交通設備、醫藥等。但整體而言,東北地
區企業直接引進技術與設備方面,與全國相比,仍有相當大的落差。

三、東北地區技術創新配套環境分析

(一) 國有企業產權改革

　　東北地區的經濟成分,素以國有企業一枝獨秀。國有企業不僅比重高,且
企業規模大。在過去計畫經濟體制下,國有企業在地區經濟中,不僅扮演舉足
輕重的角色,同時亦是全國工業產值的重要命脈。此點由遼寧省工業產值長期
以來居全國第二位次,僅次於上海,即可見一斑。

　　改革以來,東北國有企業面臨了陷入執行「公行政任務」與提升「財務與
經營績效」兩項目標間矛盾的困境。國有企業不僅面臨著一般公營事業的弊
端,且由於中國大陸的國有企業又肩負著企業辦社會的沈重負擔,從而導致國
有企業運行困難重重。

　　自 1978 年以來,東北國企改革基本上經歷了擴大企業自主權、實行以承
包制為主的多種經營方式、轉換企業經營機制,以及建立現代企業制度的四個
階段。1997 年中共國務院總理朱鎔基進一步提出「抓大放小」的國有企業改
革策略後,東北地區規模較小的中小型國有企業改革取得了較大的進展。然而
多數國有大中型企業由於股份制改造進程緩慢,企業資產規模過於龐大,對承
接企業能力要求過高,再加上難以解決債務、職工安置和稅收轉移等一系列實
際問題,導致非國有經濟及區域外社會公眾財富對大型企業國有資本的退出承

接意願不強，國有企業改革處於膠著狀態㊲。

東北地區國有企業改革迄今尚未觸及產權改革的核心問題，多數企業仍處於產權不清的僵滯情況，從而造成企業仍停留在以往計畫經濟體制時期，對創新的漠視。再者，以往計畫體制下，外貿長期產銷分離的弊端，亦導致企業從根本上漠視研究與發展的重要性，企業普遍缺乏技術創新的意識。

(二) 科技體制

東北三省各省內部科研體制迄今仍深受計畫經濟體制的影響，改革滯後。此種情況，一方面阻礙了獨立研究機構以及高等學校科研成果向企業的供給及轉化，另一方面也在一定程度上相應導致企業產品、技術創新不足。此外，一些制度性的問題包括技術創新的激勵機制不靈活、創新體系不完善、高新技術之知識產權有待大力加強、科研系統效率低，以及科研與創新的基礎設施薄弱等㊳，皆制約了地區整體技術創新的發展。

(三) 技術創新的投融資體系

理論上民營企業在面對市場激烈競爭下，最具技術創新的動力，同時也有利於帶動地區技術創新的水平。然而東北地區銀行貸款的主要對象仍以國企為主，民營企業一則由於規模小，再則是地方金融機構和合作金融機構發育相對遲緩，金融創新不足，無法對地方民營中小企業提供在技術創新發展上必要的金融支援，亦成為地區技術創新的一大障礙。

(四) 對技術創新的認知

東北地區長期以來係靠資源型產品數量的擴張，以實現出口的成長，並未充分認識科技進步對經濟發展和出口成長中的重要性。換言之，東北地區在觀念創新意識上仍相當薄弱，凡此都導致了東北三省外貿發展上的劣勢。

除了企業的研發投入不足外，值得注意的是，東北地區長期實行封閉型或半封閉型的「國內產業結構調整」模式，亦對外貿發展產生負面的影響。多數的製造業偏重於國內市場，並未建立起外貿進出口與產業結構升級相互結合的意識，創新意識薄弱，導致企業直接參與國際分工和國際競爭的能力嚴重不

足。以吉林省爲例，佔了全省GDP約70％的汽車業，一向是省內的重要支柱產業。但迄今仍以國內市場爲主，且產業鏈整合不足。2002年吉林省汽車零件進口佔總進口比重31.6％，但出口中汽車及汽車底盤等，僅佔全年總出口比重2％，輪胎佔總出口比重1.3％㊴，由此可見一斑。

概括言之，東北地區國有企業在技術創新方面，缺乏技術進步的動力和壓力。外資企業在東北投資偏低，未形成引進技術創新的力量。而民營、集體等企業普遍囿限於規模較小、資金不足，在研發方面的投入遠遠落後。此外，地區科研體系間的制度性障礙，以及與技術創新相關之整體制度支撐不足，皆導致了東北地區企業技術創新不足。此種現象遂造成東北地區的經濟，係在低技術水平上運行成長。這一方面影響地區產業結構調整緩慢，無法提升外貿商品結構；另一方面也造成產品缺乏競爭力，難以在國際市場上取得優勢，導致整體外貿競爭力低落。

陸、東北外貿發展策略分析

總括前一節的分析，說明了截至目前爲止，東北地區整體技術創新能力並不特具優勢。再對照東北地區高新技術產品外貿競爭力低落的事實，這兩者間的因果關係實已不言自明。儘管振興東北地區經濟，依靠技術創新、發展高新技術產業是無庸置疑的發展策略之一；然而就現階段東北地區高新技術產業與商品的發展尚不具競爭優勢之際，倘以推動高新技術產業、加強此類產品的出口能力，作爲外貿政策的主軸，此一政策顯然無法發揮東北外貿的比較利益。因此，其適切性實有待商榷。

有鑑於技術創新的意涵除了推動高新技術及其產業化外，藉技術進步以改造傳統產業和設備的方式，亦爲重要途徑之一。以下本節綜合考量東北當前的發展現況包括產業結構、社會經濟等條件下，探討以技術進步爲內涵的科技興貿政策在東北地區的妥適性。

一、東北產業結構調整緩慢

東北地區以重化工業和機械裝備製造業爲主的產業結構，是在過去計畫經

濟體制下，配合國家政策所建立發展的。儘管東北並不特別具備發展此類資本密集型產業的比較利益，然而在國家大力投資、提供有利的宏觀政策環境、計畫配置體系以及微觀管理制度等的支撐下，建立起東北的重工業體系。這種內向型的重工業，雖曾在改革前帶動了東北地區的經濟發展，然而自改革以來，由於國家投入遞減，老國企的市場化改革遲緩，導致產業結構調整緩慢。

再者，從外資帶動產業結構調整的觀點來看，東北地區外商投資，除了日資、韓資在一些大城市，如：大連、瀋陽、哈爾濱較高外，普遍投資低落。近年外商投資自 1998 年以來，更出現逐年下滑的趨勢。迄至 2001 年，遼寧、吉林和黑龍江外資占大陸的比重分別只有 5.07 ％、0.68 ％以及 0.69 ％⑩。因此外資所能產生帶動產業結構調整的作用極為有限。

二、工業產品面臨嚴峻出口挑戰

東北重工業的發展是在中國大陸改革前，進口替代政策下所建立的。在國家大力投資以及保護國內市場的前提下，對地區經濟發揮了一定的貢獻。但進口替代工業因其所面對的目標係以受到保護的國內市場為主，因此一方面難免受到國內市場相對狹小的限制；另一方面也往往導致產品缺乏國際競爭力。

1980 年代以來，中國大陸外貿政策改弦更張轉為鼓勵出口。在出口導向的政策下，中共採取了諸多鼓勵出口的措施，以激勵外向型工業的發展，並促進產品的出口。然而東北地區並未在出口上取得快速成長，究其原因，與其產品缺乏競爭力有密切關係。

做為東北支柱產業的重工業產品，由於長期受到進口替代政策的影響，因此倏然面向國際市場時，產品自然欠缺競爭優勢。此外，必須指出的是，東北地區的重化、機械裝備等主導產業，此類產品的出口，直接面對與先進國家產品競爭的局面，因此挑戰更為嚴苛。由於先進國家的產品，在先進經濟市場中，向來佔有一席之地，東北重化工業產品優勢不易凸顯。此種現象相較於與沿海地區出口商品所面臨的競爭挑戰，在內涵上實有相當大的差別。基本上，沿海地區的商品出口，主要是受惠於外資的帶動。外資以資金、技術、設備等投入、代工生產方式以及權利金等市場關係，將製成品經由其原有的銷售網絡

出口至一定的外貿市場。因此沿海地區外貿出口商品所面對的競爭挑戰，顯然較爲緩和，未若東北地區直接面對先進國家的競爭⑪。

三、失業問題亟需解決

自推動國企改革以來，東北地區失業下崗問題嚴峻。面對失業人口逐漸攀升的情況下，東北地區在發展上面臨了充分就業抑或經濟成長孰爲優先的抉擇。儘管從長遠的發展而言，推動高新技術產業，強化高新技術產品出口能力，無庸置疑是東北經濟發展的重要策略。然而在東北三省目前尚未改變其要素稟賦的基本形態、資本以及知識技術的積累尚未具優勢之前，顧及東北地區充分就業需求的急迫性，以及當前該地區一些支柱和主導型的傳統產業，如石化、鋼鐵、機械和紡織等，仍較具優勢的前提下，現階段東北地區更迫切需要利用高新技術改造傳統產業和出口產品。一方面藉產品技術和設備的改造與更新，增加出口商品的技術層次和附加值，提升外貿競爭能力，以及加速商品的升級；另一方面亦可藉勞動密集型產業的發展，提供較多的就業機會。

總括上述的分析，本研究認爲現階段東北地區的外貿發展政策，在中國大陸倡導科技興貿的政策下，應以技術進步爲重點。換言之，藉技術進步改造、提升傳統產業及產品的競爭力。例如勞力密集型的紡織工業，近年雖面臨發展困難，但東北紡織工業以往基礎深厚。以 2001 年爲例，全大陸紡織業固定資產新度爲 65.92 ％，而東北高達 71.42 ％，這種優勢使紡織業仍大有可爲。同時由於發展紡織工業有利於吸收大批勞動力就業。因此東北可藉技術進步，集中力量發展精加工、深加工、高附加值的紡織工業產品，推動東北紡織業的發展，並強化出口能力⑫。此外，利用技術進步來提升東北近年快速發展起來的食品工業，例如發展糧食、肉類的深加工等，一方面可實現農產品深加工的不斷深化和增值，並將有助於解決東北的三農問題。

就個別省份而言，黑龍江可針對較具優勢的出口商品，包括機械、石化和食品等產業，進行傳統產業的技術改造。吉林省則可進一步利用高新技術提升玉米等農產品的高附加值，以及以高新技術改造傳統汽車、鋼鐵等工業。

在此必須指出的是，從東北外貿的長期發展角度而言，在科技革命基礎

上，東北地區若將外貿策略重點放在廉價勞動力優勢上，則此種優勢終將被科技進步的更高勞動生產率所取代。因此未來在產業結構逐漸優化後，參與國際分工的策略應以發展新興高科技產業爲重點，並以建立高科技產業爲發展的轉捩點㊹。

至於未來在培育新的高新技術產業方面，東北地區可在較具基礎的產業上，發展、推動新產業及產品。例如已成爲吉林大宗出口產品的半導體零件，已稍具規模，以及黑龍江的航空設備儀器。此外，尚包括東北地區普遍較具發展優勢的生物醫藥產品、與新能源相關的新型高效鍋爐、壓縮機等機械設備，新材料領域中的金屬材料、精細化工材料及其產品等。

最後，必須強調的是，東北地區外貿競爭力的提升，除了生產、外貿企業本身的技術創新外，其他層面的創新，亦不可或缺。諸如對參與國際分工、科技興貿充分認知的觀念創新，以及制度的創新，包括產權、市場機制、國企改革等的深化。此外，也包括在技術創新方面建立產學研結合的新機制㊺、政府對稅收、金融、信貸等方面的特殊扶持等。簡言之，政府與企業無論在宏觀管理機制與微觀運行機構上，都有待突破現有的體制框架，盡速消除體制性障礙，才能跨出科技興貿的大步，扭轉外貿的頹勢。

柒、結　論

本文從科技興貿的角度，探討東北地區外貿政策的調適與定位。東北地區的外貿自 1980 年以來，無論就外貿規模、成長速度、外貿依存度，以及商品結構調整等方面，與中國大陸整體發展的橫向比較上，皆存在著明顯的落差。其中高新技術產品成長緩慢，不具備外貿競爭優勢。再者地區整體技術創新能力、優勢亦不凸顯。

儘管振興東北地區經濟，依靠技術創新、發展高新技術產業是無庸置疑的發展策略之一；然而就現階段東北地區高新技術產業與商品的發展，尚不具競爭優勢之際，倘以推動高新技術產業、加強此類產品的出口能力，作爲外貿政策的主軸，此一政策顯然無法發揮東北外貿的比較利益。

在綜合考量東北當前的產業結構、社會和經濟等條件後，本研究認爲現階

段東北地區的外貿發展策略，在中國大陸倡導科技興貿的政策下，應以技術進步為重點，藉技術進步改造、提升傳統產業及產品的競爭力。此外，東北地區外貿競爭力的提升，除了生產、外貿企業本身的技術創新外，其他層面的創新，亦不可或缺，才能跨出科技興貿的大步，扭轉外貿的頹勢。

*　　　　*　　　　*

註　釋

註① 經濟部技術處，**產業技術白皮書**（台北：經濟部技術處，2003），頁 51。

註② 繆沾，「關於技術創新概念的研究」，**雲南科技管理**（昆明），2001 年第 5 期，中國政府創新網，http://www.chinainnovations.org。

註③ 柳卸林主編，**21世紀的中國技術創新系統**（北京：北京大學出版社，2001），頁 5。

註④ 鄒忠全，「外貿企業實施『科技興貿』戰略的思考」，**廣西商業高等專科學校學報**（南寧），20 卷 3 期（2003 年 9 月），頁 85～86。

註⑤ 1999 年 8 月 20 日中共中央國務院「關於加強技術創新發展高科技實現產業化的決定」，中共中央文獻研究室，**十五大以來重要文獻選編**（北京：人民出版社，2001），頁 933～948。

註⑥ **經濟日報**（北京），2002 年 10 月 21 日，頁 3。

註⑦ 同註⑤。

註⑧ 王暉，「實施科技興貿戰略，發展對外技術貿易」，**中國對外經濟貿易年鑑** 2003，頁 18。

註⑨ 「2002 年中國機電產品進出口概況」，**中國對外經濟貿易年鑑** 2003，頁 34。

註⑩ 對外貿易經濟合作部中國對外經濟貿易白皮書編委會，**中國對外經濟貿易白皮書** 2001（北京：中國金融出版社，2001）、**中國對外經濟貿易年鑑** 2001、2003。

註⑪ 依據遼寧、吉林和黑龍江各省之統計年鑑以及中國統計年鑑相關資料計算。

註⑫ 黑龍江年鑑社，**黑龍江年鑑** 2003（哈爾濱：黑龍江年鑑社，2003），頁 241。

註⑬ 依據遼寧統計局，**遼寧統計年鑑** 2001（北京：中國統計出版社，2001），頁 405 資料計算。

註⑭ **中國對外經濟貿易年鑑** 2003，頁 129。

註⑮ **遼寧年鑑** 2003（瀋陽：遼寧年鑑編輯部，2003），頁 143。

註⑯ **中國對外經濟貿易年鑑** 2003，頁 140～141。

註⑰ 伍楠林，「黑龍江實施科技興貿戰略的對策研究」，**學術交流**（哈爾濱），2003 年 9 期，頁 83。

註⑱ 依據黑龍江年鑑 2003，頁 241 資料計算。

註⑲ **中國海關網站**，http://www.customs.gov.cn/mulu/2000kjmulu.html

註⑳ **中國對外經濟貿易白皮書** 2002，頁 20。

註㉑ 依據中國科技統計網站有關各省市主要科技指標整理，http://www.sts.org.cn/sjkl/index.htm

註㉒ **遼寧年鑑** 2002，頁 153。

註㉓ 同前註；**中國對外經濟貿易白皮書** 2003，頁 165。

註㉔ **中國對外經濟貿易白皮書** 2003，頁 165。

註㉕ 同前註。

註㉖ 同註㉔。

註㉗ 貿易競爭指數＝（出口額－進口額）／（出口額＋進口額），是一個比較簡明的指標，既可以反映特定產業是否具有競爭力，也可以衡量特定產品國際競爭力的強弱。指數的取值在[-1，1]之間，數值越大，表示競爭力越強。

註㉘ **中國對外經濟貿易年鑑** 2003，頁 19。

註㉙ 同前註。

註⑳ 目前中國大陸除了規模較大的跨國企業研究與發展的投入比重較高外,民營、集體等企業的投入仍低。東北地區由於國有經濟成分高,外資進入較少,民營等企業規模仍小,多數尚未進行研發活動,因此,藉由觀察全省企業研發投入的變化,仍可推論出國有企業研發程度的變化。

註㉛ 梅子郁潔,「黑龍江工業走出東北現象」,今日中國(北京),2001 年 7 期,頁 61。

註㉜ 「東北地區製造業的振興戰略」,中國工業發展報告 2003(北京:經濟管理出版社,2003),頁 419。

註㉝ 國家統計局科學技術部,中國科技統計年鑑 2002(北京:中國統計,2002),頁 412。

註㉞ 遼寧年鑑 2002,頁 153。

註㉟ 吉林年鑑 2003,頁 169。

註㊱ 中國對外經濟貿易年鑑 2003,頁 147。

註㊲ 孫乃民,王守安,付誠,「2003 年東北經濟區經濟形式分析與預測」,社會科學戰線,2003 年 1 期,頁 64。

註㊳ 張祥,「實施科技興貿戰略,迎接新經濟挑戰」,中國對外經濟貿易年鑑 2001(北京:中國社會,2001),頁 104。

註㊴ 中國對外經濟貿易年鑑 2003,頁 140。

註㊵ 中國工業發展報告 2003(北京:經濟管理出版社,2004),頁 573。

註㊶ 關於此部分解釋之加強,感謝兩位審查人的指正與建議。

註㊷ 「東北地區製造業的振興戰略」,中國工業發展報告 2003(北京:經濟管理出版社,2003),頁 420。

註㊸ 張幼文,外貿政策與經濟發展(上海:力信會計出版社,1997),頁 23。

註㊹ 夏瑞林,「論我國科技興貿的主要障礙和對策」,對外經貿實務(武漢),2001 年 1 月,頁 10～11。

[g1] 遼寧年鑑 2003,頁 143。

振興東北：金融角色與外資利用

陳伯志

（政治大學國際關係研究中心助理研究員）

陳伯志

（政治大學國際關係研究中心助理研究員）

摘　要

　　本文目的在探討下列問題：1.金融部門在振興東北戰略中應扮演的角色；2.東北地區金融市場發展的現況及問題所在；3.如何促進東北地區金融部門的資金使用效率和資源最適配置；4.東北地區如何擴大吸收內外資金。

　　本文認為，在振興東北的策略上，金融方面必須：健全和活絡東北的各類金融市場；建立金融與外匯避險的機制（如建立遠期外匯市場和各種衍生性金融商品交易市場）；鼓勵合乎條件的各種企業於海內外上市籌資和發行債券或海外存託憑證；穩健地推進資本項目下人民幣可自由兌換和進一步開放外資進入市場（甚至廢除 QFII 制度）；依據 WTO 入會承諾的時程，逐步放寬對外資銀行的業務限制和地區限制；充分利用海內外的（國際）銀行團聯貸；加快完成處理各種金融機構不良債權和國有企業的三角債問題；推動金融資產、應收帳款及不動產證券化；推動金融業之間的併購和策略聯盟；以及加強同外國大型或國營銀行及國際金融組織進行交流合作。

　　在利用外資方面，應進一步改善國內投資環境-包括採取金融租稅上的優惠措施、完善社會經濟的軟硬體建設、加速人員觀念的創新、採行正確的產業政策與金融政策、健全法制、推動金融財務會計資訊公開、以及放寬各種不必要的法規限制，以進一步吸收三資企業投資。此外，還必須：健全創投（上櫃）市場和整合 A、B 股市場；充分有效利用外國和國際組織的經濟援助；推動本國企業及金融業的併購和同外國企業金融業進行策略聯盟；推動與周邊國家建立自由貿易區（FTA）；以及加強國際共同開發、技術研發合作及知識與資訊交流。

關鍵詞：振興東北、金融市場、資金效率、利用外資、投資環境

＊　　　　　＊　　　　　＊

壹、前　言

　　中國自 1998 年以來相當強調區域間的均衡發展。首先是，2000 年 3 月國務院設立了西部開發辦公室，同年 12 月公布了《實施西部大開發的若干政策措施的通知》。到了 2002 年 11 月中共「十六大」會議時，首次提到「支持促進東北地區老工業基地的結構調整」（同時也重視中西部發展）。在這之前，東北地區在國企改革和完善社會保障制度的國家政策中雖佔有重要的地位，但尚未成爲特別被強調的一項區域振興政策。

　　2003 年 3 月「胡溫體制」成立後，以溫家寶總理爲首的中國領導人紛紛赴東北視察大型國有企業和舉辦「振興東北座談會」。2003 年 9 月，溫家寶總理主持國務院常委會議時，正式確定了頗爲正確的「振興東北」的六項原則①。

　　2003 年 10 月，中共黨中央與國務院聯合發佈了《有關東北地區老工業基地振興戰略的若干意見》的文件。還提出所謂「東北待遇」，決定由中央撥款610 億元人民幣，投資於首批 100 個項目的老工業基地的改造（同年 11 月已正式批准）。而在同月中共「三中全會」時，更將「振興東北地區的老工業地帶」納入了會議宣言。2003 年 12 月 2 日，國務院正式設置了「振興東北地區老工業基地指導小組」（溫家寶任組長，黃菊和曾培炎兩位副總理任副組長）。到了 2004 年 3 月「人大」會議時，溫總理的「政府活動報告」中，更進一步將「振興東北」與西部大開發相提並論。

　　中國新政府何以熱衷於振興東北呢？其重要因素不外是：東北地區本來生活水準和自我意識較高，但近年來對於現狀越來越感到不滿，農民增產但增收緩慢（農經效益提升慢），大批國企效益低落，甚至倒閉，失業問題嚴重導致抗議示威事件層出不窮，銀行業也是效益欠佳、急需核銷的呆帳龐大。因此，當局終於不得不採取適當的因應對策②。

　　至於造成近年來東北衰落的原因是什麼呢？綜合大陸各界專家的意見，主要有下列各點③：

　　1.市場化程度太低、制度變遷緩慢：因受到各地和各方面勢力的影響，迄

今對傳統的計畫經濟體制依賴甚深，舉凡產權、資金、技術、人力資源、生產資材等生產要素，至今仍多依賴上級調配，少由市場配置而乏自由流動。

2. 從幹部到百姓大多習慣於「等、靠、要」（等政府、靠國家、要項目、要資金、要政策）：十多年來，雖然國家先後也採取了財政、信貸、投資等一系列措施，支持東北等老工業基地的調整改造，但由於統收統支等傳統計畫經濟體制的缺陷，企業乃至城市政府缺乏自我努力改造的動力和能力。面對 1992 年以來逐漸推動的市場經濟，還習慣依賴於過去不計成本和收益核算的僵硬的計畫調控，爭取到的政府的政策扶持和資金遂往往在市場規律前消失於無形。

3. 體制改革的成本很大：各方推諉，有些人害怕改革，各級財政無力處理歷史累積下來的巨額國企債務和社會福利保障費負擔。

4. 各地的資源漸漸枯竭：例如東北的煤炭、石油、森林等資源正逐漸枯竭。

5. 金融市場不完善：企業要得到技改資金仍相當困難，銀行業因呆帳龐大而產生惜貸現象，增加企業獲取貸款的成本和壓力。又由於缺乏資本市場的有力支持，相當大部分企業想透過資本市場直接籌資也是困難重重。

據 2003 年 10 月國務院發佈的《有關東北地區老工業基地振興戰略的若干意見》之文件，振興東北策略的核心是「以市場原理為基礎的國有企業改革」。其具體的政策措施包括：

1. 戰略性地區分國有部門：進一步將資源投注於重要部門，培育出一群具國際水準的國際性企業集團，較不重要的領域委由非國有企業（國企撤離而培育民營企業）。同時推進農業產業化、改造傳統產業、培育新的經濟增長點、加快工業化和城鎮化。

2. 推展國有企業股份公司化：引進股份制，透過上市等方式，歡迎各類的投資人，並提高「公司治理」效率④。

3. 培育民營企業：由政府提供減稅、免稅、低利融資等優惠辦法，推進全民創業，發展民營經濟。

4. 避免政府直接干預，政府致力整備市場環境：消除阻礙市場化改革的瓶頸，認真實行政企分開；轉換政府職能，國企將社會性功能分離；重組國企，建立國有資產管理體制；公司由法人經營管理，鼓勵民間資金和外資併購（M

& A）或改造國企。

5. 各部門和各行業以自力更生為基本原則，政府給予一部份支援；但是國家在政策和資金等方面的支援，必須遵循市場經濟規律並講求效率。

6. 實施綜合性政策，因應國企債務、失業及社會保障等問題：由中央撥款，一次性地解決國企的各項債務、冗員充斥及社會負擔等歷史包袱問題。

7. 用高新技術特別是電子資訊技術來改造傳統產業，以增強競爭力；而面對資源漸枯的形勢，要努力發展接續產業，如石油煉製、石化、塑膠、化纖、醫藥、食品等中下游產業。

8. 打破省際的行政區隔，建立東北區域內的自由貿易區：把哈爾濱、長春、瀋陽、大連等城市，結成帶狀的自由貿易區，通過商業興旺來拉動經濟發展，從而促進振興東北。

9. 一部份社會基礎建設雖繼續實施（例如沿北韓邊境計畫建設新鐵路），但不做為振興東北的核心，抑制盲目上大項目，避免過度投資和造成浪費。

10. 擴大對內及對外開放，以進一步吸引國內民營企業投資和吸收外資；各產業領域實施全方位對外開放，尤其是吸收港、日、韓、台資，以改造國企，拉近與國際水平的差距⑤。

另據 2004 年 2 月國務院「國有資產管理委員會」所公佈的《有關東北地區中央企業調整改造指導的意見》，其重點為分二階段推動改革計畫。首二年實現企業的社會性功能分離（社會安全保障方面的功能和業務由政府負責）、企業專心經營主要業務並分離其副業務、初步達成企業的股份制改革（公司化）、及初步完善「公司治理機制」；後五年則促進投資人多樣化，並培育一群國際性大企業集團。其中，企業公司化和投資人多樣化的目標，與金融市場、尤其是資本市場的擴大及健全的監管制度具有密切關係。

無疑的，中國為了振興東北地區，在軟硬體建設上都需要一筆龐大且有效的資金投入。這筆資金的來源不外有：加大中央財政對東北地區的有效支援；加大外國援助和外債對東北地區投入；繼續大力吸收外資企業及金融業前來投資；放寬利用外資的條件和適當放寬銀行對基建貸款；鼓勵國外各種資金的正當性進入（嚴控投機性熱錢）；採行中央和地方財政的投融資；透過各類銀行融資、社會集資（須健全資本市場）、及內外大企業出資；乃至於利用 BOT

方式及以工代賑等多種型式參與基建。在振興東北的戰略上，金融部門的角色顯然十分重要。此項戰略的實施需要金融業發揮最大功能和大力協助。當東北地區，乃至全國的金融業和金融市場健全地發展，而金融監管法規完善時，產業的直、間接投融資便利而安全，就可吸引東部企業及外資前來投資。

　　而為了活絡金融部門以帶動經濟內外均衡發展－即促進東部、中西部、及東北地區同時發展和縮短彼此間差距，有必要加強金融部門的東西合作和國際合作。中國東部沿海較發達地區的金融業，經過二十多年的市場化改革和學習西方之發展與管理經驗，至今已積累了相當豐富的經驗知識，金融市場建設和監理水準也有了相當發展。因此，除了與先進國家金融當局、國際金融組織⑥、外國金融業及金融專家進行合作之外，也應考慮各地區間的金融合作。除了每年定期召開的中央經濟工作會議、中央金融工作會議、全國銀行工作會議之外，應繼續多舉辦各種金融學術與實務的國內、國際研討會及各地投資說明會；增加各大學、學術機構及金融機構彼此間的金融學術交流，並同國外及國際金融組織合作；乃至增辦金融財務管理的 MBA 課程、設立互聯資訊網及簽訂合作協議。

　　從以上，吾人可以瞭解中國制定「振興東北」政策的來龍去脈、政策方向及金融應扮演的角色。但是，在振興東北這個崇高戰略下，金融部門究竟應如何充分發揮資金效益？所需龐大資金如何籌措呢？除了本節外，茲分下列各節探討之：(1) 東北地區金融市場的發展現況與問題；(2) 東北地區金融部門的資金效益與資源配置問題；(3) 東北地區金融業與金融監管機構如何因應加入 WTO；(4) 如何加強吸收外資三資企業及外資金融業；(5) 結論。

貳、東北地區金融市場的發展現況與問題

一、東北金融業發展現況、特徵及問題

　　一般說來，東北地區金融發展比東部及東南沿海地區落後。即：東北地區企業對信貸資金仍過度依賴，但是東北地區的信貸資金分配的市場化程度低。東北地區各類內外資金融機構之家數及金融從業人員較少（瀋陽、大連、長

春、哈爾濱、吉林稍微例外），金融業務量較小，金融人員之觀念、風險意識、服務品質、金融技術及金融效率等都較差，各類金融市場之規模較小。金融監督管理部門之分支機構也較少，金融人員培訓機構（大學、研究所、研訓中心）也不足。因此，爲了使東北地區金融部門發揮積極角色、擴大東北地區的各類金融市場、並健全其監督管理體制，藉以活絡經濟，必須改善上述各種落後現象⑦。

根據大陸專家研究，東北地區的金融業發展具有下列特徵⑧：

1. 東北地區金融機構的儲蓄資金來源較缺乏，機構設置較少（瀋陽、大連、長春、哈爾濱稍微例外），融資規模較少：股份制商業銀行在東北地區設立分支機構的數量較少，業務發展不夠理想；外資金融機構較少；東北地區金融機構的人民幣和外幣存貸款餘額及信用卡的發卡量和交易額都較東部和南部大城市少。

2. 東北地區直接融資佔比較小：資本市場發育較爲滯後，東北地區上市公司較少（瀋陽、大連、長春稍例外）；上市公司籌資規模較小，證券機構規模小，競爭力較弱。

3. 東北地區金融結構不盡合理：國有商業銀行和國有保險公司比重過大⑨，政策性銀行和非國有商銀佔比過小；金融業務大量集中於國有銀行，中小金融機構和股份制商銀市場份額佔比較小；中小型和外資金融機構業務發展緩慢，中小企業和私營經濟融資困難問題長期困擾著東北經濟增長；政策性金融機構網點設置少且規模小，其融資規模偏小，阻礙了東北金融業支持作用的發揮。

4. 東北地區金融機構信貸資產質量較低，歷史包袱沉重，銀行業長期超負荷經營：東北地區的體制轉軌較慢，市場經濟發育遲緩，企業經濟效益低下，金融機構不良貸款比例較高，地方金融機構特別是城鄉信用社的金融風險突出；2001 年，大連、瀋陽、長春、吉林、哈爾濱等地國有獨資商銀不良貸款比率，雖透過政府借款、有償核銷呆帳、窗口指導、加強銀行和國企的內部風險控管、推動「公司治理制度」，以及加強金融監管力度和落實監管責任制等方式，而略有下降，但由於部分國有工業的內在活力和創新能力不足，故不良貸款比率仍然偏高⑩；東北地區國有商銀虧損較嚴重，導致信貸擴張受到制約

（政府不得不限制盲目上大項目）；東北地區信貸資金來源較匱乏，金融機構長期處於超負荷經營狀態，貸款大於存款，東北金融業可用有效資金窘迫。

5.東北地區金融機構服務和創新能力不強：雖然各部門和銀行業本身已致力改善中，但是東北金融機構之間的競爭還主要集中在存貸款業務上；對存貸款新方式、金融新品種及一些中間業務開發之動力不足，貸款收益仍佔其總收入的絕大比重；東北金融機構習慣於行政方式辦事，市場經濟意識仍弱，機構較臃腫，競爭力較低。

6. 東北地區綜合型、開拓型金融人才較缺乏，網點規模效益較差，經營成本較高：受資金投入限制，基層網點技術設備相對較陳舊，複合型金融人才更是匱乏，與商業銀行未來的國際化較不適應。

7. 東北地區經濟發展較慢、效益不佳（瀋陽、大連、長春、哈爾濱、吉林稍例外）：東北地區經濟運行機制不完善，各種經濟資源和各種生產要素的市場化（由計畫經濟體制向市場調節和配置方式轉軌）程度較低；東北地區產業結構偏重（和西部類似），而且國有企業、國有金融業的比重過大；由於體制僵硬造成的歷史包袱重，資不抵債的「空殼企業」和不良債權過多的企業、金融業佔比很大；以及東北地區相對的政策劣勢，都制約著東北地區金融業的穩健發展。

8.東北地區的資本市場結構失衡，股票市場、債券市場及抵押貸款市場三者的規模失衡：股票市場規模較大而參與者較多，債券市場的規模則小得多；東北地區股票市場的一、二級市場結構失衡⑪，企業債券的認購主要集中於北京、上海、天津、南京等東部城市及南方深圳；東北地區企業對資本市場的參與程度較低，上市發行股票和債券的企業較少，籌資額少，企業在證券市場上進行投資的也不多。東北地區政府對資本市場的參與程度也較低，透過資本市場投資和籌資少（財政收入少也制約了其參與資本市場）。東北資本市場的公司上市資格審批制度，由於額度的限制，一些較優秀的企業無法上市，一些企業則為此增加上市成本。東北資本市場工具比較不完備，沒有針對東北地區居民收入低、中小企業相對較多、企業實力普遍不強等特點而設計專門的投資工具。東北資本市場中介機構不健全，東北地區對投資銀行業務需求量大，但是投資銀行直到 2004 年才設立了 1 家。東北資本市場券商實力較弱（瀋陽、大

連稍例外），融資渠道少、業務品種單一，東北地區券商的業務大多集中於證券經紀業務⑫。

二、東北地區金融監管概況與工作重點

東北地區的金融監管，理所當然屬於全國性金融監管體系下的一環⑬。目前，東北地區的金融監管存在著下列問題：東北地區之金融監管機構及其分支機構較少，少數幾個金融監管單位之業務工作量過多，東北地區獨特的官商關係結構、金融機構人員的風險意識較低，及金融監管官員的審計稽核能力較低，都影響金融監管的公正與效率。吾人認為，東北地區金融主管部門與金融業必須做好下列工作：

1.擴大並健全全國及東北地區的各類金融市場：包括完善各類金融市場交易和金融市場管理法規；適時改善和健全金融法規，使之永保合乎時宜；改善東北地區資本市場結構；建立起全國的完善的信用體系；大力發展各類信用中介機構並加快其發展；建立和完善全國性的個人與法人徵信系統；健全全國性的金融資訊系統（金資中心）和安全的金融交易制度及保護存款人與投資人的制度（存保基金、證券集保制度、危機預警機制及會計師簽證責任制等）。

2.加強金融檢查與金融危機事前預防制度：加強金融從業人員和金融監管官員的道德訓練、危機管理意識及專業水平，以防止金融犯罪行為；繼續強化金融風險管理預警系統和金融監管責任制；加強金融機構營業網點從市場准入到經營風險和業務合規性的全面監管；監督和指導金融機構提高信貸質量，以維護金融資產安全；加強企業和金融業的「公司治理制度」；加強金融機構現場檢查和非現場檢查的密切配合，特別是加強對地方金融機構及交易出現異常的金融機構的金檢，以及加強金融機構和企業財務資訊的公開；以防範和化解金融風險。

3. 透過制定「資產管理公司（AMC）法」⑭、「金融重建信託投資（RTC）法」（或金融重建基金法）、「銀行持股收購機構設置法」、「金融機能早日健全化法」、「存款保險法」等⑮，並利用國家資金（財政資金、發行公債、政策銀行資金、政府特別基金等）對尚有救藥的金融機構加以有償性的挹注，繼續清理整頓各地的信託投資公司、中小金融機構及集團財務公司；

加快打銷國有銀行壞帳；督促金融機構清收不良貸款，並嚴控新不良放款的產生，甚至撤換不適任的金融機構主管；制定和完善「金控法」、「併購法」，鼓勵企業金融業的併購行為和大型化；制定相關法律，推動金融資產和不動產的證券化（流動化）；加強全國及東北地方的產業金融、政策金融及輸出入金融，加快民營銀行籌建的腳步⑯；以及進一步完善國家的投資融資制度⑰，避免地方政府的重複和浪費性投資，進而防止地方政府的投資成為銀行的壞帳。

4.適當增設金融專業大專院校和金融人員訓練所；加強東北地區金融人員與國內外著名金融機構及金融專家之交流合作；隨時改善金融法規，使之合乎時宜。

5.應避免出現中央有政策而地方和從業人員有對策的現象，以提高金融業之經營效率（內外競爭力）和提高金融監管機構之績效。

近四年來，中國有關部門和東北地區金融機構幸好已注意到上述這些問題，因此，金融監理與金融業經營的績效已有所提高，而且銀行不良債權比率也略有下降⑱。2004 年 1 月，人民銀行和黑龍江省政府曾舉辦大型的有關金融部門與振興東北戰略的研討會。2003 年，人民銀行瀋陽分行曾分三組人員進行過有關金融領域如何支援振興東北策略的調查研究，並且向人民銀行總行提出了建議報告⑲。2003 年 12 月，遼寧省前省長薄熙來也曾與世界銀行和OECD（經濟合作發展組織）共同於瀋陽舉辦國際研討會，並且委託世界銀行進行有關改善中國投資環境和擴大外資投資的研究，並提出了建議報告。這些研究報告預料將對提昇東北金融業資金效率產生相當作用。

參、東北地區金融部門的資金效益與資源配置

一、金融部門效益的重要性

首先，綜觀一下先進國家的經濟發展經驗的話，吾人可以發現，各國之所以能夠實現經濟快速或穩健發展的因素，大致包括具備下列各項：尊重市場機能、市場化程度高、資本存量增加、較高的國民儲蓄率、政治社會環境較穩定、政治制度較民主自由、法治程度高、社會福利保障制度較健全、就業機會

的增加、重視教育和人才培育、（現代化）生產技術和新能源利用技術的引進與創新及普及、現代化的企業經營與行政管理知識的引進和創新（重視「公司治理」、引進外部董監事、重視內部風險控管）、正確的財政金融政策（且重視施行時機）、正確的產業貿易政策、重視農業發展、重視社會基礎建設、健全活絡而有效率的金融市場、完善的金融監理制度法規、健全的財稅制度（稅基大、外債和公債依存率低）、公平合理的國民租稅負擔、合理的對外開放各種市場、發展資訊通訊技術、提倡資訊公開、企業和金融業重視全球化布局、適當而合理的政府干預和指導、放寬各種不必要的管制、重視區域發展均衡和對外收支均衡、重視環境生態保護（不違犯大自然）、重視資源再生利用及永續發展、重視生活環境品質，以及有規劃的國土開發及都市發展計畫。吾人認為，要振興東北經濟、改革東北國企、解決失業問題、提高東北農民的收入、轉變受舊計畫體制束縛的觀念、提高行政部門效率，及改革東北地區缺乏效率的各種市場和企業管理機制等，都離不開上述各種經濟發展法則或先進國家的發展經驗。

就金融面而言，吾人認為，想要振興東北，除了需要一筆龐大的資金投入外，更重要的是必須重視資金的使用效益。因此，不能盲目地上大項目，而且必須加重各企業、單位⑳負責人之責任及嚴懲官商勾結。藉以防止重複投資和杜絕浪費，並且避免扭曲資源配置。而欲提高資金使用效率和優化資源配置，首先必須使資金管道暢通和使市場機制健全地發揮。其次，推動金融自由化，使金融機構自由競爭，亦可促進金融部門的效率和資金最適配置。但是應該避免開放太快和家數過多，以免造成過度激烈競爭和倒閉。此外，若有健全而有管理的貨幣市場、資本市場、外匯市場及金融業，就比較能吸引各種內外資金和內外企業前來本地區投資。以便支援國家擬發展的重點產業㉑及高新科技產業㉒。

一般而言，大陸金融部門的資金使用效率較低，包括資金在內的各種經濟資源未能做到最適配置或最有效利用，而且整體的產業生產力低。不但東部較發達地區如此（少數都市例外），發展差距大的東北地區和西部更是如此。如何改變這種現象，亦即如何透過金融部門㉓、財政部門㉔，以及透過財金制度改革和國有企業改革等，來提高資金使用效益和促進各類資源的最適配置，遂

成爲大陸當局和有關部門及國營企業領導人的當務之急。

二、東北地區金融效率較低的原因

東北地區的金融發展、資金效益及資源配置較東部和南方遜色之主要原因，可以歸納爲下列幾點：

1.東北地區體制較僵硬，國企較多，歷史包袱沉重，資本積累不足，比較收益較少，缺乏對內外資的吸引力，導致投資增長率較低。而且，目前東北地區除了消費品市場較爲發達外，資金市場、生產資料市場、技術市場均發育較慢，難以形成有效的市場價格機制、競爭機制及激勵約束機制，因此市場配置資源的作用得不到發揮。

2. 東北地區自 1978 年當局採行改革開放以來，長期以來，不若東部沿海地區享受到許多優惠政策。東北地區的投資成本相對較高、投資收益率相對較低，這種現象進一步加劇東北地區的相對劣勢。而強化了東部對東北（及西部）在資源、資金、投資及人才等方面的「虹吸效應」，並弱化了東北地區在自然資源稟賦上的相對優勢，從而制約著東北地區的經濟金融發展。

3.中央財政和地方財政對東北（及西部）地區的投入和比例過去一直難有很大提高，民間資本在東北的投資亦然。東北（及西部）地區利用外資、自籌資金和其他投資的總和遠低於東部。不但東部的民間資本和外資較少對東北投資（日本和韓國除外），東北的民間資本還大量通過各種渠道特別是資本市場、銀行存匯款及企事業投資，直、間接地流向東部，以追求較高的投資回報率。蓋因爲東部的經濟基礎和投資環境較佳，中央又提供優惠政策，而東北的投資環境則較差；加以資本市場在聚集資本和分配資本的兩項作用上並無區域差別性（資本會分配給預期收益率高的需求者）。

4.大陸現行銀行體系中，在貨幣市場佔有主導地位的國有商業銀行係採總分行制，總行統一調度分支機構的資金，以求全行資金效益的最大化。東北（及西部）地區許多銀行成爲存差行（存款多於放款），東部地區則許多銀行是貸差行。各銀行總行傾向於以不同的形式，從資金收益低、風險高的東北地區將資金調集至資金收益高而風險較小的東部地區，也對東北地區資金產生「虹吸效應」，進而導致東北地區各種資本投資短缺⑤。

5.東北地區的投資總量不足和投資結構失衡，則主要歸因於東北地區的投資機制落後。包括：在市場機制尚未完全建立的今天，單一的政府投資主體取代了所有制和結構多元化的主體，單一的財政投資渠道取代了銀行貸款、外資投入、資本市場及自有資本等多元渠道；投資機制以國有經濟為導向，銀行信貸和資本市場透過「指導性」計畫手段，向國有經濟傾斜配置資本；但是國有銀行的風險機制尚未成熟，缺乏有效的產權約束機制和激勵機制，導致從原來不顧風險、片面追求資產規模和資產收益的情況，變成懼怕風險、利潤動機與創新動機不足的現象。東北地區銀行資金使用不當的投資機制，加劇了資本投入的不足和資本使用效率不高㉖。

三、如何提高東北地區資金使用效率和促進資源優化配置

一般認為，要提高資金的使用效益和促進資金資源的優化配置，最好是透過市場競爭機制，而政府盡量減少干預和放寬各種不合時宜的管制。但是，不論商品市場或金融市場，若完全透過市場競爭機制來決定各種價格㉗，有時由於市場的投機炒作、不完全競爭、市場機能失靈、資訊不透明，或投資人及消費者信心不足，則價格就可能遭到扭曲，市場就可能失序，也達不到資金的高效利用和資源的優化配置。因此，吾人認為政府部門的適時而適當的介入亦有其必要。例如，運用各種財政、金融、物價、及產業政策的政策工具和監管手段，進行對經濟、金融的宏觀調控；乃至於對基建投資、勞力、技術市場及各類商品市場進行適當的管理，以維護市場秩序；以及將資金、資源誘導至擬獎勵發展之重點產業方面，藉以調整和提升產業結構。

有關資金的市場分配是否符合資金使用效率的問題，學者研究指出：由於金融機構貸給企業的資金未必都被用於生產投資用途，也許是被用於金融外匯、證券期貨和房地產投機，而且儘管社會資金或許充沛或相對充沛（有效或有支付能力的資金需求不足），但仍有許多企業特別是高科技產業和中小企業及研發活動籌資不易，無法求諸於一般商業金融體系，而需仰賴政策專案貸款（通常由專業政策銀行或特別基金提供），因此金融體系應提供多樣化的金融商品，俾滿足不同類型的生產活動之需求。而且，金融監督檢查制度務必健全，以使資金貸放確實符合社會經濟發展需求。為此，必須致力健全金融體

系，使之靈活化、制度化。若市場尚有失靈之處，政府再輔以特殊基金和特殊
貸款的手段，方能避免資金運用之扭曲[28]。

由於東北地區在經濟發展的現階段，各種經濟、產業成長的相關指標和成
熟度與東部沿海地區間存在著一定的差距，因此短期內仍需政府財政資金和國
公營金融機構資金的傾斜投注。就中長期而言，應透過制定合宜的產業政策和
建立健全而具規模的東北地區金融市場[29]，以及制定健全合宜的監管法規，推
動金融的自由化和國際化，讓產業部門和各類金融市場充分發揮經營效率。並
且，力求有重點、有秩序的產業經濟發展，同時疏通產業融資管道，以提高資
金的貸放效率。資金配置的對象，原則上必須透過市場競爭機制，分配到最具
資本生產力者，以使資金使用效率達到最佳[30]。

目前東北地區由於機制等原因，而造成政府資本的使用效率低落，貨幣市
場因銀行制度的不完善也造成效率低下。因此，透過適當的資本市場規範的市
場機制，而提高籌集與運用資本的效率特別重要。除了必須保證資金充足外，
提高資本的使用效率格外重要。為了發揮市場機制在解決東北資本問題中的作
用，應重建東北地區貨幣市場機制。亦即以市場為原則，以防範風險為手段，
提高資金使用效率。同時，應盡快發展東北資本市場，透過擴大資本市場規
模，充分發揮資本市場功能，藉以有效配置資本[31]。

吾人認為，中國之金融部門應透過健全的、公平競爭的金融市場機制和有
效率的金融監管制度，將內外資金和資源適當地導向東北地區亟待發展的重點
和特色產業及一般民生工商業，並輔以政府財政資金的傾斜性投入，以逐步達
到當局想要實現的產業發展目標和實現資源的優化配置。

肆、東北地區金融業與金融監管機構
如何因應加入 WTO

眾所周知，中國已於 2001 年 11 月 12 日獲准並於同年 12 月 11 日正式加
入了世貿組織 WTO。雖然中國金融業對各國所作的承諾和讓步並非採取很快實
施，但是吾人認為，中國當局今後採取下列政策措施已是必然的趨勢。包括：
對外資金融業和國際金融組織逐步開放業務經營範圍[32]和取消營業地區限

制；進一步放寬外匯管制；於適當時機實現A股、B股合併及實現人民幣完全可自由兌換；進一步擴大資本市場規模和健全各種金融管理法規；進一步推展對外直接投資和扶持本國企業、金融業於海內外上市或利用其他方式籌資；進一步加快銀行、信託業及國營企業整頓的腳步；進一步培育和引進國內、國際金融專業人才；加快金融業現代化、國際化及提升金融服務與創新精神，以增強國際競爭力；逐步放寬外資企業的投資限制（業種、地區、資本額、配套資金比率、持股比率限制等）；以及允許合乎條件的外資企業、金融業在本國股票交易所上市。因此，東北地區金融業與金融監管機構，必須朝這種發展趨勢妥善加以因應。

一、中國金融業對外開放概況

在銀行業對外開放方面，中國當局在 2000 年 8 月已決定在五年內分四梯次，擴大允許外資銀行經營人民幣業務，並解除外資銀行經營人民幣業務的地區限制。截至 2001 年 3 月止，仍限於在上海和深圳試點，2002 年中已擴大到天津、大連。為了迎戰外資金融機構混業經營模式，大陸銀行業與保險業者自 2002 年初以來已開始進行合作，共同推動銀行保險業務，提供客戶個人理財的各種服務㉝。大陸正式加入 WTO 後，中國人民銀行已立即根據修訂後的「外資金融機構管理條例」和該實施細則等有關規定受理外資金融機構的各項申請。

截至 2001 年底為止，外資和中外合資銀行在中國設立的代表處共有 213家；其中，在東北設立的共只有 10 家：日資在大連 4 家、在瀋陽 1 家；港資在瀋陽 1 家、在哈爾濱 1 家；英資在大連 1 家，法資在大連 1 家，荷資在瀋陽 1 家㉞。2001 年底，在中國的外資銀行營業機構達 190 多家（2002 年 9 月底降為 181 家），其中分行 159 家，但是獲准在東北地區（均在大連）設立分行的共只有 10 家：港資 3 家、日資 6 家及韓資 1 家。2001 年底時，有 33 家獲准向跨國公司和合資企業提供人民幣貸款業務（2002 年 9 月底為 45 家）。2002年 11 月時，已有多家外資銀行獲准在上海、深圳、天津、大連等地經營人民幣業務。2002 年 12 月起進一步允許在廣州、珠海、青島、南京、武漢的外資金融機構提出經營人民幣業務申請㉟。2003 年 12 月起又開放了濟南、福州、成都及重慶。金融當局在 2001 年 12 月中國正式獲准加入 WTO 之稍前，已對

各國承諾入會後將逐步增加開放允許外資金融機構經營人民幣業務的地區，並且將在五年內取消該項業務的地區限制。

在證券業對外開放方面，2002 年 6 月 3 日，中國證監會曾公佈了「外資參股證券公司設立規則」和「外資參股基金管理公司設立規則」（同年 7 月 1 日起實施）。但是，由於大陸的證券公司體質原本就十分脆弱，2001 年 6 月以來又進入一年半以上的熊市，為了保護本土券商，當局遂不敢太大歩開放證券業㊱。加以開放業務又僅限於獲利有限的承銷業務，而且對外資的股權比例有著嚴格的限制，因此多數國際上大型證券公司對於成立合營證券公司仍持保留態度㊲。2002 年 10 月下旬，中國證監會、財政部及國家經貿委曾聯合發布了「關於向外商轉讓上市公司國有股和法人股有關問題的通知」，出台了新的「國有股減持」方案㊳，提供外資入股大陸上市公司一個新的管道。允許向外商轉讓上市公司的國有股和法人股，但應符合「外商投資產業指導目錄」。凡禁止外商投資者不得轉讓，必須由中方控股者或相對控股者轉讓後仍應保持中方控股。向外商轉讓國有股和法人股必須符合證監會關於上市公司收購、信息披露等規定，而且原則上採取公開競價方式。任何地方、部門不得擅自批准外商轉讓上市公司的國有股和法人股，轉讓後原上市公司不享受外商投資企業優惠待遇㊳。2002 年 11 月 7 日，中國證監會與外匯管理局也聯合公布了《合格境外機構投資者（QFII）境內證券投資管理暫行辦法》，並自同年 12 月 1 日起實施。一般認為，引進了 QFII 制度，可為大陸企業提供一個新的融資渠道，境外投資者也多了一個新的投資管道。這是中國對外開放戰略在資本市場的又一項重要措施，將為大陸證券市場發展增添新的動力㊵。

二、金融當局對金融業如何因應加入 WTO 後的要求

中國當局為了因應加入 WTO 後的新情勢，針對銀行業的因應措施，前人民銀行行長戴相龍曾提出下列要求㊶：

全面清理和完善金融法律法規；加快國有獨資商銀的綜合改革；提高銀行業的整體競爭力；按國有獨資公司對國有獨資商銀經營管理制度進行更新，將有條件的國有獨資商銀改組為國家控股的股份制商銀；完善商銀的公司治理結構，將符合條件的國家控股的股份制商銀公開上市，集中力量解決公司治理結

構，精簡機構和人員，降低不良債權；解決國銀巨額潛在虧損，補充資本金（透過發行國債或允許發行長期金融債或直接有償性地挹注公共資金）；改革人事和工資分配制度；提高制定和執行貨幣政策的水準，保持人民幣幣值穩定並促進經濟成長，完善以間接調控爲主的中央銀行金融宏觀調控體系；擴大金融開放；維護人民幣匯率穩定，穩步推進人民幣可自由兌換；加強國際金融合作；提高整體監管水準，實行符合國際標準的審慎會計制度，增加金融監管透明度，主動公布有關訊息；落實「金融機構撤銷條例」，儘快制定「金融企業破產條例」，健全市場退出機制；提高金融訊息化水準；加緊培訓金融業經營管理人才；加快銀行卡聯網通用和現代化支付系統；完善銀行信貸登記咨詢系統和個人信用訊息系統；加快銀行帳戶管理系統和大額異常支付交易監測系統建設。

　　中國在「十六屆三中全會」時通過了《關於完善社會主義市場經濟體制若干問題的決定》，強調推進國有商業銀行股份制改造，並加快處置不良資產、充實資本金、及創造上市條件。2003 年 11 月中旬，國務院正式決定成立「國有商業銀行股份制改造領導小組」，指導四大國有商業銀行股份制改造和上市工作@。2004 年 3 月中國銀監會@表示，爲了積極支援金融創新和發展，將鼓勵發展股份制商銀。同時爲了充分發揮中小商業銀行在振興地方經濟中的作用，銀監會提出了現有城市商銀進行審慎重組和改造的基本原則：選擇經營狀況較好、管理控制能力較強、規模較大的城市商銀，由股東各方通過注資和資產置換消化處理大部分歷史上形成的非正常經營負擔，然後通過吸收民間資本和境外戰略投資者對城市商銀進行改造；允許其在具備相當業績和管理能力的情況下，在適當範圍內擴大發展空間，鼓勵根據自願和市場原則與其他城市商業銀行實施兼併重組。銀監會對於籌建中的渤海銀行和重組中的浙江商業銀行，則提出下列要求：新設銀行機構應在公司治理結構方面有所創新；必須能夠控制住關聯交易和關聯貸款風險；政府不干預銀行的日常經營；銀行發起人股東中應當包括合格的境外戰略投資者；銀行應建立自我約束、自我激勵的人事管理制度，擁有高素質的專業人才；銀行應具備有效的資本約束、資產負債比例管理約束和風險管理約束機制@。

　　針對加入 WTO 後資本市場的因應措施，中國證監會主席周小川曾提出下

列方案⑤：

不斷地完善資本市場法律法規體系；清理並減少行政審批；加強監管工作，提高監管機構處理緊急事件的權限和應變能力，做好保障投資人利益工作；鼓勵證券經營機構引進國外先進經營管理技術，提高證券經營機構和基金管理機構的公司治理水準；建立投資銀行體制，積極發展投資銀行業務，推動大型企業集團籌資國際化；監管部門大力支持國內證券公司整合，支持境內證券機構兼併、重組；加速拓寬民營企業和民間資本進入證券業的渠道；支持合格的證券公司上市；支持有條件的機構到境外設立分支機構；不斷提高上市公司的治理水準，加快推進會計和訊息披露準則的國際化；規範上市公司的重組、併購、退市程序；提高上市公司質量；加快民營企業和合資企業的上市步伐；提高各類市場參與者的從業水平和道德規範；加強市場制度創新，並鼓勵市場商品創新；開放衍生性金融商品市場，不斷推出多樣化的投資工具，開拓新的交易方式；改進市場結構；增加市場避險工具；加快債券市場的建設；建立協同有序的監管體系；強化會計師事務所、資產評估機構等中介機構的監督功能；以及加強國際監管合作。

三、東北金融業如何因應加入 WTO 後的情勢

扼要說來，中國當局為了因應加入 WTO 後的情勢，已採取下列對策：加快法律規章的制定、改廢工作，增加法律規章和外資政策的透明度；以提高國際競爭力為核心，加快產業結構調整；改善對外經濟管理體制；加快轉變政府職能：解決政府機構重疊臃腫、政企不分、政商不分等背離市場經濟發展要求的痼疾，並打破行政性壟斷；繼續深化金融體制改革，進一步推進金融業國際化、現代化，提高本國金融業的競爭力；以及按照加入 WTO 的對外承諾，擴大對外開放。

其工作重點則包括：1.完善金融組織體系、市場體系、監管體系和調控體系，加強金融資訊建設及確保其安全性。2.加快國有商銀的市場化、對國有商銀進行股份制改造、完善金融業內部治理結構（公司治理結構），建立國有商銀的資本金正常補充機制，確實降低國有商銀的不良資產比例、儘快將國有商銀改造為具國際競爭力的現代化金融企業⑥。3.完善和發揮政策性銀行功能，

並加強投資銀行業務。4.改善金融業經營機制，建立有效的約束和激勵機制，建立可追究個人責任的董事會議事規則，建立獨立董事制度，以及改進金融服務、增強金融企業的競爭力⑫。5.強化金融監管、建立市場新秩序，防範金融風險、提高金融資產質量，落實貸款內容按五級分類制度⑬、實施審慎的會計原則和嚴格的資訊公開制度。6.保持國際收支基本平衡，並靈活運用央行外匯存底，同時注意分散匯率風險。7.提高貨幣政策調控和金融監管水準、為內資銀行發展創造公平的競爭環境。8.發展中小金融機構，加快城鄉信用社改革，並儘快建立創業板市場，為新興起的私營中小企業及高科技企業提供直接融資管道。9.穩步推進利率市場化。10.進一步完善匯率形成機制、完善以市場供需為基礎的有管理的浮動匯率制度，維持人民幣匯率穩定，同時建立提供企業匯率避險的遠期外匯交易制度。11.在所得稅率、外匯存貸款利率、業務收費費率、外匯資金融通渠道、資金拆借期限等方面，對外資逐步實施國民待遇。12.鼓勵金融業的商品和技術創新，加速金融商品和金融科技的開發，及大力培養高素質金融人才。

　　吾人認為，隨著加入 WTO（2001 年 12 月 11 日正式加入）之後，東北地區金融業應該大膽嘗試與國際金融接軌，配合金融主管當局的上述要求，介入金融開發的新領域，創造更多金融資源，緩解金融短缺的供需矛盾，並增強本身的競爭力。東北金融業發展因為國有獨資商業銀行包袱重、地方中小金融機構資金實力弱、商業性貸款投入有限，故應重視政策性投入。此外，應該提高東北地區金融從業人員素質，使具備較高專業水平和較強的金融創新意識及良好的金融職業道德。

伍、東北如何加強吸收外資企業及外資金融業

一、可以參考西部大開發戰略模式

　　首先，吾人不妨回顧一下國務院西部辦公室 2001 年 7 月公佈的《有關獎勵外資對中國西部投資的政策》。其中，除了降低國家獎勵類產業之外資企業之所得稅（僅課征 15 ％），減免自治區外資企業及新設立的交通、電力、水

利企業之地方所得稅，以及對投資能源、高科技、產品輸出、軟體開發及 IC 製造業的外資企業實施租稅優惠之外，還包括：1. 擴大國家對西部地區之建設資金和地方財政調整支出之投入；2. 獎勵各種基礎產業和基礎建設的整治及礦物、觀光等資源的開發；3. 對西部地區優勢產業之投資可享與對獎勵外資投資類產業投資相同的優惠措施；4. 擴大外資對銀行、零售企業及貿易企業投資之試行範圍至西部之直轄市、省會及自治區首府；5. 分階段允許外資銀行經營人民幣業務㊾；6. 允許外資對通訊、保險、及觀光業之投資及合營會計師事務所、律師事務所、工程設計公司、鐵路公路貨物運輸企業、都市建設及公共工程企業之設立，並允許外資建設和經營都市天然氣輸送管；7. 放寬外資對西部地區之基礎建設整備及優勢產業投資之出資比率規定㊿。由於東北的經濟金融環境有些類似西部，因此振興東北的政策應該可以仿照辦理。

吾人認爲，中國（含東北）爲了加強吸收外資企業及外資金融業，有關部門也必須：制定全國性的獎勵外資、外貿政策；整頓東北地區投資環境和發揮東北地區特殊優勢；各省市地方政府努力對外招商；避免政治不安和政策隨便變動；按照加入 WTO 時對各國的承諾和時程，適度地調降平均關稅率；逐步擴大對外開放各類市場(51)；對某些機械設備進口免稅；逐步調高某些商品之出口退稅率(52)；地方政府實施因地制宜的優待外資措施；中央逐步地擴大外貿權下放；擴大允許外資參與零售業和批發業；維持國內經濟情況良好；以及維持人民幣匯率穩定。上述這些措施，都有助於吸引更多外商到大陸投資。中國與諸外國間簽訂的一些協定、特別是自由貿易協定，也有助於中國與各國雙邊貿易投資關係的長期發展。

事實上，中國自 1998 年以來已陸續採取一些有利於外商投資的措施，同時繼續採行擴大內需政策，以刺激國內消費和促進企業投資、融資(53)，並採積極的財政政策，大幅增加公共投資（直到 2004 年 5 月才改採「加強宏觀調控」的新措施）。此外，還採取促進輸出入政策，透過各種手段獎勵各類產品的出口，同時透過減免關稅和增值稅等手段，獎勵高科技技術設備和有利出口的原材料及零件之進口。1996 年以來，特別是 98 年、99 年的外資衰退，中國的外資引進政策已從下列幾個方向提供給外資優惠和增強吸收外資能力：1. 爲了改善產業結構（邁向高度化），鼓勵外資企業投資第三次產業和高科技產業，並

鼓勵其技術開發和創新。2. 為了與世界經濟一體化，逐步擴大外資引進之領域，並逐步使外資企業適用國民待遇（對外資有正面和負面影響）。3. 為了改善沿海地區和內陸地區的所得差距，鼓勵外商向中西部投資，並依據產業政策需要而提供外資優惠（今後優惠措施應擴及對東北地區投資）。4. 促進外資引進方式的多樣化，並促進跨國企業對大陸投資。5. 改善外資企業的經營和對外資企業的管理與服務。6. 加強對外資企業金融面的支持，並活用證券市場、擴大資本市場，及鼓勵外資投資。7. 致力改善軟體面的投資環境。

二、以日資對中國投資為例

　　吾人若觀察一下自 1979 年以來對中國市場就深感興趣的日資的對中國投資情形，可以發現：

　　1. 日資對中國投資的業種領域，過去是以皮包、傢俱、紡織品等消費財，及家電、光學機器、資訊機器等機械機器和零件為主。但 1998 年以後，由於中國的外資政策變化，日本企業對中國投資的型態已發生一些變化。亦即，隨著中國獎勵投資的業種更為注重高科技等重點產業和社會基礎設施，以及對外開放領域進一步放寬了貿易企業、零售、批發、金融、保險業等方面的限制（開始重視第三產業-流通、運輸、金融、保險、觀光、軟體、技術服務、顧問業等），因此日資對這方面的投資遂逐漸增加。

　　2. 日本對中國直接投資的地區，向來是比較集中於大連、江蘇、上海、廣東、山東、北京、天津、浙江、深圳、瀋陽、重慶、河北等省市。這是由於這些地區原來的投資環境（優惠條件、人力資源、既有的社會基礎設施等）及市場潛力具有較大的吸引力。但是，近三、四年來由於當局和地方政府特別強調重視內陸地區的均衡發展，並提供更優惠的措施和放寬內銷比例，而沿海各省市則有工資、地價、及亂收費等生產成本上昇之趨勢，因此日資等外資對大陸中西部的投資已有增加。

　　根據日本貿易振興會在 98 年 11～12 月間，對日資製造業在中國投資所作的問卷調查，曾得到下列結果（回答問卷家數 504 家）⑤：

　　(1)大多數（40 ％～67 ％）日資企業認為最大的經營問題依次是：日圓兌美元匯率的變動、關稅偏高和通關手續複雜、當地調度零件之困難、應收帳款

回收遲緩，及日本經濟不景氣。

(2) 有 66.7％日資企業認為貨幣和經濟危機會影響其事業，主要業種是鋼鐵、纖維紡織業、精密機器、及電氣電子零件業。其理由是：銷售對象要求降價，與亞洲其他國家產價格競爭激烈，以及在亞洲地區銷售不振。而其擬採取的對策是：由原來自外進口轉向大陸國內調度零件和原材料、縮減存貨、刪減事務費，以及抑制人事費等。

另外，根據日本貿易振興會上海辦事處的調查，上海地區日資企業最感頭痛的問題有：出口退稅的問題（認定與計算方式），當局（1998 年 8 月起）加強外匯管理⑮、加強對保稅進口原材料管理、加強專利權課稅的問題，其他亂收費問題，以及日本國內經濟不景氣的問題⑯。吾人認為，上海以外地區的日資企業必也有相同問題。

因此，該辦事處向中國當局提出的下列建議，應該亦可供東北地區有關部門參考⑰：

(一) 對振興出口之建議：

(1) 廢除出口貨物之增值稅。(2) 簡化通商和徵稅手續。(3) 海關、對外經貿委員會及外匯管理部門的出口相關部門應加強橫向聯絡，以便迅速處理有關案件。(4) 間接出口之出口增值稅應給予免稅。(5) 降低或取消原材料進口關稅。(6) 放寬外匯管理上的過度限制，簡化與輸出有關的外匯匯兌手續。(7) 內規加以明文化和透明化。(8) 對有貢獻於輸出的企業予以稅制上的優惠。(9) 對歐美出口配額之額度亦應分配給外資企業。

(二) 對改善投資環境之建議：

(1) 確立公平透明之稅務法規。(2) 亂收費項目和基金徵收應透明化。(3) 消除徵稅時之企業間和區域間之不平等。(4) 放寬中古機械之進口限制。(5) 完美達成組織和部門之業務，方法和法令不應因人而異。(6) 為維持公司經營之相關審核單位過多，應加以整合或裁撤。(7) 放寬外資企業進口設備之進口關稅和增值稅。(8) 和中資企業交易之帳款回收不易，中資企業應該改進。(9) 報告文件過多，應該加以簡化。上述這些建議應屬日商對中國當局頗為中肯的建

議，吾人認為　得中國當局和（東北）地方政府做為參考。

吾人認為　由於 2001 年 12 月中國加入 WTO 時，已承諾進一步調降關稅、廢除非關稅貿易障礙及進一步對外開放各類市場。今後自然必須擴大引進外資的業種領域、改革相關制度、全面改善投資環境、以及給予外資「國民待遇」。而且，當局應特別重視推動企業資訊的透明化和法規的合理化，並遵守國際信用和接受國際慣例的約束，藉以恢復外商的信心。

三、中央及東北地方政府對內外招商之理想方法

據 2003 年 12 月世界銀行對中國 23 個都市所做的投資環境調查，此項調查是就下列 10 項目加以評估：基礎設施、參與和退出障礙、技術、勞動市場的柔軟性、與國際市場連動性、民間企業進出、不透明的收費、稅負、審判制度、及金融等。東北地區的四個較主要都市也成為被評估的對象，其中，長春得到第二等，大連為第三等，但哈爾濱和本溪為最低等級㊻。

吾人認為，中央及東北地方政府為了對內外招商，其方法不外有下列各項㊼：

1. 提供優良的投資環境：包括自然環境、基礎建設、公共設施、社會環境、法政環境、經濟環境及經營環境等層面。但是，重要的是：應提供低風險、可避險、低成本、可獲利、可匯出利潤及重視人身安全的政經社會環境，適當合理的稅賦㊽，以及減少行政審批項目、簡化投資項目審批程序，及簡化進出口報驗檢疫放行等通關手續、提高通關效率㊾。此外，應多在海內外舉辦投資說明會招商，並多利用國內外新聞雜誌、廣播電視等媒體刊登招商廣告及介紹投資機會。

2. 政經措施（政策）應盡量減少對企業產生太大的不利影響：包括勞基法、工時、退撫、福利、勞動檢查、僱用下崗職工、流動人口管制、查稅、金檢、台帳措施、外匯管制、匯率變動、調整信貸措施（貨幣、利率政策調整）、金融法規變動、取消租稅關稅減免、領導階層更動、法律之鬆嚴，以及治安惡化等方面。

3. 協助解決各種投資經營上之問題：包括各級政府單位的行政效率問題、額外攤派、額外交際費、重複收費、違規收費問題；物價膨脹問題；官員對法

令解釋不一、法令政策朝令夕改；交通設施和電力及供水不足、運輸成本高、原材料和存貨成本高、協力廠少且素質差、工安衛生常識不足、代工和外包廠商不易尋覓、交貨期掌握不易、市場開拓困難、市場情報收集不易、帳款回收慢而倒帳多；資訊較封閉、人事管理規章執行不易、員工效率不佳、人員教育訓練不易、員工忠誠度不佳、派遣人員適應困難、人情介紹員工不易管理、幹部本地化；以及銀行融資不易、資金籌措困難、經貿履約糾紛、利潤不易匯出、外匯管制嚴格、自有資金比例高而擴充不易等問題[62]。

另外，有關解決外商所認為的銀行融資不易和企業資金籌措與週轉困難之問題，吾人認為必須採取的措施有下列各項：

1.發揮各類銀行、特別是四大專業銀行和13家新型商業銀行之積極功能；2.加強國家開發銀行、中國農業發展銀行、及中國進出口銀行等3家政策銀行之融資或保險功能；3.改善對中小企業、高新企業、出口導向企業、青年創業、教育貸款及扶貧政策之特殊優惠或專案融資體制；4.建立並充實類似中小企業發展基金（或中小企業開發公司、創投公司、中小企業輔導咨詢中心）、中小企業貸款保證基金及國家開發基金；5.健全並擴大貨幣市場、資本市場及保險市場（含再保險）；6.循序漸進地開放外資金融證券業之投融資業務和營業地區；7.適當放寬外匯管制，發展多樣化的內外金融業務（金融商品）、特別是加強投資銀行業務和發展金融外匯避險商品；8.加速金融業的現代化、國際化及提高金融機構的服務品質等。

吾人認為，上述這些方案，既適用於東部沿海較發達地區，亦適用於東北及中西部地區。大陸許多專家認為，國有商業銀行、外國貸款和援助款、乃至於有限的財政資金，應增加投注於東北及中西部地區之開發建設-如交通、通訊、能源、教育、環保及優勢產業和特色產業之發展，以及公共服務設施之軟硬體建設（資金對中西部及東北傾斜）。也有專家建議，雖然中國目前實行銀行、信投、證券、保險之分業經營和由人民銀行、證監會、保監會分業管理金融業的體制，但是東北及西部地區不妨允許金融證券業經營「綜合金融業務」（一行兩制）[63]。

但是，日本專家大西靖認為：2004年6月前，中國中央層次的外資政策有些並不明確，東北地方政府的具體政策措施也不明確；也未提出較過去更具

有吸引力的投資優點；中國有關部門雖然歡迎日資等外資收購東北國企，並期待與外資進行合作和合資，但是尚缺乏具體的歡迎外資投資案件的提出；有些地區的基礎設施仍有待改善；因此，中國想期待外資的大舉進入東北地區，仍有困難[64]。

陸、結　論

　　大陸各界對於金融部門在振興東北戰略中應扮演積極角色已頗有共識。大多數主張：應加快全國金融改革（與國企改革和投融資體制改革併進），健全金融證券法規，推動金融業現代化與逐步自由化，加強吸引內外資前來東北投資，實施對東北地區金融特殊優惠措施，促進東北地區資金合理流動，放寬對東北地區各種貸款條件，擴大對東北地區融資渠道，增加外國低息貸款或贈款在東北地區的投放比例，適當降低東北地區的新建項目和技改項目的資本金和配套資金比例，實施金融業自主投資機制，以及重要資源由中央與地方聯合開發。

　　東北地區金融業發展策略的具體作法，可歸納如下[65]：

　　1.在東北地區合理設置各種金融業務的中外資金融機構網點，引導東北地區金融資本迅速成長；盡快建立健全金融業務的市場利益分割機制和政策性業務的利益補償機制；重構有利於振興東北的聚融資傳導機制，引導多渠道金融資本流入東北地區；激活東北地區閒置資金和沉澱信貸資金；

　　2.東北地區中央銀行的金融調控與監管須能及時調節全轄區金融運行的總體走勢，並能預警和及時處置問題；

　　3.隨著加入 WTO 後，東北地區金融業可大膽嘗試與國際金融接軌，介入金融開發的新領域；

　　4.東北地區金融發展因國有獨資商業銀行包袱重、地方中小金融機構資金實力弱、商業性貸款投入有限，故應重視政策性投入；

　　5.應提高東北地區金融從業人員素質，使具備較高專業水平和較強的金融創新意識及良好的金融職業道德；

　　6.中央銀行應適度放寬對東北金融業市場準入的限制，擴大外資銀行參與

振興東北的積極性；央行應允許落戶東北的外資銀行可比東部提前經營人民幣業務，以擴大東北地區利用外國政府和國際金融組織貸款規模，吸引更多內外金融機構進駐東北地區；並應增加東北地區中央銀行再貸款、再貼現限額，允許東北地區採取更優惠的再貸款和再貼現利率，適當延長其期限，尤其對以城市商銀和城鄉信用社爲主的中小金融機構再貸款利率可適當下浮，以支持農村經濟、中小企業和非公有經濟的發展；

　　7.國有商銀和政策性銀行在系統內部資金調度上應適當向東北地區傾斜，各商銀總行對東北地區商銀及其分支機構應實行較寬鬆的資產負債比例管理，提高其貸存款比例，以改善東北地區金融機構經營狀況和增強其支持經濟大開發的信貸供給能力，促進東北地區加大產業和企業結構調整的力度；並應充分發揮政策性銀行在振興東北戰略中的作用，在資金、利率、再貸款期限、稅收、分支行自主權等方面給予必要支持，尤其要增加國家開發銀行東北地區分支行的中長期項目配套流動資金額度；

　　8.應加快發展和完善資本市場和優化東北投融資結構：在股票和債券發行上應擴大東北企業上市力度，將具有地區主導性、支柱性產業推薦上市；東北地區應該增加一些市場好、科技含量高的綠色產業、電子商務、信息產業等新型企業上市；應積極推進西部金融債券尤其是地方性中小金融機構債券發行，並加快東北重點企業債券上市，對優良的東部企業參與東北開發的，可優先批准其在東部地區發行企業債券，以籌集資金到東北投資，同時應准許發行東北地方政府債券或政府保證債；應著手建立東北區域性資本市場、金融中心，爲東北地區經濟發展提供更多融資機會。

　　爲了落實振興東北，吾人認爲，除了中央和地方政府在政策和資金預算上應主動落實支援振興東北外，中央和地方各部會特別是人民銀行、證監會、保監會及國務院振興東北小組等主管部門應隨時督促各金融機構真正對開發東北予以資金和政策傾斜。而爲了因應加入 WTO 後金融業所面臨的國際競爭和彼此競爭，當局應透過財稅金融手段和放寬法規管制等，鼓勵金融業彼此間或與外資金融機構間之併購和策略聯盟，並制定相關法律⑯。此外，還應該：建立以國家爲主體的多元化的投資體制；開放社會基礎設施投資市場及開放設立私立職校等人力資本市場；以及推進金融部門的現代化、自由化及國際化，以因

應產業現代化和經濟發展所需及加入 WTO 後所面臨的國際競爭。

　　總之，想要振興東北，金融方面必須：健全和活絡東北的各類金融市場⑥；建立各種金融外匯避險機制（如建立遠期外匯市場和各種衍生性金融商品交易市場）；加強金融監管效率，鼓勵合乎條件的各種企業於海內外上市或發行債券或海外存託憑證；逐步穩健地推進資本項目下人民幣可自由兌換和進一步開放外資進入（甚至廢棄 QFII 制度）；逐步放寬對外資銀行的業務和地區限制；充分利用海內外（國際）銀行團聯貸；加快完成處理各類金融機構不良債權和國有企業三角債問題；推動金融資產及不動產的證券化；推動金融業間的併購和策略聯盟；以及加強同外國大型或國營銀行及國際金融組織交流合作。而在利用外資方面，除了進一步改善國內投資環境⑧，以進一步吸收三資企業之外，應該：檢討設立創投（上櫃）市場和 A、B 股市場整合；充分有效地利用外國和國際組織的經濟援助；推動本國企業、金融業的併購和同外國企業金融業進行策略聯盟；推動與周邊國家建立自由貿易區（FTA）；以及加強國際共同開發、技術研發合作、及知識經驗和資訊交流等。

＊　　　　　　＊　　　　　　＊

表一　大陸銀行機構數及區域分布結構比例分析（1999 年底）

地　　區	中央銀行	國有商業銀行				外資、合資銀行代表處	各省區主要銀行數
	中國人民銀行	中國農業銀行	中國銀行	中國工商銀行	中國人民建設銀行	與外國銀行 分行	合　計
北　京	2	401	200	737	146	129	1615
天　津	2	595	234	453	113	19	1416
河　北	149	2752	767	2039	526	-	6233
山　西	109	1572	411	1093	300	-	3485
內蒙古自治區	94	1713	288	1561	316		3972
遼　寧	64	1901	669	1522	381	20	4557
吉　林	50	1801	362	1180	188	-	3581
黑龍江	81	2063	363	1690	396	1	4594
上　海	1	421	137	592	253	101	1505
江　蘇	73	3007	1054	1784	1168	7	7094
浙　江	84	1374	743	1057	611	2	3871
安　徽	83	2111	471	1255	552	-	4472
福　建	74	1428	468	928	340	18	3256
江　西	98	2276	455	1379	292	-	4500
山　東	127	3659	1409	2165	569	6	7935
河　南	132	4546	824	1882	1306	-	8690
湖　北	82	2973	779	1913	714	7	6468
湖　南	92	2124	563	1527	529	1	4836
廣　東	103	3842	1610	2521	1369	72	9517
廣西壯族自治區	92	2038	356	1071	453	2	4012
海　南	24	447	104	225	116	3	918
四　川	109	3192	731	1721	366	7	6126

（續下頁）

（接上頁）

地　　區	中央銀行 中國人民銀行	國有商業銀行 中國農業銀行	中國銀行	中國工商銀行	中國人民建設銀行	外資、合資銀行代表處 與外國銀行分行	各省區主要銀行數 合計
重　　慶	25	900	248	574	195	5	1947
貴　　州	82	939	137	660	206	-	2024
雲　　南	129	1426	163	977	332	2	3029
陝　　西	80	1697	329	1326	331	-	3763
甘　　肅	83	1475	143	1088	315	-	3104
寧夏回族自治區	22	256	74	259	120	-	731
青　　海	20	315	54	192	115	-	696
新疆維吾爾自治區	79	1098	200	801	423	-	2601
西藏自治區	8	518	22	-	28	-	576
合　　計	2253	54860	14368	36172	13069	402	121124

註：本表以外，尚有下列金融機構：中國農業發展銀行、中國進出口銀行、國家開發銀行，以及13家私營商
　　業銀行（民股佔70％以上）、90家城市商業銀行（2004年5月時已增至112家，民營企業參股比率佔
　　30％以上）、4萬1755家農村信用社、836家城市信用社、238家金融信託投資公司、70家財務公司、
　　2239家證券公司、8745家保險公司；其區域分佈可參閱：中國金融學會編，2000年版「中國金融年
　　鑑」，統計篇之部份。
資料來源：1. 2000年版「中國金融年鑑」，附錄部份。
　　　　　2. 楊雅惠、龍嘯天（2002），「大陸金融體制之研究-兼論台商融資管道與我國銀行赴大陸設點問
　　　　　　題」，中華經濟研究院，銀行公會委託計劃，附表。

註　釋

註① 1. 堅持深化改革、擴大開放，以改革開放促進調整改造（並拓展發展空間）；2. 堅持主要依靠市場機制，正確發揮政府作用；3. 堅持走新型工業化道路（加快科技創新和進步），促進產業結構優化升級（調整產業結構、所有制結構及國有經濟結構）；4. 堅持統籌兼顧（綜合治理、區別輕重緩急），注重全面、協調、和可持續發展；5. 堅持自力更生為主，國家給予（政策和資金方面的）必要扶持；6 .堅持從實際出發，講求實效（立足現有基礎、充分發揮比較優勢）。國民黨中央政策委員會大陸事務部，「中共振興東北的背景和政策」，大陸情勢雙週報（台北），民國 92 年 11 月 12 日，頁 1～5。2003 年 11 月 5 日，香港「大公報」，版 1。2003 年 8 月 5 日，人民日報，版 1。

註② 大西靖，「東北振興戰略の現狀と課題」，中國經濟（東京），2004 年 5 月號，頁 93。

註③ 根據 2003 年 8 月 3 日溫家寶總理在長春市主持的「振興東北座談會」的專家意見，尤其是吉林大學「中國國有經濟研究中心」徐傳諶主任及李華教授等。參閱：中央政策委員會大陸事務部，「中共振興東北的背景和政策」，大陸情勢雙週報（台北），民國 92 年 11 月 12 日，頁 1～5。慧峰，「振興東北老工業基地困難重重」，中共研究（台北），第 31 卷 11 期，2003 年 11 月，頁 16～18。及課題組（責任編輯：李華），「加快市場化進程是振興東北老工業基地的根本出路」，社會科學戰線（吉林），2003 年第 6 期（東北老工業基地振興與改造問題研究），頁 78～85。

註④ 由過去的注重裁減冗員和處理債務改為改變經營體制，包括引進股份制、使企業資本結構多樣化（包括引進外資）、及加強經營監視功能。但是光靠引進民間資本和外資，並不保證就能改善國企經營體質；而是必須加強上市企業的全面的資訊公開和接受一般投資人的監督。前揭：大西靖，「東北振興戰略の現狀と課題」，頁 91。

註⑤ 前揭：大西靖，「東北振興戰略の現狀と課題」，頁 87。及前揭：中央政策委員會大陸事務部，「中共振興東北的背景和政策」，頁 4。

註⑥ 如 IMF、WB、ADB、IFC 等。

註⑦ 有關東北地區各地金融運行及金融監管現況，人民銀行分行、支行、營業管理部、監管辦事處及中國證監會，各類（各家）銀行、信託投資公司、證券公司、保險公司在東北地區設立分支行和營業點，以及外資銀行和中外合資金融機構在東北地區設立分行或辦事處之詳細資料（家數、地址、職工數、存貸款額、放款回收率等），可參閱：中國金融學會編，2000 年版中國金融年鑑（北京：2000 年 11 月），頁 99～215、640～704 及 469～549。及中國金融學會編，2002 年版中國金融年鑑（北京：2002 年 10 月），頁 489、558～565、567～583、612～630、635～652、786～860。

註⑧ 參考：中國人民銀行重慶營業管理部課題組（洪虹、閻慶民主持、冉勇執筆），西部大開發的金融政策支持系統研究，改革（雙月刊）（重慶：改革雜誌社），2000 年第 5 期，頁 82。雖然原文本來是討論西部地區金融業的特徵，但吾人認為東北地區的金融業應該具有類似的特徵。

註⑨ 雖然東北地區的城市商業銀行和城市信用社之家數看來也不少，但是其存、貸款市場佔比不大。

註⑩　2001 年底大陸 4 家國有商業銀行的不良貸款率平均爲 25.37 %，2003 年 9 月底時仍高達 21.24 %（同期四大商銀平均自有資本率大約 5 %左右）。又，截至 2003 年 11 月底，建設銀行和中國銀行的不良資產比率仍分別高達 11.84 %和 17 %；同期，13 家股份制商銀之平均（自有）資本充足率爲 7.35 %，「一逾兩呆（真正呆帳）」不良貸款率 6.5 %；112 家城市商銀之平均資本充足率爲 6.13 %，「一逾兩呆」不良貸款率 12.85 %。參閱：高長，「國有商業銀行股份制改革解析」，台商電子報，2004 年 3 月 1 日，http://news.cier.edu.tw/Y04/0301/2103.htm。及：高長，「大陸國有銀行股份制改革之問題與挑戰」，台商電子報，2004 年 3 月 15 日，http://news.cier.edu.tw/Y04/0302/epaper.htm。

註⑪　證券市場一級市場指發行市場，二級市場指交易市場。

註⑫　西北大學經管學院郭立宏、高煜教授，「西部大開發中的西部資本市場：供求現狀、競爭挑戰、發展選擇」，改革（重慶：改革雜誌社），2000 年第 5 期，頁 92～94。雖然原文本來是分析西部地區的資本市場情況，吾人認爲東北地區的資本市場情況應該有些類似。

註⑬　參閱：中國金融學會編，2002 年版中國金融年鑑，2002 年 10 月，頁 635、786～789。中國人民銀行在瀋陽設有分行（2001 年底時，轄下共有 187 家機構，職工共 1 萬 5026 人，分別爲遼寧省 57 家、吉林省 50 家、黑龍江省 80 家），在北京設有總行營業管理部，在重慶亦設有營業管理部（轄下有 25 家機構），在長春、哈爾濱、大連設有中心支行；在長春與哈爾濱設有金融監管辦事處。中國證監會在瀋陽設有証管辦，在長春、哈爾濱、大連設有證管特派員辦事處。

註⑭　中國在 1999 年 4 月已設立負責處理建設銀行不良資產的「信達資產管理公司」，同年 10 月又設立了分別處理工商銀行、農業銀行、中國銀行的「華融」、「長城」及「東方」等資產管理公司。

註⑮　日本小泉政府在 2001 年 4 月底上台以來，根據「銀行持股收購機構設置法」、「金融機能早日健全化法」（1998 年 10 月小淵政府時已制定）、「存款保險法」等法，設置了「銀行持股收購機構」、「金融、產業再生、就業對策本部」、「產業再生委員會」及「存款保險機構」（下設「產業再生機構」）等，並且制定了「金融、產業再生計畫」，大力整頓、處理金融業不良債權問題和推動金融與產業的再生改造。

註⑯　當局已籌組了一家「東北振興銀行」，以提供國企改造之融資需求，此爲中國第一家跨省的區域性股份制商業銀行。

註⑰　中國國務院即將發佈《關於投資體制改革的決定》。長期以來，中國是各級政府根據建設項目規模或投資金額大小劃分投資項目的審批權限。企業的投資決策權沒有完全落實，尤其民間投資的市場准入限制重重。新方案實施後，對不需要國家投資、能夠自行平衡建設資金和落實建設條件的一般競爭性產業項目，實行備案登記制管理辦法。對仍須審批的項目，政府主要從維護經濟安全、合理開發利用資源、保護生態環境、優化重大佈局、保障公共利益、防止出現壟斷等方面進行核准。對外商投資項目，當局仍要從市場准入和資本項目管理等方面進行核准。高長，「投資體制改革方案即將付諸實施」，台商電子報，2004 年 6 月 7 日，http://news.cier.edu.tw/Y04/0601/2103.htm。

註⑱　見註⑪。

註⑲　前揭：大西靖，「東北振興戰略の現狀と課題」，頁 88。

註⑳　含政府部門、建設計畫項目、企業、金融機構、金融監理機構等。

註㉑　如天然氣、鋼鐵、汽車、造船、石化、電機、重設備、民航機、引擎製造等。

註⑳　如資訊通訊（IT）、電腦、衛星、生技及奈米科技產業等。當局強調要透過國際合作和技術引進。

註㉓　包括國公營金融機構、民間金融業、國際和外資金融機構、貨幣市場、資本市場、外匯市場、保險市場及各種投資保證基金等。

註㉔　中央財政、地方財政、及財政投融資。

註㉕　參考：西北大學經管學院郭立宏、高煜教授，前引文，頁87～88。

註㉖　同前註。

註㉗　如利率、匯率、股價、房地產價格、保費、及其他各類商品價格。

註㉘　楊雅惠、陳元保、陳坤銘、杜英儀著，**產業部門資金問題之後續研究**（台北：中華經濟研究院，民國86年6月），頁285～286。

註㉙　拆借市場、貨幣市場、外匯市場、債券市場、證券期貨市場等。

註㉚　楊雅惠、陳元保、陳坤銘、杜英儀著，前揭書，摘要，頁 I ～V

註㉛　參考：西北大學經管學院郭立宏、高煜教授，前引文，頁88～89。

註㉜　含人民幣業務、證券自營和經紀、基金管理和經紀、投顧、各類保險經營和經紀業務等。

註㉝　例如，中國銀行於2002年10月中，與平安保險股份有限公司正式簽署合作協議；由中國銀行控股70％的旗下一家分支機構，將在未來3年內逐漸賣給平安保險公司，中國銀行在未來3年內，也將在銀行總部內設立銀行保險部門，由平安保險公司提供技術協助。平安保險公司在未來3年內，將陸續處理部分部門，逐漸與中國銀行進行銀行保險業務結合。平安保險股份有限公司係成立於1988年3月，同年5月下旬開始正式營業，是大陸首家股制保險公司，也是大陸最早允許外資參股的全國性保險公司。工商時報（台北），民國91年10月29日，第11版。

註㉞　前揭，2002年版「中國金融年鑑」，頁651～652。

註㉟　工商時報（台北），民國91年11月20日，第6版。2003年12月起又開放了濟南、福州、成都、重慶。

註㊱　工商時報（台北），民國91年6月4日，第11版。2002年5月1日起，大陸股市實施證券交易手續費浮動機制，對大陸券商而言更是雪上加霜。

註㊲　工商時報（台北），民國91年11月8日，第11版。

註㊳　2002年11月以來，中共欲釋出10％至15％的國企股至民間流通，以籌措社會福利建設基金。工商時報（台北），民國91年11月12日，第11版。

註㊴　工商時報（台北），民國91年11月4日，第10版（林則宏報導）。2002年中，當局已放寬外資入股大陸的航空公司股權上限，由原來的35％提高到49％。

註㊵　工商時報（台北），民國91年11月9日，第11版（林則宏報導）。

註㊶　曾培炎，「中國加入 WTO：抓住機遇、迎接挑戰」，國務院研究室編，中國加入 WTO：機遇、挑戰、對策（北京：中國言實出版社，2002年4月），頁8～9。王岐山，「加入WTO與深化經濟體制改革」，前引書，頁47～57。戴相龍，「加入WTO與中國銀行業」，前引書，頁354～360。

註㊷　高長，「大陸國有銀行股份制改革之問題與挑戰」，台商電子報，2004年3月15日，http://news.cier.edu.tw/Y04/0302/epaper.htm。中國當局指出，凡具備條件的國有商業銀行可以改組為控股集團公司。但是，大陸的金融業實行分業經營，商業銀行不能從事投資與保險業務，故四大行組建金融控股集團顯然與現行金融監管政策相悖。

註㊸ 於2003年4月由中國人民銀行內部業務分出，成爲獨立的機構。

註㊹ 史惠慈，「銀監會公開鼓勵民資外資入股商業銀行」，**台商電子報**，2004年3月15日，http://news.cier.edu.tw/Y04/0302/2102.htm。

註㊺ 周小川，「加入WTO與中國資本市場」，前揭：國務院研究室編，**中國加入WTO：機遇、挑戰、對策**，頁368～371。

註㊻ 當局計畫在5年內將四大國有商銀的不良資產率從平均25％降到15％。**工商時報**（台北），民國91年5月25日，第2版（徐秀美報導）。

註㊼ 當局要求每家商業銀行在最短的時間內壯大，特別是在貸款觀念上有所改變，能充分運用儲蓄存款資金，提高銀行的經營績效。並且將用5年或者更多的時間，把四大國有商銀改造成具有競爭力的現代大型商業銀行。**工商時報**（台北），民國91年5月25日，第2版（徐秀美報導）。

註㊽ 1998年7月起，中國金融當局已按照國際慣例，推動實施金融業貸款分爲：正常、注意、次級、可疑、損失等五級。並從2002年1月1日起強制實施。

註㊾ 2002年11月時，已有多家外資銀行獲准在上海、深圳、天津、大連等地經營人民幣業務。金融當局在2001年12月中國正式獲准加入WTO當時，對各國承諾入會後將逐步增加開放允許外資金融機構經營人民幣業務的地區，並且將在五年內取消該項業務的地區限制。

註㊿ 日本國際貿易促進協會刊行，「國際貿易」週報，2001年8月7日，版1。2001年12月21日國務院公佈的「關於西部大開發若干政策措施的實施意見」中，對於獎勵外資對西部投資再作了明確的規定，如前節所述。

註(51) 包括逐步放寬內銷市場和「有規範地」開放金融、證券、保險市場。

註(52) 今井理之，「外資導入論争と行方」，**中國經濟**（東京：日本貿易振興會，1997年1月），頁1；及美野久志，「轉換期を迎える日本の對中投資」，前引**中國經濟**，1998年9月號，頁40～47。又，1994年由於中共推動稅制改革，而開始重新檢討對外資的免稅措施。

註(53) 例如98年3月以來4次調降存放款利率、2次調降法定存款準備率，及透過其他金融政策手段增加對個人和企業融資，以及99年11月起曾開徵利息所得稅等。

註(54) 本川浩，「逆境下で健鬥する對中進出日系製造業」，前引**中國經濟**，1999年4月號，頁38～41。

註(55) 保稅區內貿易企業的人民幣兌換外幣原則上禁止、加強對10萬美元以上的輸入結算外匯之匯兌管理、徹底禁止外幣債務之期限前清償等等。

註(56) 江花徹，「九八年上海地區日系企業の抱える問題」，前引**中國經濟**，1999年1月號，頁76～79。

註(57) 塚田裕之，「依然根強い增值稅への不滿」，前引**中國經濟**，1999年5月號，頁54～58。

註(58) 前揭：大西靖，「東北振興戰略の現狀と課題」，頁94。

註(59) 參考：林文重，台商大陸投資發展分析，**共黨問題研究**（台北：共黨問題研究中心），第27卷第1期，民國90年1月15日，頁84～88。

註(60) 有關中國的增值稅方面，過去並不允許設備投資的免除增值稅，但是2004年以來則對於機械設備、石化、金屬、造船、汽車、農產品加工、軍需機械及高科技等八產業的新增設備投資允許扣除增值稅；事務所建設等不動產則不能扣除，但稅捐單位事先核准的企業例外。

註(61) 2001年12月21日國務院公佈的「關於西部大開發若干政策措施的實施意見」中，已決定對企業利用自有資金或國內銀行貸款投資於國家非限制類產業的項目，需政府平衡建設及經營條

件的，政府主管部門只審批其項目建設書，而對於外商投資項目利用自有資金或國內銀行貸款在西部地區投資於國家鼓勵類及優勢產業的，政府主管部門只審批項目的可行性研究報告。大陸有關部門亦可思考建立網站，推行方便各種申請手續、報稅、繳款及審批的電子網路線上作業。

註⑥2　假若中國政府有關部門和廠商經營者不能未雨綢繆，則未來廠商還可能遭遇勞資和環保抗爭問題。遼寧省在 2004 年初已將本年定為投資環境建設年，積極治理投資環境。

註⑥3　浙江大學經濟學院玉泉校區景乃權、高鶯等撰，「在西部大開發中實行商業銀行一行兩制」，改革（重慶：改革雜誌社），2001 年第 4 期，頁 95～96。

註⑥4　前揭：大西靖，「東北振興戰略の現狀と課題」，頁 90。

註⑥5　參考前揭：中國人民銀行重慶營業管理部課題組（洪虹、閻慶民主持、冉勇執筆），西部大開發的金融政策支持系統研究，頁 82～85。

註⑥6　中國當局為提高中資金融機構的競爭力，自 2001 年 12 月加入 WTO 以來已鼓勵並批准同意外資金融機構入股中資企業和金融證券業，跨國金融業與大陸金融機構簽訂合作協議和入股合資案正逐漸增加。

註⑥7　包括貨幣、外匯、銀行、證券債券、信託投資、金融期貨、基金、保險、及中小企業金融等。

註⑥8　含金融租稅會計上優惠、社會經濟軟硬體建設、人員的觀念創新、政府正確的產業與金融政策、健全法制、推動金融財務會計資訊公開、及放寬不必要的各種限制。

國立中央圖書館出版品預行編目資料

振興東北—政策、機遇與挑戰／陳德昇、許光泰主編.
-- 初版. -- 臺北市：政大國研中心，民93
272 面；17×23公分. --（國立政治大學國際關係
研究中心中文叢書系列；145）

ISBN 957-01-9411-1（平裝）

1. 區域經濟 — 中國大陸 — 論文，講詞等

552.284　　　　　　　　　　　　93022926

國立政治大學
國際關係研究中心中文叢書系列⑭⑤

振興東北—政策、機遇與挑戰

發行者：林　正　義

主編：陳　德　昇、許　光　泰

出版者：國立政治大學國際關係研究中心

地址：台北市文山區萬壽路六十四號

電話：（○二）八二三七七二七七

郵政劃撥：○○○三四三六—二　國立政治大學

印刷者：海王印刷事業股份有限公司

地址：台北縣土城市永豐路一九五巷九號

電話：（○二）二二六五一四九一～三

初版：中華民國九十三年十二月

平裝本：國內售價新台幣三○○元　國外售價美金十元（郵資另加）

統一編號
1009304469